Georges Louis Le Clerc de Buffon

Herrn von Buffons allgemeine Naturgeschichte

Siebter Band.

Georges Louis Le Clerc de Buffon

Herrn von Buffons allgemeine Naturgeschichte
Siebter Band.

ISBN/EAN: 9783743478411

Hergestellt in Europa, USA, Kanada, Australien, Japan

Cover: Foto ©ninafisch / pixelio.de

Weitere Bücher finden Sie auf **www.hansebooks.com**

Herrn von Buffons allgemeine Naturgeschichte.

Siebenter Band.

Mit k. k. Hofcensurfreiheit.

Troppau,
gedruckt bei Joseph Georg Traßler, und im Verlage der Kompagnie.

1785.

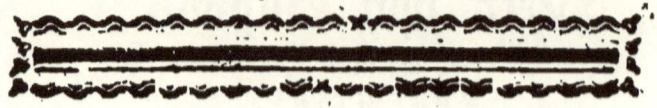

Vorbericht

des deutschen Uibersetzers bei der Originalausgabe.

Von einem Original, das schon an dreißig Jahre lang das Vergnügen unzähliger Leser ausgemachet, welches schon in einer unbeschreiblichen Menge kritischer Schriften angezeigt und beurtheilet, bewundert und getadelt worden, bleibt nach so langen Jahren einem Uibersetzer nur wenig zu er-

erinnern übrig. Es ist auch gar nicht meiner Absicht gemäß, die günstigen Leser dieser Uibersetzung mit Nachrichten vom Original aufzuhalten. Jedermann weiß, daß der Herr von Buffon in seiner allgemeinen Geschichte der Natur die wichtigsten Wahrheiten mit einer Menge willkührlicher Sätze so künstlich unter einander zu mischen, so reizend vorzutragen, und so geschickt einzukleiden gewußt habe, daß man ihn auch da, wo er seiner eignen Uiberzeugung entgegen zu handeln scheinet, als einen höchst angenehmen Sonderling betrachtet, und gerne lieset. Uiber die ersten Bände seiner allgemeinen Geschichte der Natur könnte man füglich eben so viel Bände, als einen Kommentar über seine Meinungen und Urtheile schreiben. Was hätten aber die Leser, wenn es in der That geschehen wäre, dabei gewonnen? Kann wohl von der Entstehung unserer Weltkugel, von der innern Beschaffenheit sowohl dieses als anderer Planeten, kann wohl von den Geheimnissen der Natur in Hervorbringung organischer und un-

organischer Körper etwas mehr, als
Muthmassungen, oder etwas anders,
als verschiedene Grade von Wahrscheinlichkeiten angeführet werden?
Und machen wir die Knoten wohl
nicht immer verwickelter, je mehr wir
den Lesern besondere Meinungen zur
Vergleichung vorlegen, ohne sie selbst
aus einander wickeln zu können? Ich
bin weit entfernt, mich und viele
meines gleichen für fähig zu halten,
alle Schwierigkeiten, alle Zweifel in
der Theorie der Erde, der Erzeugung u. s. w. aufzulösen. Der klügste Rath schien mir daher zu seyn,
mit Vorbehaltung meiner eignen
Meinung in solchen hypothetischen
Kenntnissen, den Herrn von Buffon
reden, das Publikum aber dabei denken zu lassen, was beiden belieben,
oder was jedem seinen Lieblingsmei-
nungen gemäß am besten gefallen
möchte. — Das ist eigentlich der
Grund, warum ich in den allgemeinen Theilen der Naturgeschichte meine Anmerkungen oder Zusätze so sparsam, als möglich, und nur an solchen Stellen anbrachte, wo Herr von

Buf-

Buffon ohne kurze Aufklärungen entweder gar nicht, oder unrecht hätte verstanden werden können. Es ist augenscheinlich, und seinem eignen Geständniß *) gemäß, daß er an vielen Stellen blos nach willkührlichen Einfällen und oft ohne Uiberzeugung geschrieben, aus vielen willkührlichen Sätzen eben so willkührliche Folgen gezogen, in seinem Lehrgebäude von der Entstehung der Erde und von der Zeugung ein mehr sinnreiches und witziges, als gründliches oder gar unumstößliches Lehrgebäude angenommen; daß er in Ansehung der berühmtesten Methodisten unter den Naturforschern mehr Stärke im Tadeln, als im Bessermachen gezeiget, auch da, wo er sich bemühet, unsern Körper zu einer Modifikazion oder zu einer eignen Art zu denken unserer Seele, die Körper außer uns aber zu gar nichts Wirkliches und alle Thiere zu bloßen Maschinen zu machen,

*) S. den 6ten Theil am Ende, wo er sich einiger Sätze zu rechtfertigen genöthigt sahe.

chen, sich entweder selbst mit Fleiß nicht verstehen, oder wenigstens blos auf eigne, zum Theil sonderbare Grundsätze, bauen wollen.

Vielleicht wird man sagen, daß der Verleger zum Uibersetzer einen schlechten Lobredner des Originals gewählet. Ich muß es mir gefallen lassen. Aber ferne sey von mir der Verdacht, daß ich die wirklichen Verdienste eines Mannes zu verkleinern suchte, der mit so vielem Recht unter die Naturforscher vom ersten Range gezählet, und für ein Genie von der seltensten Art gehalten wird!

Nachdem ich der Wahrheit und meiner Uiberzeugung einen kleinen, aber billigen Tribut abgetragen, bin ich sehr erbötig, öffentlich zu gestehen, daß ich in Absicht des historischen Theils der Naturgeschichte der außerordentlichen Belesenheit, der mühsamen Vergleichungen, der gründlichen physikalischen Beurtheilungen, der

der unvergleichlichen Beschreibungen aller von ihm angeführten lebenden Geschöpfe Niemanden zu nennen weiß, den ich dem Herrn von Buffon vorzuziehen, oder nur an die Seite zu setzen wagen möchte. Gerade da, wo wir seinen Beistand und sein Genie am nothwendigsten brauchten, hat er sich in einer unnachahmlichen Größe gezeigt. In der Weltweisheit und in methodischer Anordnung der Geschöpfe wünsche ich nie von ihm ein blinder Anhänger zu werden; desto begieriger bin ich auf den Ruhm, in Ansehung der natürlichen Geschichte jedes Thieres, Zeitlebens einen bewundernden Schüler des großen von Buffon mich nennen zu dürfen.

Sollte man in meinem Urtheil von einem so großen Mann eine Art von Verwegenheit zu entdecken glauben, so versichere ich zum voraus, daß ich weder durch Partheilichkeit, noch durch ein unedles Herze dazu verleitet worden. Ich liebe die Wahrheit, und suche nur sie. Mein Urtheil will
ich

ich mit Freuden wiederrufen, sobald ich eines andern überzeugt werde. Das Urtheil: daß Herr von Buffon allenthalben unnachahmlich groß ist, wo sein Genie, aber nirgends, wo sein Eigensinn arbeitet. In der besondern Geschichte der Natur hat er meines Wissens nicht seines Gleichen; in der allgemeinen zeigt er einen bewundernswürdigen Scharfsinn. Er konnte mehr, als tausend andere seyn, aber er mußte nicht wünschen, alles zu seyn. Die späteste Nachwelt wird ihm für seine Aufklärungen danken, der Gegenwärtigen, die schon so gern und mit so vielem Recht gern in seine Schule geht, wird er es gewiß verzeihen, wenn sie durch seinen Glanz aufgeheitert einige Sonnenstäubchen nicht ganz unbemerket läßt. Tausend Bücher hätten wir mit einem sichtbaren Angstschweiß auf der Stirne durchblättern und lesen müssen, ehe wir den zehnten Theil der natürlichen Kenntnisse hätten sammlen können, die uns ein einziger von Buffon in der einnehmendsten Sprache der Natur nach unaussprechlichen Bemühungen

gen so liebreich anbietet. Undank ohne seines gleichen wär es, wenn man ein so großes Geschenke nicht mit einem Herzen voll aufrichtiger Verehrung für den Geber annehmen wollte. Eine unnennbare Zahl von französischen und deutschen Abdrücken der buffonischen Geschichte der Natur beweiset genugsam, wie sehr man ihren würdigen Verfasser verehret, und wie hoch man seine rühmliche unermüdete Bemühungen schätzet. Jahrhunderte werden vergehen, und Herr von Buffon wird leben, in den Herzen dankbarer Naturforscher leben!

Ich möchte nun gern ein paar Worte von meiner Uibersetzung reden. Das heißt aber, wie es scheint, ein Gespräch von sich selbst machen wollen. Wie soll ich es aber anfangen, dieser Thorheit mit einer höflichen Verbeugung aus dem Wege zu gehen? Ich dächte, meine günstigen Leser und ich würden darüber am besten mit einander einig werden, wenn ich Ihnen verspräche, kein Wort von dem Eifer und

und von der Treue zu reden, mit welcher ich Ihnen des Herrn von Buffon unschätzbares Werk Deutsch zu liefern bemühet bin.

Von der Art, wie ich übersetzet habe, können Sie und sollen Sie, meine verehrungswürdigen Leser, ganz allein urtheilen. Mein Wille war es freilich, alles recht gut zu machen. Von dem aber, was ich übersetzt habe, vergönnen Sie mir ein paar Worte zu Ihrer Nachricht und zu meiner nöthigen Rechtfertigung zu sagen!

Unstreitig wissen Sie alle, daß bei der ersten Auflage des buffonischen Werkes in Einem Buche die Arbeiten zweener Schriftsteller vereiniget waren. Der berühmte Herr Daubenton hatte sich angelegen seyn lassen, die kostbaren Beschreibungen des Herrn von Buffon durch schätzbare Nachrichten von ihrer Zergliederung und von ihren Beinkörpern zu vermehren. Diese Zusätze wurden von den meisten Natür-

turforschern als ein sehr angenehmes Geschenke betrachtet. Sie hatten Recht. Aber das Publikum hatte auch Recht, wenn es eine Ausgabe der bloßen buffonischen Arbeit ohne die daubentonische Zergliederungen der Thiere zu erhalten wünschte. Diese Wünsche des Publikums mußten unstreitig in Frankreich laut erschollen seyn, weil man sie bald hernach 1769 zu Paris durch eine neue Ausgabe von dreizehn Oktavbänden erfüllte, die nichts von den daubentonischen an sich allerdings nützlichen Zusätzen enthielt. Vielleicht hatte der Berliner Buchhändler Pauli vom deutschen Publikum einen Wink erhalten, daß es in diesem Punkte mit dem Französischen von einerlei Gesinnung sey. Wenigstens hatte die kleine Auflage kaum die Presse verlassen, als er sie mir unverhoft mit der Bitte übergab, eine Uibersetzung dieser Ausgabe für ihn zu veranstalten. Er mußte meine gehäufte Bedenklichkeiten dabei mit so entscheidenden Gründen zu heben, daß ich es für ungerecht hielt, ihm länger zu widerstehen. Diese Pari‐
ser‐

herausgabe in Oktavo ist es also, welche den Lesern von Zeile zu Zeile ohne Auslassung eines einzigen Gedankens, der sich im Original befindet, in einer freien Uibersetzung angeboten wird. Sie erhalten demnach vom Verleger nicht einen Auszug des buffonischen Werkes, wie man in einigen öffentlichen Nachrichten hat behaupten wollen, sondern den ganzen Buffon von Wort zu Wort, und überdies noch — aber davon möchte lieber ein anderer sprechen — also überdies noch eine Menge nie gedruckter Anmerkungen und Zusätze. Ob diese allenthalben am rechten Orte stehen? ob sie weder zu sparsam noch zu häufig angebracht sind? Das ist ein Umstand, wornach ich viel zu schüchtern bin, mich näher zu erkundigen, wobei ich aber doch nach meinem besten Wissen und Gewissen zu handeln mich eifrigst bestrebt habe.

Mir hat es in der That wehe gethan, daß ich durch meine späte Nachricht von der eigentlichen Beschaffenheit

heit dieser Ausgabe vielleicht eine unschuldige Ursache zu verdrüßlichen Mißverständnissen geworden bin. Es ist weder mir, noch dem Verleger jemals eingefallen, einen Auszug von dem kostbaren Werke des Herrn von Buffon, sondern das ganze vollständige Werk, wie es Herr von Buffon selbst für sein Eigenthum erkennet, und wie es in Paris gedruckt worden, heraus zu geben, und es scheint dem Verleger selbst leid zu seyn, daß er durch eine unumgänglich nöthige und rechtmäßige Erläuterung für das Publikum unschuldig ein Aergerniß gegeben.

Wie sehr übrigens der Verleger darauf bedacht sey, den Liebhabern für sehr billige Preise volle Genüge zu leisten, wird aus der Menge solcher Kupferplatten, die man im Originale vergeblich suchet, hinlänglich zu erkennen seyn. Ich bin sehr oft ein Augenzeuge gewesen, wie wenig er Aufwand und Bemühungen zu scheuen pflegt, wenn es darauf ankömmt, seiner Ausgabe dieses Werkes eine mögliche Vollkommenheit mehr zu ertheilen.
In-

Insofern man die gegenwärtigen sieben Theile der allgemeinen Geschichte der Natur als ein besonderes und nunmehro vollendetes Werk betrachten kann, schien ein bequemes Realverzeichniß aller darin enthaltenen Sachen und angeführten Schriftsteller dabei fast unentbehrlich zu seyn. Ich wünschte dem Werk diesen Vorzug, ohne ihm denselben wegen allzuhäufiger Geschäfte selbst ertheilen zu können. Das Verlangen, dem Publikum in allen Fällen, wo es möglich ist, nützlich zu werden, und mein wiederholtes Bitten, vermochten endlich den Herrn D. Krünitz, meinen gefälligen fleißigen Freund, eine der beschwerlichsten Arbeiten zu übernehmen, und allen Liebhabern den Gebrauch dieses Werkes durch ein vollständiges Register zu erleichtern. Ich bin überzeugt, ein billiges Publikum werde diese mühsame Arbeit nicht minder günstig und dankbar, als die Breitwilligkeit meines Freundes aufnehmen.

Vielfältig wäre der Lohn für meine auf dieses Werk verwendete Bemühunhungen, und meine Dankbarkeit ohne Grenzen, wenn ich neben einer so reichen Ernte von Kenntnissen, welche mir diese Uiberſetzung deſſelben gewähret, mir auch mit einiger Hofnung ſchmeicheln dürfte, die Erwartungen deutſcher Leſer nicht ganz unerfüllt gelaſſen, und ihre Wünſche nur einigermaſſen befriediget zu haben.

Berlin den 5ten Oktober
1774.

D. Friedrich Heinrich Wilhelm
Martini.

Herrn

Von der Natur der Thiere.

Buffons allg. Naturg. 7 B.

Allgemeine Naturgeschichte.

Abhandlung von der Natur der Thiere.

Wenn bloß die Vergleichung unterschiedener Sachen mit einander uns lehret, daß unsere Kenntniß lediglich auf den Verhältnißen der Sachen gegen diejenigen beruhet, welche ihnen ähnlich oder von ihnen unterschieden sind, ingleichen daß wir von der Natur des Menschen ungleich weniger begreifen würden, wenn keine Thiere vorhanden wären; so ist wohl nichts natürlicher, als daß wir, nach Betrachtung des Menschen an sich selbst, uns dieses Weges der Vergleichung bedienen: Müssen wir also, nach dieser Voraussetzung, nicht vornämlich die Natur der Thiere zu erforschen, ihren Bau zu vergleichen, ihre natürlichen Einrichtungen überhaupt kennen zu lernen suchen, um davon besondere Anwendungen machen, die Aehnlichkeiten entdecken, die Verschiedenheiten einander nähern und aus diesen Vergleichungen zusammen genommen so viel Erleuterung nehmen zu können, als nothwendig ist, um die Hauptwirkungen in der Mechanik lebender Wesen einsehen zu lernen und auf diesem Wege zu der großen Wissenschaft, deren Gegenstand der Mensch selbst ist, zu gelangen?

Den Anfang wollen wir mit einer ganz einfachen Betrachtung unserer Gegenstände machen, den beim ersten Anblick unermeßlich scheinenden Umfang derselben sogleich möglichst einzuschränken und in engere Grenzen zu ziehen suchen. Die Eigenschaften, welche dem Thiere mit aller Materie gemein sind, kommen hier gar nicht, oder wenigstens nicht in besondere Betrachtung *). Jeder thierische Körper hat seine Ausdehnung, Schwere, Undurchdringlichkeit, Figur

---

*) Man sehe was hiervon in der II. Abtheilung des III. Bandes im 1 Kap. gesaget worden.

gur und Fähigkeit, durch die Wirkung oder
den Widerstand fremder Körper, in Bewe=
gung oder in Ruhe gesetzt zu werden. Alle
diese der übrigen Materie nicht minder zu=
kommende Eigenschaften, lassen sich als Ei=
genschaften betrachten, woraus man die
Natur der Thiere kennen zu lernen vermög=
te. Sie können daher nicht anders, als
beziehungsweise gebraucht werden, insofern
man z. B. die Größe, die Schwere, das
Gewicht, die Figur ꝛc. eines Thieres ge=
gen das andere zu halten gedenket.

Nicht minder nöthig ist es, von der ei=
genthümlichen Natur der Thiere diejenigen
Vermögen, welche den Pflanzen eben so wohl
zukommen, gehörig abzusondern. Denn
man weiß, daß beide das Vermögen, sich
zu nähren, zu entwickeln und fortzupflan=
zen mit einander gemein haben. Diese drei
Eigenschaften gehören also nicht mit in den
eigentlichen Begriff der bloß thierischen Oeko=
nomie, weil sie auch im Pflanzenreich eben
so wohl statt finden. Das ist eben die Ur=
sache, warum wir von der Nahrung, Ent=
wickelung und Fortpflanzung lange vorher
geredet haben, ehe wir noch dasjenige vor=
trugen, was von den Thieren ganz allein
gesaget werden kann.

B 3   Da

Da nun zur Klaſſe der Thiere viel belebte
Weſen gerechnet werden, deren Organiſa=
zion ſowohl von der unſrigen, als vom
Bau derjenigen Thiere ſehr weit abweichet,
die mit uns die meiſte Aehnlichkeit haben;
ſo müßen wir in unſern Betrachtungen die=
ſe beſondere Art von thieriſcher Natur gänz=
lich übergehen und uns bloß an die Natur
ſolcher Thiere halten, die mit uns am näch=
ſten übereinkommen. Die thieriſche Oekono=
mie einer Auſter alſo kann hier keinen Theil
unſerer Abhandlung ausmachen.

Inſofern aber der Menſch kein bloßes
Thier und ſeine Natur über alle Thiere weit
erhaben iſt, ſo kömmt es uns zu, die Ur=
ſache dieſer großen Vorzüge deutlich zu ent=
wickeln, und aus deutlichen, zuverläßigen
Proben den Grad feſtzuſetzen, um welchen
die thieriſche Natur unter die unſrige herab=
zuſetzen iſt, um das, was bloß unter die
menſchlichen Vorzüge ghöret, von demje=
nigen wohl unterſcheiden zu können, was
ihm gemeinſchaftlich mit den Thieren zu=
kömmt.

Zur beßern Einſicht unſers Gegenſtandes
haben wir ihn bis hieher deutlich umſchrie=
ben, und mit Abſonderung aller daran gren=
zenden Nebenſachen, bloß das Nothwen=
digſte beibehalten. Um ihn mit aller mög=
lichen

lichen und nöthigen Aufmerksamkeit betrach=
ten zu können, wollen wir ihn jetzo in gro=
ßen Abtheilungen einzeln durchgehen. Vor
der einzelnen Untersuchung aller Theile der
thierischen Maschine und ihrer natürlichen
Verrichtungen, wollen wir erst überhaupt
betrachten, was die Maschine zu bewirken
vermag und ohne Rücksicht auf die Ursa=
chen, sogleich die Wirkung zu bestimmen
suchen.

Es giebt zweierlei Arten des thierischen
Daseyns, welche die ganze Lebenszeit hin=
durch beständig mit einander abwechseln.
Wir meinen den Zustand der Bewegung und
Ruhe oder das Wachen und den Schlaf.
Im erstern Zustande befinden sich alle Trieb=
federn der Maschine in beständiger Wirk=
samkeit, im andern bloß ein Theil dersel=
ben, welcher aber nicht bloß im Schlaf,
sondern auch im Wachen sich thätig be=
weiset. Dieser Theil von thierisch = mecha=
nischen Triebfedern ist also unbedingt noth=
wendig, weil ohne denselben das Leben des
Thieres auf keinerlei Art bestehen kann, er
ist auch nicht von den übrigen abhängig,
weil er ganz allein wirket. Hingegen müs=
sen die andern Triebfedern von diesem ab=
hängen, weil sie ohne diesen ihre Wirksam=
keit nicht äußern können. Auf den einen

B 4   Theil

Theil gründet sich also die ganze thierische Oekonomie, weil dieser ohne Unterlaß fortwirket. Der andere Theil ist nicht so wesentlich, weil er sich nur zuweilen und abwechselnd wirksam beweiset.

Die erste Abtheilung der thierischen Oekonomie hat mir sehr natürlich, allgemein und wohl gegründet zu seyn schienen. Ein schlafendes oder in Ruhe sich befindendes Thier ist eine minder zusammengesetzte und leichter zu übersehende Maschine, als ein Thier, welches im Zustande des Wachens oder seiner Bewegung betrachtet wird. Dieser wesentliche Unterschied ist nicht bloß eine Veränderung des Zustandes, wie an einem unbelebten Körper, bei welchem es gleich viel ist, ob er sich in Bewegung oder in Ruhe befindet; denn ein lebloser Körper wird in jedem dieser beiden Umstände so lange beständig verbleiben, bis er durch äußere Kräfte oder fremden Widerstand genöthigt wird, seinen Zustand zu verändern. Bei den Thieren hingegen geschehen diese Veränderungen des Zustandes aus eignen Kräften. Es geht von Natur und ohne Zwang von der Bewegung zur gewöhnlichen Ruhe, von dieser aber zur Bewegung über. Der Augenblick des Erwachens kömmt eben so nothwendig, als der Augenblick des Ein-
schla-

schlafens, wieder. Beide würden sich, ohne
Beihilfe fremder Ursachen, sicher einfinden,
weil das Thier einen oder den andern Zu=
stand nur auf eine gewisse Zeit aushalten
kann, und ein beständig fortgesetztes Wa=
chen oder ununterbrochner Schlaf, beständig
fortdaurende Bewegung oder immerwähren=
de Ruhe, eines eben so gewiß, als das
andere, die Bewegungen des Lebens un=
terbrechen und aufheben würde.

Wir haben also in der thierischen Oeko=
nomie zwo Hauptabtheilungen der mecha=
nischen Triebfedern zu machen, und uns einen
Theil derselben als beständig, den andern
als abwechselnd wirksam zu denken. Die
Wirkungen des Herzens, und, bei athmen=
den Thieren, auch der Lungen, ingleichen
die Wirkungen des Herzens einer neuge=
bornen Frucht, scheinen den ersten Theil,
die Wirkungen der Sinne, die Bewegun=
gen des Körpers und der Glieder, den an=
dern Theil der thierischen Oekonomie auszu=
machen.

Wenn wir uns nun Geschöpfe denken,
welchen die Natur bloß den ersten Theil
der thierischen Oekonomie verliehen hätte,
so würden diese Wesen, ob ihnen gleich
die Sinnen und fortschreitende Bewegung
nothwendig fehlten, dennoch belebte Ge=

schöpfe und von schlafenden Thieren fast gar nicht unterschieden seyn. Eine Auster, eine Thierpflanze, die weder äußere merkliche Bewegung, noch äußere Sinne hat, ist als ein zu beständigem Schlaf bestimmtes Geschöpfe zu betrachten. In dieser Bedeutung ist auch ein Gewächs für nichts anders, als für ein schlafendes Thier anzusehen. Uiberhaupt könnten die Verrichtungen aller organischen Wesen ohne Bewegung und Sinnen, mit den Verrichtungen eines Thieres verglichen werden, welches die Natur zu einem beständigen Schlaf bestimmt hätte.

Der Schlaf ist also bei den Thieren kein zufälliger, durch mehr oder weniger Anstrengung der Kräfte beim Wachen verursachter Zustand, sondern vielmehr eine wesentliche, zum Grunde der thierischen Einrichtung gehörige Art ihres Daseyns. Mit dem Schlafe machen wir den Anfang unseres Daseyns. Die Frucht schläft fast beständig, und ein Kind schläft mehr, als es wachet.

Ob also gleich der Schlaf ein bloß leidender Zustand, und gleichsam eine Art des Todes zu seyn scheinet; so ist er doch vielmehr wirklich der erste Zustand eines außlebenden Thieres, der Grund des Lebens. Er ist

ist weder eine Beraubung, noch eine Vernichtung, sondern eine wirkliche und allgemeinere Art des Daseyns, als irgend eine andere. Wir alle sind eher auf diese, als auf eine andere Art, und alle sinnenlose organische Wesen sind bloß auf diese Art vorhanden. Keines befindet sich in beständiger Bewegung und alles, was da ist, enthält in seinem Daseyn mehr oder weniger von diesem Zustande der Ruhe.

Wenn wir das allervollkommenste Thier auf diesen allein und beständig wirkenden Theil der thierischen Einrichtung herunter setzen, so wird es von den Wesen, denen wir kaum den Namen eines Thieres zugestehen, wenig oder gar nicht unterschieden, und in Ansehung seiner äußern Verrichtungen, einer Pflanze nicht unähnlich zu seyn scheinen. Denn ob wohl der innere Bau der Pflanzen und Thiere merklich von einander abweichet, so werden wir doch an beiden einerlei Wirkungen bemerken, und sehen, daß beide nur sich nähern, wachsen, sich entwickeln, daß beide zwar den Grund einer innern Bewegung in sich, oder ein pflanzenartiges Leben haben, aber auch beide keine fortschreitende Bewegung, keine sichtbare Wirkung, kein Gefühl und nicht das mindeste äußere Zeichen oder irgend einen

nen deutlichen Charakter eines thierischen Lebens äußern. Nun wollen wir aber einmal diesem innern Theil ein anständiges Gewand umhängen oder ihn mit Sinnen und Gliedmaßen ausrüsten, augenblicklich wird sich das thierische Leben, und zwar in einer desto größern Vollkommenheit offenbaren, je mehr Sinne, Gliedmaßen und andere äußere Theile wir an diesem Gewande bemerken. Also hat man bloß in dieser Bekleidung den Unterschied eines Thieres von dem andern suchen. Der innere Theil, oder der Grund der thierischen Einrichtung, ist, ohne Ausnahme, allen Thieren eigen, auch seiner Form nach, bei Menschen und mit Fleisch und Blut versehenen Thieren fast einerlei. Desto mannigfaltiger ist aber die äußere Bekleidung, an deren äußern Theilen man den größten Unterschied bemerken kann.

Um besser verstanden zu werden, wollen wir einmal zwischen dem Körper eines Menschen und eines Thieres, z. B. eines Pferdes, Ochsens, Schweines u. s. w. einen Vergleich anstellen. Der innere, stets wirksame Theil der mechanischen Triebfedern, das Herz und die Lungen, oder, allgemeiner zu reden, die Werkzeuge des Kreislaufes und des Athemholens, pflegen bei Menschen und bei Thieren sehr genau mit einander über-
ein

einzukommen, in der äußern Bekleidung aber ist ein merklicher Unterschied wahrzunehmen. Das Knochengebäude des menschlichen und thierischen Körpers bestehet zwar aus ziemlich ähnlichen Theilen, welche sich aber in Ansehung der Zahl, der Größe und Stellungen unbeschreiblich stark von einander unterscheiden. Die Knochen sind an beiderlei Art von Körpern mehr oder weniger verlängert oder abgekürzt, bald runder, bald flacher an dem einen, als am andern; die Enden sind bald weniger, bald mehr erhoben oder ausgehöhlt, manche zusammengewachsen, einige, wie die Schlüsselbeine, pflegen bei Thieren gänzlich zu sehen, andere, wie die Erhöhungen der Nase, die Wirbelbeine, die Ribben u. s. w. in größerer Anzahl, noch andere, als die Knochen an den Fußblättern und an den Zehen, in geringerer Anzahl vorhanden zu seyn, wodurch nothwendig sehr beträchtliche Verschiedenheiten in der Gestalt des Körpers der Thiere, in Vergleichung mit einem menschlichen Körper, entstehen müssen.

Den größten Unterschied werden wir, bei aufmerksamer Betrachtung, in den äußern Theilen finden und wahrnehmen, daß in dieser Absicht allemal der menschliche Körper am

stärk=

stärksten vom thierischen abweichet. Wir wollen, wie gewöhnlich, drei Hauptabtheilungen vom Körper machen und einen Theil den Rumpf, den andern den Kopf nennen, unter dem dritten aber die Gliedmaßen zusammennehmen. Am Kopf und andern Gliedern, als den äußersten Theilen des Körpers, wird man zwischen Menschen und Thieren allemal den größten Unterschied bemerken. Betrachten wir ferner die äußersten Enden jedes dieser drei Haupttheile, so werden wir beim Rumpf ebenfalls an seinem obern und untersten Ende die größte Verschiedenheit entdecken. Der Körper eines Menschen ist mit Schlüsselbeinen versehen, welche bei den meisten Thieren fehlen. Am untern Ende des Rumpfes findet sich bei den Thieren eine gewisse Anzahl von äußern Wirbelbeinen, die eigentlich ihren Schwanz ausmachen, und wovon am untern Theile des menschlichen Rumpfes nichts wahrzunehmen ist. Außerordentlich stark ist eben dieser Unterschied zwischen menschlichen und thierischen Körpern beim untern Theile des Kopfes, an den Kinnbacken, beim obern Theil aber, am Stirnbein zu merken. Die meisten Thiere haben sehr verlängerte Kinnbacken, dagegen aber desto kürzere Stirnbeine. Vergleicht man

ent=

endlich die thierischen mit menschlichen Gliedmaßen, so wird man in der Überzeugung völlig bestärket, daß in den äußern Enden derselben der Unterschied am stärksten in die Augen fällt. Nichts kann, beim ersten Anblick sich weniger gleichen, als die Hand eines Menschen in Vergleichung mit dem Fuß eines Pferdes oder eines Rindes.

Wenn man also das Herz für den Mittelpunkt in der thierischen Maschine annimmt, so findet man den Menschen, in Ansehung dieses und anderer damit verbundnen Theile vollkommen den Thieren ähnlich. Je weiter man aber von diesem Mittelpunkt abgehet, desto beträchtlicher wird auch dieser Unterschied, welcher sich in den äußersten Theilen am allerstärksten zeiget. Wo man schon in diesem Mittelpunkt selbst eine merkliche Abweichung wahrnimmt, da ist auch das Thier gewiß von Menschen so sehr unterschieden, daß man es gleichsam als ein Thier von ganz anderer Natur, welches mit den hier zubetrachtenden Thiergattungen gar nichts gemein hat, ansehen muß. Die meisten Insekten z. B. sind in Ansehung dieses Haupttheils der thierischen Oekonomie ganz besonders gebaut. Man findet bei ihnen, statt eines Herzens und der Lungen zwar

Thei=

Theile, welche zu den unentbehrlichsten Lebensverrichtungen ebenfalls dienen können, und aus diesem Grunde als ähnliche Eingeweide betrachtet werden, ihr Unterschied ist aber sehr wesentlich, sowohl in Ansehung des Baues, als der Summe ihrer Wirkungen. Man übersieht auch gar wohl mit einem Blick den einleuchtendsten Unterschied zwischen Menschen, Thieren und Insekten. Die kleinste Unähnlichkeit im eigentlichen Mittelpunkte der thierischen Oekonomie, pflegt schon mit unglaublichen Abweichungen in den äußern Theilen begleitet zu seyn. Das Herz der Schildkröte hat einen besondern Bau. Ist sie aber nicht auch das außerordentlichste Thier, welches mit keinem andern kann verglichen werden?

Man betrachte nur einmal den Menschen, die vierfüßigen Thiere, die Vögel, die Wallfischarten, die Fische, die beidlebigen Thiere oder Amphibien und kriechenden Thiere — was für unbeschreibliche Veränderungen der Figuren, der Verhältnisse ihrer Körper, der Anzahl und Stellung ihrer Gliedmaßen! Was für unglaubliche Mannigfaltigkeit in der Substanz ihres Fleisches, ihrer Knochen und ihrer Bedeckungen! An den meisten vierfüßigen Thieren bemerket man
Schwän-

Schwänze, Hörner und ganz andre äußere Theile, wie bei den Menschen. Die Wall=
fischarten, welche schon in einem ganz andern Elemente leben, vervielfältigen sich zwar durch eben den Weg der Fortpflanzung, wie die vierfüßigen Thiere, sie pflegen aber in der Gestalt von diesen gänzlich abzuweichen, da sie unterwärts an ihrem Körper nichts von äußern Gliedmaßen haben. Noch mehr unterscheiden sich von ihnen die Vögel durch ihre Schnäbel und Federn, durch ihren Flug und ihre Vermehrung durch Eier. Dieser Unterschied gehet noch weiter bei den Fischen und Amphibien, wenn man sie mit mensch= lichen Gestalten vergleichet. Die kriechen= den Thiere sind aller äußern Gliedmaßen größtentheils beraubet. Man entdecket also die größte Verschiedenheit in der äusern Be= kleidung. Dagegen sind von innen fast alle Thiere von einer ähnlichen Beschaffenheit. Alle sind mit Herz und Galle, Magen, Ein= geweide und Geburtsgliedern versehen. Die= se Theile behalten also den Rang der we= sentlichsten in der thierischen Einrichtung, weil sie unter allen die beständigsten, und den wenigsten Abweichungen unterworfen sind.

Indessen findet man in der Bekleidung selbst einige Theile beständiger, als die andern. Gewisse Sinne vermisset man bei keinen von diesen Thieren. In dem Artikel von den Sinnen *) haben wir unsere Gedanken von ihrer Art zu fühlen gesaget. Von der Beschaffenheit ihres Geruchs und Geschmackes haben wir noch die wenigste Kenntniß, dagegen sind wir bei allen Thieren von der Gegenwart ihres Gesichts, und vielleicht auch ihres Gehöres überzeuget. Die Sinnen machen also den andern wesentlichen Theil der thierischen Einrichtung aus, wie das Gehirn mit seinen Umkleidungen, weil man es bei allen mit Sinnen begabten Thieren als einen Theil antrift, in welchem die Hauptquellen der Empfindungen verborgen liegen, und auf welchen alle sinnliche Wirkungen den ersten Eindruck machen.

Sogar die meisten Insekten selbst, welche doch von andern Thieren in Ansehung des Mittelpunktes ihrer thierischen Oekonomie, so unglaublich weit abzuweichen pflegen, haben in ihren Köpfen etwas, das die Stelle des Gehirns vertreten muß, und Sinnen, deren Verrichtungen, wie bei den Sinnen anderer Thiere, beschaffen sind. Diejenigen
wel-

---

*) S. 5. Band von S. 427 u. s. f.

welche derselben, wie die Austern, gänzlich beraubet zu seyn scheinen, muß man als Halbthiere, oder als Wesen betrachten, welche die Schattirung zwischen Thieren und Gewächsen ausmachen.

Der zweite wesentliche Theil der thierischen Einrichtung bestehet also im Gehirn und in den Sinnen. Das Gehirn ist der Mittelpunkt der Bekleidung, so wie das Herz der Mittelpunkt vom innern Theil der Thiere. Aus dem Gehirn erhalten alle die äußern Theile, vermittelst des Rückenmarks und der Nerven, als der Verlängerungen desselben, Bewegung und Wirksamkeit. Wie das Herz und der ganze innere Theil mit dem Gehirn und der ganzen äußern Bekleidung durch Blutgefäße, welche sich darin ausbreiten, zusammen hänget, eben so verbindet sich das Gehirn mit dem Herzen und allen innern Theilen durch unzählige Zweige dahin laufender Nerven. Hieraus entsteht eine innige und gegenseitige Vereinigung. So verschieden indessen die Verrichtungen beider Werkzeuge, für sich betrachtet, zu seyn scheinen, so wenig kann doch eines ohne das andere bestehen, wenn das Thier nicht augenblicklich das Leben verlieren soll.

Das Herz und der ganze innere Theil be-

finden sich, ohne Beihilfe irgend einer äuſ=
ſern Urſach, beſtändig in einer ununterbro=
chenen, ſo zu ſagen mechaniſchen, Wirk=
ſamkeit. Die Sinnen hingegen, und was
wir die Bekleidung genennet haben, wir=
ken abwechſelnd, nach den Bewegungen,
welche durch äußere Gegenſtände von Zeit zu
Zeit in ihren Werkzeugen erreget werden.
Die äußern Gegenſtände wirken unmittelbar
auf die ſinnlichen Werkzeuge, die Sinnen
werden durch die Wirkung derſelben in Thä=
tigkeit geſetzet, und bringen den angenom=
menen Eindruck bis zum Gehirn, wo er zu
einer ſogenannten Empfindung (Senſation)
wird. Nach Beſchaffenheit dieſes Eindru=
ckes wirket hernach das Gehirn auf die Ner=
ven, und pfleget ihnen genau dieſelbe Art
von Erſchütterungen mitzutheilen, die es eben
erhalten hatte. Durch dieſe Art von Er=
ſchütterung der Nerven werden hernach, außer
der fortſchreitenden Bewegung alle übrige äuſ=
ſere Handlungen des Körpers und ſeiner
Gliedmaßen hervorgebracht. So oft eine
Urſach auf einen Körper wirket, übet be=
kanntermaßen derſelbe auf die Urſach eine
verhältnißmäßige Gegenwirkung. Hier pfle=
gen die äußern Urſachen durch die Sinnen
auf das Thier zu wirken, das Thier aber

ver=

vermittelst der äußern Bewegungen auf die Gegenstände zurückzuwirken. Überhaupt ist jede Wirkung eine Ursach, die eine Gegenwirkung hervorbringet.

Hier muß ich billig den Einwurf erwarten, daß die Wirkung mit ihrer Ursach in gar keinem Verhältniß stehe; daß bei festen Körpern, die sich bloß nach mechanischen Gesetzen richten, die Gegenwirkung allemal der Wirkung gleich, beim thierischen Körper aber die äußere Bewegung oder Gegenwirkung viel größer, als die Wirkung sey, daß man folglich die fortschreitende und andere Arten der äußern Bewegung nicht als bloße Wirkungen des Eindrucks äußerer Gegenstände auf die Sinnen zu betrachten habe. — Die Antwort hierauf ist leicht gegeben. Obgleich in gewissen Fällen und unter gewissen Umständen die Wirkungen mit ihren Ursachen in genauem Verhältniß zu stehen scheinen; so giebt es doch in der Natur viel mehrere Fälle und Umstände, wo dieses Verhältniß der Wirkungen gegen die scheinbaren Ursachen gar nicht statt findet. Mit einem einzigen Fünkchen läßt sich ein ganzes Pulvermagazin anzünden, oder ein Schloß in die Lüfte sprengen. Durch ein gelindes Reiben erreget man bei elektrischen Versuchen einen hefti-

C 3 gen

gen Stoß und gewaltige Erschütterungen, die sich in eben dem Augenblick unglaublich weit fortpflanzen und in der Theilung unter viele nichts verlieren. Tausend Personen, die sich anfassen oder bei der Hand halten, werden gleich stark und fast eben so heftig davon gerühret, als hätte der Stoß nur auf einen getroffen. Kann es uns bei solchen Beispielen wohl als etwas ganz Außerordentliches vorkommen, wenn im thierischen Körper nach einem schwachen Eindruck auf die Sinne, die heftigste, in allen äußern Bewegungen sichtbare Gegenwirkungen erfolgen?

Es giebt nur wenig Ursachen, die wir ganz übersehen oder deren Wirkungen wir genau in ihrem ganzen Umfange bestimmen können, aber desto mehr solche, deren Eigenschaften wir nicht begreifen, deren Wirkungsart wir nicht kennen, deren Verhältniß also zu ihren Wirkungen wir nicht zu schätzen vermögen. Wenn es bei uns stehen soll, eine Ursache zu messen, so muß diese nur einfach und immer einerlei, auch ihre Wirkung muß beständig seyn, oder, welches einerlei ist, ihre Abänderungen müssen nach einem Gesetz erfolgen, das wir in allen seinen Verhältnissen einsehen. In der Natur aber entstehen die meisten Wir-

kung-

kungen aus unterschiedenen, mannigfaltig untereinander verbundenen, oder solchen Ursachen, deren abändernde Wirkungen in den Graden ihrer Wirksamkeit sich an keine Regel, an kein unveränderliches Gesetz, zu binden scheinen, die wir also gar nicht messen, auch nicht einmal so schätzen können, wie man Wahrscheinlichkeiten zu berechnen pfleget, um sie der Wahrheit so viel, als möglich, zu nähern.

Ich will also den Satz, daß die fortschreitende und alle äußere Bewegungen des Thieres den Eindruck der Gegenstände auf die Sinne zur Ursach, oder wohl gar zur einzigen Ursach haben, nicht sowohl für eine ausgemachte Wahrheit, als vielmehr für eine solche Wahrscheinlichkeit ausgeben, die sich auf gute Aehnlichkeiten zu gründen scheinet: denn ich sehe, daß in der Natur alle organische Wesen, die keine Sinne haben, sich auch nicht von einer Stelle zur andern bewegen, daß hingegen alle mit Sinnen begabte Thiere mit einer wirksamen Kraft ausgerüstet sind, nicht allein ihre Glieder zu bewegen, sondern auch (willführlich) den Ort oder ihre Stellung zu verändern. Ich nehme ferner wahr, daß eben diese Wirkung äußerer Gegenstände auf die Sinne das Thier oft augenblicklich in

C 4

Be-

Bewegung setzet, ohne daß, dem Anschene nach, der Wille daran einigen Antheil nimmt, ja daß auch sogar in solchen Fällen, wo der Wille die Bewegung bestimmet, er selbst vorher durch eine Empfindung erreget worden, die aus dem wirklichen Eindruck der Sachen auf die Sinne oder aus der Erinnerung eines vorhergegangenen Eindruckes entstanden war.

Um diesen Umstand noch begreiflicher zu machen, wollen wir uns einmal selbst betrachten und das Physische unserer Handlungen ein wenig zergliedern. Wenn uns eine Sache durch irgend einen unserer Sinnen rühret, und erst eine angenehme Empfindung, durch diese aber ein Verlangen erreget, so muß dieses Verlangen sich nothwendig auf einige unserer Eigenschaften und auf einige Arten unseres Genußes beziehen. Es ist kein anderer Bewegungsgrund, eine Sache zu verlangen möglich, als um sie zu sehen, zu hören, zu riechen, zu schmecken oder zu fühlen. Unser Verlangen gründet sich bloß auf die vollkommne Befriedigung entweder des einzigen Sinnes, wodurch wir den Gegenstand unseres Verlangens empfinden, oder mehrerer Sinnen zugleich. Wir wünschen dadurch nämlich die erste Empfindung noch angenehmer zu ma=

machen oder noch eine andere zu erregen, die uns einen doppelten und erneuerten Genuß des empfundnen Gegenstandes gewähret. Denn könnten wir in dem Augenblick, da wir ihn empfinden, ihn vollkommen und mit allen Sinnen zugleich auf einmal genießen, so bliebe uns nichts zu wünschen übrig. Das Verlangen entsteht also aus unserer zu nahen oder zu entfernten Stellung in Ansehung des Gegenstandes den wir eben empfinden. Es ist also natürlich, daß wir diese Stellung, um des bessern Genußes willen ändern, weil wir mit der Empfindung des Gegenstandes zugleich die Unbequemlichkeit unserer Stellung, die uns im vollkommnen Genuße desselben zu hindern schien, bemerkten. Die Bewegung also, die wir zufolge dieses Verlangens machen, gründet sich, wie das Verlangen selbst, bloß auf den Eindruck, welchen dieser Gegenstand auf unsre Sinne machte.

Wir wollen annehmen eine Sache, die wir mit unsern Augen empfunden, und welche wir zu berühren wünschen, sey in der Nähe. In diesem Fall strecken wir den Arm aus, um sie zu ergreifen. Sind wir aber davon zu weit entfernet, so setzen wir uns in Bewegung, um ihr näher zu kommen.

Wird nicht ein in Gedanken vertiefter Mensch, wenn er hungrig ist und Brod vor sich siehet, nach diesem Brode greifen, auch wohl davon essen, ohne sich dessen bewußt zu seyn? Diese Bewegungen sind eine nothwendige Folge vom ersten Eindruck der Gegenstände, und würden allemal unausbleiblich darauf erfolgen, wenn andere zugleich dadurch erregte Eindrücke sich dieser natürlichen Wirkung nicht entgegen setzten und also die Wirkung des ersten Eindruckes entweder schwächeten oder gänzlich unterbrächen.

Ein sinnenloses organisirtes Wesen also, wie z. B. eine Auster, die wahrscheinlicherweise nur mit einem sehr groben Gefühl begabet ist, hat weder die Fähigkeit, seinen Ort zu verändern, noch Empfindung oder Verstand, weil eines, wie das andere, sonst gewiß ein Verlangen erregen und sich durch äußere Bewegungen offenbaren würde. Ich will dadurch nicht sagen, daß dergleichen empfindungslose Wesen auch des Bewußtseyns ihrer selbst und ihres Daseyns gänzlich beraubet wären; so viel ist indessen gewiß, daß man ihnen dieses Vermögen nur sehr unvollkommen zueignen kann, weil sie vom Daseyn anderer Wesen nichts zu empfinpfinden oder sich dessen bewußt zu seyn scheinen.

Das Verlangen entsteht also bloß aus der Wirkung der Gegenstände auf die Sinnen, und auf ein solches Verlangen gründet sich wieder die fortschreitende Bewegung. — Um dieses begreiflicher zu machen, wollen wir einmal den Fall annehmen, ein Mensch befände sich in dem Augenblick, da er sich einer Sache nähern wollte, aller dazu nöthigen Gliedmaßen beraubet; würde nicht ein solcher, wenn ihm die Füße fehlten, auf den Knien, oder wenn er auch die Oberschenkel eingebüßet, auf den Händen fortzukriechen, und, wenn er auch sogar um Hände und Arme käme, sich, bei fortdaurendem Verlangen der Annäherung, fortzuwälzen suchen? Zuverläßig wird er in solchen Fällen alle Kräfte seines Körpers, die ganze Biegsamkeit seines Rückgrades anwenden, ja sogar mit seinem Kinn oder seinen Zähnen sich fortzuhelfen bemühet seyn. Könnte man seinen Leib in einen physischen Punkt, oder in ein rundes Sonnenstäubchen verwandeln, ohne dadurch dem erwähnten Verlangen Abbruch zu thun, so wird er auch noch alsdann alle Kräfte zu Veränderung seines Ortes anstrengen; weil ihm aber nur alle andere Mittel zur Bewegung, außer der Wirkung auf die Oberfläche, welche ihn trägt, benommen wären, so würde er nicht unterlassen, sich mehr oder weniger zu erheben, um seinen Gegenstand zu erreichen. *). Die äußern und fortrückenden Bewegungen pflegen also nicht bloß vom Bau und von der Gestalt eines Körpers und

---

*) Um die Deutlichkeit aufs höchste zu treiben, ist hier meines Erachtens, Herr von Buffon, durch allzugenaue Zergliederung seines angenommenen Beispieles, wieder undeutlicher geworden, als er anfänglich war. Die Erfahrung zeiget allerdings, daß auch verstümmelte Menschenkörper alle sonst ungewöhnliche Mittel anwenden, zu Befriedigung ihres Verlangens den Ort oft zu verändern; warum aber, zum Erweis dieses natürlichen Bestrebens, die Einbildung einen menschlichen Körper erst bis zu einem physischen Punkt oder bis zu einem Sonnenstäubchen zergliedern soll? Und was der Herr Verfasser unter der Erhebung eines dergleichen menschlichen Sonnenstäubchens durch die Wirkung auf die Fläche, worauf er liegt, verstehen mag? — das hat mir wenigstens unerklärbar geschienen; es ist also leicht möglich, daß der Herr Prof. Kästner sowohl, als ich, den Sinn dieser dunkeln Stelle nicht völlig nach der Vorstellung, welche sich der Herr Verfasser dabei gemacht, ausgedruckt haben mögen. Indessen gehet in der Erklärung dadurch nichts verlohren, weil man die Wahrheit einsiehet, ohne die Beispiele von einem Krüppel bis auf die Sonnenstäubchen zu verfolgen.

R—

und seiner Gliedmaßen abzuhängen. Denn die äußere Bildung eines mit Sinnen und einem zu ihrer Befriedigung abzielenden Verlangen begabten Wesens mag beschaffen seyn, wie sie will, so wird es gewiß allemal sich auf eine oder die andere Art bewegen.

Die Leichtigkeit, Geschwindigkeit, Richtung, Fortsetzung u. s. w. der Bewegung gründet sich freilich auf den äußern Bau eines Körpers; allein die Ursache, der Quell, die Wirkung und Bestimmung derselben sind bloß das Werk des Verlangens, welches der Eindruck äußerer Gegenstände auf die Sinnen wirkte. Denn man setze nun einmal voraus, die äußere Bildung eines Menschen sey unverändert in ihrem natürlichen Zustande geblieben, dagegen wär er allmählig seiner Sinne beraubet worden. In diesem Fall wird sich ein Blinder gewiß nicht von der Stelle bewegen, um sich eine Augenweide zu verschaffen. Ein Tauber, auf dessen Ohren der Schall keinen Eindruck machet, wird seinen Ort gewiß um keines Tones willen, ein Geruchloser um keines Wohlgeruches oder Gestankes willen, ein Gefühl- und Geschmackloser um keines Gegenstandes willen verändern, der bloß auf diese beiden Sinne zu wirken vermag. Wenn seine Sinne keines Eindruckes fähig sind,

sind, so kann er auch nichts zu ihrer Befriedigung unternehmen. Ein solcher Mensch wird also beständig in Ruhe bleiben, weil nichts von außen auf ihn wirket, folglich nichts ein Verlangen oder Abscheu in ihm erreget, wodurch er genöthigt werden könnte, seine Stelle zu verändern, wozu er doch, vermöge der Beschaffenheit seiner äußern Bildung alle Fähigkeiten besäße.

Die natürlichen Bedürfniße, z. B. die Nothwendigkeit, sich zu nähren, sind innere Bewegungen, durch deren Eindrücke Verlangen, Sehnsucht und sogar Nothwendigkeit erreget werden. Sie können daher in einem Thier äußere Bewegungen wirken, und wenn dieses nur nicht aller äußern Sinne beraubt, wenn es nur mit einem, seinen Bedürfnißen angemessenen Sinne begabet ist, wird es zu dessen Befriedigung alles mögliche anwenden. Das Bedürfniß ist nicht das Verlangen selbst. Es unterscheidet sich vom letztern, wie die Ursach von ihrer Wirkung, und kann, ohne Beihilfe der Sinne, gar kein Verlangen erregen. So oft ein Thier einen Gegenstand wahrnimmt, welcher auf seine Bedürfniße Beziehung hat, entsteht in ihm ein Verlangen oder eine Sehnsucht, welche das Thier in Wirksamkeit setzet.

Die

47

Die äußere Gegenstände wirken auf unsere Sinnen, sie werden also zu einer Ursach, die nothwendig in denselben eine Wirkung hervorbringen muß. Man würde leicht begreifen, daß aus derselben eine Bewegung des Thieres erfolgen würde, wenn jede ähnliche Rührung der Sinne gleiche Wirkungen und Bewegungen hervorbrächte. Wie soll man aber die Veränderung der Wirkung der Gegenstände auf das Thier begreifen, woraus Verlangen und Abscheu entstehen? Wie soll man das begreifen, was außerhalb der Sinnen, mitten zwischen den beiden Wirkungen des Gegenstandes und des Thieres vorgehet? oder wie soll man sich die Verrichtung denken, welche doch die Bewegung ursprünglich bestimmet, weil sie die Handlung des Thieres ändert und leitet, bisweilen aber, ohne Rücksicht auf den vorhergegangenen Eindruck des Gegenstandes, gänzlich aufhebet?

Die Schwierigkeiten in Beantwortung dieser Fragen sind hier desto beträchtlicher, weil unsere Natur von der thierischen so stark abweichet, indem unsre Seele an den meisten, ja vielleicht an allen Bewegungen Antheil nimmt, und es uns schwer werden muß, die Wirkungen dieses geistigen Wesens von den Wirkungen der

Kräf=

Kräfte unsers bloß materialischen Theiles zu unterscheiden. Bloß die Aehnlichkeit, welche wir aus der Vergleichung unserer Handlungen mit den natürlichen Verrichtungen der Thiere nehmen, muß hier unser Urtheil bestimmen. Da nun dieses geistige Wesen vorzüglich dem Menschen verliehen worden, und er, bloß durch dieses Wesen, denket und überleget, das Thier hingegen bloß aus Materie bestehet, die weder denket, noch überleget, aber doch wirket und sich zu bestimmen scheinet, so können wir gar nicht in Zweifel ziehen, der Grund aller Bestimmung in den Bewegungen dieser Thiere müße wohl eine bloß mechanische Wirkung seyn und sich lediglich auf ihren organischen Bau beziehen *).

Ich

*) Mich dünkt, Herr von Buffon sey hier in den entgegengesetzten Fehler derjenigen verfallen, welche den Thieren allzubiel geistige Vorzüge beilegen. Ich kann mich, aus erheblichen Gründen unmöglich entschließen, den Thieren alle Kräfte zu denken, alle Spuren eines geistigen Wesens abzusprechen, und werde vielleicht am Ende dieses Bandes anderer Gelehrten und meine Gedanken hiervon in einem besondern Anhange beifügen.

N—

Ich stelle mir vor, daß bei den Thieren die Wirkung der Gegenstände auf die Sinnen eine andere Wirkung auf das Gehirn hervorbringet, welches ich als einen innern und allgemeinen Sinn betrachte, der alle Eindrücke der äußern Sinnen anzunehmen fähig ist. Dieser innere Sinn kann aber nicht nur durch die Wirkung der äußern Sinnen und Werkzeuge stark erschüttert werden, sondern auch die aus dieser Wirkung entstandne Erschütterung lange Zeit beibehalten. In der Dauer eben dieser Erschütterung bestehet eigentlich der Eindruck, welcher desto stärker oder schwächer ist, je längere oder kürzere Zeit sie gewähret hat.

Der innere Sinn unterscheidet sich also von den äußern erstlich durch die Eigenschaft, alle Eindrücke von jeder möglichen Art und Beschaffenheit anzunehmen, da hingegen die Gegenstände auf die äußere Sinne nur auf eine besondere, ihrer Bildung angemeßne Art wirken können Denn das Auge, zum Beispiel, wird vom Schall so wenig, als das Ohr durch die Lichtstralen, erschüttert. Der zweite Unterschied des innern Sinnes von den äußern bestehet in der anhaltenden Dauer der von der Wirkung der äußern Gegenstände verursacheten Erschütterung. In allen andern Ab=

ſichten iſt er von eben der Natur, wie die
äußern Sinne. Man hat ſich alſo unter
jenem, wie unter dieſen, blos ein Werk=
zeug, einen mechaniſchen Erfolg, einen blos
materialiſchen Sinn zu gedenken. Dieſen
innern materialiſchen Sinn haben wir mit
allen Thieren gemein; wir haben uns aber
zugleich eines noch höhern Sinnes von
ganz unterſchiedener Natur zu rühmen,
welcher in dem geiſtigen Weſen thronet,
wovon wir beſeelet und geleitet werden.

Das Gehirn des Thieres iſt alſo ein in=
nerer, allgemeiner und gemeinſchaftlicher
Sinn, der alle Eindrücke von den äußern
Sinnen, oder alle Arten von Erſchütte=
rungen, welche die Wirkung der Gegen=
ſtände hervorbringt, ohne Unterſchied an=
nimmt; und alle dieſe Erſchütterungen ſind
im innern Sinn von weit längerer Dauer,
als an den äußern. Am leichteſten begreift
man dieſes, wenn man erwäget, daß auch
ſogar bei den äußern Sinnen ſchon eine
merkliche Verſchiedenheit in der Dauer die=
ſer Erſchütterungen herrſchet. Die Erſchüt=
terung vom Licht im Auge dauret ungleich
länger, als die Erſchütterung im Ohr vom
Schalle. Man darf hierbei nur die bekann=
teſten Erfahrungen zu Rathe ziehen, um
ſich davon zu überzeugen. Eine glühende,

mit

mit einiger Geschwindigkeit gedrehete Kohle, oder eine in die Höhe steigende Rakete pflegen unsern Augen, jene einen feurigen Kreis, diese einen langen brennenden Stral vorzustellen. Die Ursache von diesen Erscheinungen liegt bekanntermaßen in der Dauer der durch die Lichtstralen im Werkzeuge des Gesichts verursacheten Erschütterung, weil man zu gleicher Zeit das erste und letzte Bild der brennenden Kohle und der steigenden Rakete siehet. Die Zeit aber zwischen dem ersten und letzten Eindruck ist hier sehr merklich. Wir wollen bei Ausrechnung dieser Zwischenzeit einmal annehmen, es werde eine halbe oder eine Viertelsekunde dazu erfodert, ehe die glühende Kohle ihren Kreis umschreiben, und wieder an den ersten Punkt ihres Umkreises gelangen könne. In diesem Fall würde die vom Licht im Auge verursachte Erschütterung ebenfalls eine halbe oder wenigstens eine Viertelsekunde dauren. Die Erschütterung vom Schall hingegen ist von weit kürzerer Dauer, weil das Ohr nur viel kleinere Zwischenzeiten bemerken und unterscheiden kann. In Zeit von einer Viertelsekunde sind wir vermögend, einerlei Ton drei bis viermal, oder drei bis vier auf einander folgende, und in einer halben Sekunde sie-

D 2   ben

ben bis acht unterschiedene Töne deutlich zu vernehmen, ohne daß der letzte Eindruck mit dem ersten sich vermenget. Jeder Ton pflegt sich deutlich und besonders einzudrucken, da hingegen beim Auge der erste mit dem letzten Eindruck nur Einen auszumachen scheinen. Aus diesem Grunde müßte sich auch nothwendig eine Folge von Farben, die eben so hurtig, als die Töne, nach einander kämen, vermengen, und uns nicht so deutlich, als eine gleiche Folge von Tönen, rühren können.

Es läßt sich daher mit Grunde vorläufig annehmen, daß die Erschütterungen hauptsächlich deswegen ungleich länger im innern, als in den äußern Sinnen dauren können, weil sogar in einigen dieser letztern die Erschütterung länger, als in den andern währet, wie eben itzt vom Auge bewiesen worden, in welchem die Erschütterungen dauerhafter, als in den Ohren sind. Daher sind auch die Eindrücke, welche von diesem Sinne zum innern gelangen, viel stärker, als diejenigen, welche vom Ohre dahin gebracht werden, und wir können uns folglich die Sachen, die wir gesehen, viel deutlicher und lebhafter, als die wir gehöret haben, vorstellen. Ueberhaupt scheint wohl unter allen äußern Sinnen

nen das Auge die dauerhaftesten Erschütte=
rungen anzunehmen, die also auf den in=
nern die stärksten Eindrücke machen, ob sie
gleich dem Scheine nach die schwächsten
sind. Denn der Sinn des Gesichtes hat
seiner Natur nach mehr Übereinstimmung,
als irgend ein anderer, mit der Natur des
innern Sinnes. Man könnte dieses schon
aus der Menge der nach den Augen gehen=
den Nerven beweisen, deren Anzahl fast
eben so groß in den Augen allein, als in
den Werkzeugen des Gehörs, Geruches
und Geschmackes zusammengenommen, ist.
Das Auge läßt sich daher gar wohl, als
eine Fortsetzung des innern Sinnes betrach=
ten. Wir haben schon im Artikel von den
Sinnen gesagt, das Auge sey eigentlich
ein großer ausgebreiteter Nerve, oder eine
Verlängerung des Werkzeuges, worin der
innere Sinn des Thieres wohnet. Man
darf sich also gar nicht wundern, daß es
mehr, als irgend ein anderer Sinn, sich
der Natur des innern Sinnes nähert. In
der That sind auch nicht allein die Erschüt=
terungen in demselben dauerhafter, wie die=
ses besonders vom innern Sinne gesagt
worden, sondern es hat auch vor den üb=
rigen Sinnen viel herrliche Eigenschaften,

D 3 wel=

welche den Eigenschaften des innern Sinnes gleichen.

In den Augen liefet man deutlich den Ausdruck der innern Empfindungen. Es verräth gleichsam das Verlangen, welches ein darauf wirkender Gegenstand eben erzeugt hatte. Man kann es, wie den innern, als einen wirksamen Sinn, alle die andern Sinne hingegen muß man blos als leidende betrachten, blos als Werkzeuge, die zu Annehmung der äußern Eindrücke bestimmt, aber nicht fähig sind, sie zu erhalten, oder sie äußerlich wieder sichtbar zu machen. Das Auge giebt sie zurück, weil es dieselben aufbehalten kann, und behält sie lange bei, weil die darin vorgehende Erschütterungen von langer Dauer sind, da hingegen die Erschütterungen in den andern Sinnen fast in dem Augenblick ihrer Entstehung wieder verschwinden.

Wenn man indessen einen Sinn, welcher es auch seyn mag, lange hinter einander und sehr stark erschüttert, so dauert auch die Erschütterung noch lange nach der Wirkung des äußern Gegenstandes auf denselben. Wenn ein allzustarkes Licht in das Auge fällt, oder wenn dieses allzulange auf einen Gegenstand geheftet ist, so erhält es, besonders von den hellesten Farben eines

nes Gegenstandes, einen so tiefen und dauerhaften Eindruck, daß es hernach das Bild dieser Sache auf alle andere Gegenstände überträgt. Wenn man einen Augenblick stark in die Sonne siehet, so erblickt man viele Minuten, zuweilen viele Stunden, ja wohl gar viele Tage hinter einander auf allen andern Gegenständen das Bild der Sonne. Wenn das Ohr einige Stunden hindurch von einerlei Melodie, oder durch starke mit Aufmerksamkeit angehörte Töne z. B. durch Trompeten oder Glocken erschüttert worden, so glaubt man zuweilen einige Tage hinter einander beständig Trompeten oder Glocken zu hören, bis dieser Eindruck sich allmählig wieder verlieret. So verhält sichs auch mit dem Geruch und Geschmacke. Wenn der erste durch etwas stark Riechendes, der andere durch etwas widrig Schmeckendes gereizet wird, so behält man lange die Eindrücke der stark riechenden und übel schmeckenden Sachen. Erhält man endlich den Sinn des Gefühls an einerlei Sache gar zu lange, und man versucht es hernach, einen fremden Körper an einen Theil unsers Körpers fest anzulegen, so pflegt auch dieser Eindruck eine Zeitlang zu dauren, und es kömmt uns

lange

lange so vor, als ob wir noch immer berührten oder berührt würden.

Alle Sinne haben also das Vermögen, die Eindrücke der äußern Ursachen auf längere oder kürzere Zeit zu erhalten. Dem Auge muß man es aber in einem vorzüglichen Grade zugestehen, am allermeisten aber dem Gehirn, dem Sitz des innern Sinnes der Thiere. Dieses erhält nicht allein die empfangenen Eindrücke, sondern es kann auch die Wirkung derselben weiter fortsetzen, und selbige andern Nerven mittheilen.

Die Werkzeuge der äußern Sinne, das Gehirn, als das Werkzeug des innern Sinnes, das Rückenmark, die Nerven, welche sich in allen Theilen des thierischen Körpers verbreiten, müssen als ein zusammenhängender Körper, als eine organische Maschine betrachtet werden, in welcher die Sinne diejenigen Theile ausmachen, worauf die äußern Kräfte hauptsächlich wirken. Das Gehirn ist eigentlich der Unterstützungspunkt (hypomochlion) die Nerven sind aber die Theile, welche durch die wirkende Kräfte in Bewegung gesetzt werden. Der große Unterschied dieser Maschine von allen andern ist vornämlich darin zu suchen, daß in dieser der Unterstützungspunkt nicht allein eines Widerstandes und einer Gegenwir-

wirkung, sondern zugleich einer eignen
Wirkung fähig ist, weil er die erlittne
Erschütterung lange Zeit erhalten kann.

Da nun dieses innere Werkzeug, näm=
lich das Gehirn und seine Häute, womit
es umgeben ist, einen sehr großen Um=
fang und eben soviel Reizbarkeit haben,
so kann es auch allmählig und zu gleicher
Zeit eine große Menge von Erschütterun=
gen annehmen, und in eben der Ord=
nung, wie es dieselben bekommen, aufbe=
halten; denn jeder Eindruck erschüttert nur
einen Theil des Gehirnes, und alle auf
einander folgende Eindrücke können sowohl
einerlei Theil auf unterschiedene Art, als
auch die benachbarten und anliegenden
Theile zugleich erschüttern.

Wenn wir ein Thier ohne Gehirn an=
nehmen wollten, das aber mit einem un=
gemein reizbaren und sehr ausgebreiteten
äußern Sinn, zum Beispiel, mit einem
Auge begabt wäre, dessen Netzhäutchen ei=
nen eben so großen Umfang, als die Ge=
hirnhaut, aber auch zugleich die Eigenschaft
des Gehirns hätte, die empfangenen Ein=
drücke lange zu erhalten; so würde zuver=
läßig ein Thier mit einem solchen Sinn zu
gleicher Zeit nicht allein diejenigen Sachen,
die wirklich denselben erschütterten, sondern

D 5 auch

auch alle diejenigen sehen, die vordem auf selbigen gewirket hätten. Denn bei Voraussetzung einer beständigen oder anhaltenden Dauer der Erschütterungen und eines hinlänglichen Umfanges der Netzhaut, um sie an unterschiedenen Theilen annehmen zu können, müßte das Thier durch einen solchen Sinn zu gleicher Zeit sowohl die ersten als die letzten Bilder wahrzunehmen fähig seyn. Insofern es also das Vergangne sowohl, als das Gegenwärtige mit Einem Blick übersähe, müßte dasselbe mechanischer Weise bestimmet werden, diese oder jene Handlung nach Maßgabe des Grades der Kraft und der stärkern oder geringern Anzahl der Erschütterungen zu verrichten, welche durch die Bilder, die dieser Bestimmung entweder gemäß oder derselben entgegen wären, verursachet würden. Eine größere Menge solcher Bilder, die ein Verlangen, als solcher, die einen Abscheu erregen können, würde das Thier nothwendig zu einer Bewegung bestimmen, wodurch es diesem Verlangen Genüge leisten könnte. Wäre hingegen die Kraft oder die Anzahl der anlockenden und abschreckenden Bilder gleich stark, so würde keine Bestimmung statt finden; das Thier würde zwischen diesen beiden gleich starken Kräften in einem

völ=

völligen Gleichgewicht schwebend einen so
gleichgültigen Gegenstand weder durch eini=
ge Bewegung zu erreichen, noch zu ver=
meiden suchen. Dieses alles würde, sage
ich, mechanisch, ohne die mindeste Theil=
nehmung des Gedächtnisses geschehen. Denn
insofern das Thier zu gleicher Zeit alle Bil=
der sähe, müßten sie wohl nothwendig auch
zugleich ihre Wirkung äußern. Die Ver=
langen erregende Bilder vereinigen sich, um
sich denen, welche den Abscheu erwecken,
entgegen zu setzen. Blos das Uibergewicht
oder vielmehr der Uiberfluß der Kraft oder
Menge dieser oder jener Bilder müßte nach
dieser Voraussetzung das Thier bestimmen,
auf diese oder auf eine andre Art zu
handeln.

Wir sehen hieraus, daß in dem Thiere
der innere Sinn von den äußern blos durch
die Eigenschaft unterschieden ist, die erlitt=
nen Erschütterungen und empfangnen Ein=
drücke zu erhalten. Aus dieser einzigen Ei=
genschaft lassen sich alle Handlungen der
Thiere schon deutlich erklären. Durch sie
erhalten wir einen Begriff von dem, was
im Innersten derselben vorgehet. Zu glei=
cher Zeit beweist sie uns nicht allein den
unendlichen und wesentlichen Unterschied
zwischen ihnen und uns, sondern lehret
uns

uns auch einsehen, was wir mit ihnen gemein haben.

Die Thiere sind mit vortreflichen Sinnen begabet; überhaupt genommen sind aber nicht alle Sinne bei ihnen so vorzüglich, als an den Menschen. Man hat wohl zu merken, daß die Grade der sinnlichen Vortreflichkeit bei den Thieren eine ganz andre Ordnung, als bei den Menschen, halten. Das Gefühl ist eigentlich der Sinn, welcher auf das Denken und auf die Kenntnisse die stärkste Beziehung hat, daher ihn auch der Mensch, wie bereits im Artikel von den Sinnen gezeigt worden *), in einem weit vollkommnern Grad, als die Thiere besitzet. Der Geruch hingegen, welcher mehr Beziehung auf den Instinkt und auf die Begierden hat, ist bei den Thieren in unbeschreiblich viel größerer Vollkommenheit, als bei den Menschen, anzutreffen. Daher müssen die Menschen wohl nothwendig mehr Kenntniß, als Begierde, die Thiere hingegen mehr Begierde, als Kenntniß haben. Bei den Menschen ist der erste und vollkommenste Sinn das Gefühl, der letzte oder schwächste, der Geruch. Bei den Thieren ver=

---

*) Siehe den fünften Band S. 435. u. f. f. w.

verhält sichs umgekehrt. Dieser Unterschied ist in der Natur des einen und des andern gegründet. Auf den Sinn des Gesichts können wir uns, wenn wir etwas erkennen wollen, blos insofern sicher verlassen, als er durch das Gefühl unterstützet und geleitet wird. Aus diesem Grund ist er auch bei den Thieren unvollkommner, als bei den Menschen, oder wenigstens kann er nie bei ihnen zu dem Grade der Vollkommenheit gelangen. Das Ohr ist bei den Thieren vielleicht mit eben so viel Kunst, als bei den Menschen gebauet, es kann aber jenen so nützlich nicht werden, als diesen, weil es den Thieren an der Sprache fehlet, welche bei den Menschen vom Gehör abhänget, und ein mittheilendes oder ein solches Werkzeug ist, welches diesen Sinn in Wirksamkeit setzet, welcher sich hingegen bei den Thieren fast blos leidend verhält. Der Mensch hat also ein vollkommneres Gefühl, Gesicht und Gehör, aber einen minder vollkommnen Geruch, als das Thier. Weil nun der Geschmack gleichsam einen innern Geruch vorstellet, und sich mehr, als irgend ein anderer Sinn, auf den Appetit beziehet, so ist leichtlich zu glauben, daß auch dieser Sinn bei den Thieren mehr Zuverläßigkeit und Vollkommenheit, als bei

den

den Menschen, haben müsse: Man könnte dieses durch den unüberwindlichen Abscheu, den die Thiere gegen gewisse Speisen empfinden, oder durch das natürliche Verlangen beweisen, wodurch sie gereizt werden, alle Nahrungsmittel, welche ihnen am zuträglichsten sind, ohne Irrung zu wählen; da hingegen der Mensch ohne vorhergegangene Warnung die Frucht eines Manchinelbaums *) eben so gern, als einen

---

*) Hippomane Mancinella Linn. Spec. Pl. II. p. 1431. Mancinella Pyri facie. Catesby Carol. I. Tab. 95. Malus americana Lauro-cerasi folio, venenata Comm. Hort. I. p. 131. Tab. 68. Arbor venenata Mancinello dicta Raj. Hift. 1646. Dietr. Pflanzenr. II. p. 1127. Mancenilier, Manchenilier. Vallm. de Bom. Dict. Tom. VI. p. 479. Dieser giftige Baum der karaibischen Inseln hat einen zween Fuß starken Stamm, der sich bald in eine Menge Aeste, wie ein Apfelbaum vertheilet. Die Frucht ist an Gestalt und Geruch den englischen Holzäpfeln ähnlich. In ihrem Fleisch ist ein harter, runzlichter, ungleicher Kern, welcher den Samen in sich hält. Der Milchsaft in der Borke des Baumes ziehet Blasen, sobald er die Haut berühret, und sowohl dieser Saft als das Fleisch der Frucht innerlich gebrauchet verursachen Entzündungen und den Tod. Seewasser mit Limonien- und Feigensaft vermischt wird für ein wirksames Gegenmittel gehalten. S. Bankrofts Guiana p. 21.

nen Apfel, den Schierling *) eben so gern, als Petersilien genießen würde.

Eigentlich pflegt die Vortreflichkeit der Sinne von der Natur herzurühren; es ist aber nicht zu läugnen, daß Kunst und Uebung

---

*) Cicuta virosa Linn. l. c. Tom. I. p. 366. Cicuta aquatica Flor. Lapp. 103. Sium Erucæ folio CB. Pin. 154. Giftiger Wüterich. Dietr. Pflanzenr. I. p. 308. Fr. Cigue aquatique. Vallm. de Bom. Dict. T. III. p. 178. Diese fortdaurende Pflanze hat eine spindelförmige Wurzel, doch beinahe überall gleich dick, und in unterschiedene Glieder abgetheilet. Aus den Absätzen dieser Glieder gehen viele lange Fäserchen heraus, womit die Pflanze am Boden der Sümpfe befestigt ist. Sie hat einen runden, gestreiften, ästigen, unten röthlichen Stängel, 2 bis 3 Fuß hoch, worauf große Dolden mit weißen Blumen sitzen. Wurzel und Kraut sind so scharf und ätzend, daß man im Käuen den Mund verletzen und Blasen ziehen kann. In den Zellen der Wurzeln befindet sich ein heller etwas milchiger Saft von ungemeiner Schärfe. Die ganze Pflanze ist ein tödtliches Gift für Menschen und alles Hornvieh. Sie äußert ihre tödtliche Wirkung anfänglich nach dem Genusse beim Magen, dessen Häute sie anfrißt und entzündet, nachher aber geht sie von da weiter ins Blut, welches daraus erhellet, weil die Leichen der daran verstorbenen Personen mehrentheils blau anlaufen. Der berühmte Störk hat aus diesem Gift ein vortheilhaftes Arzneimittel zu bereiten gelehret.

M.—

bung den Grad ihrer natürlichen Vollkom⸗
menheit merklich erhöhen können. Man
darf sie nur oft und lange Zeit an einer⸗
lei Gegenständen üben. Ein Maler, der
sich schon dazu gewöhnet hat, die Gestal⸗
ten mit Aufmerksamkeit zu betrachten, wird
mit einem Blick eine große Menge von
Schattirungen und Verschiedenheiten über⸗
sehen, zu deren Bemerkung ein anderer
Mensch viel Zeit nöthig haben, und sie
doch vielleicht nicht einmal entdecken wür⸗
de. Das Ohr eines zu beständigem Wohl⸗
klang gewöhnten Tonkünstlers wird gewiß
von jedem unaufgelösten Mißklang aufs un⸗
angenehmste gerühret. Eine falsche Stim⸗
me oder ein rauher Ton, die geringste miß⸗
tönende Kleinigkeit kann es bis zu einer
schmerzhaften Empfindung beleidigen. Sein
Ohr ist gleichsam ein Instrument, welches
jeder Übelklang augenblicklich verstimmet.
Das Auge des Malers ist ein Gemälde,
worauf die kleinsten Schattirungen empfun⸗
den, die feinsten Züge dargestellet werden.
Man pflegt auch den Sinnen der Thiere,
sogar ihren Begierden, durch Übung mehr
Vollkommenheit zu ertheilen. So lehret
man die Vögel, gewisse Wörter und Ge⸗
sänge zu wiederholen. Man vermehret die

Jagd⸗

Jagdbegierde der Hunde, durch die Erlaubniß, das erjagte Wild selbst zu verzehren.

Allein diese Vermehrung der Vortreflichkeit und Vollkommenheit der Sinne, zeigt bloß bei den Thieren sichtbare Wirkungen. Ein Thier wird uns allemal desto lebhafter, geschäftiger und verständiger vorkommen, jemehr seine Sinne verfeinert und in ihrer Vollkommenheit erhöhet worden. Der Mensch hingegen pflegt durch eine starke Uibung seiner Ohren und Augen weder vernünftiger, noch witziger zu werden. Man siehet auch nicht, daß Menschen von stumpfen Sinnen, kurzem Gesicht, hartem Gehör, verdorbnem oder gänzlich verlornem Geruch minder witzig, als andere wären. Zum deutlichen Beweis, daß in den Menschen etwas Höheres, als der innere Sinn der Thiere, verborgen seyn müsse. Dieser ist bloß ein materialisches Werkzeug, das von den Werkzeugen der äußern Sinne nur allein dadurch sich unterscheidet, weil es die empfangenen Erschütterungen aufbehalten kann. Die menschliche Seele hingegen ist ein weit erhabnerer Sinn, eine geistige Substanz, die sich durch ihr Wesen sowohl, als durch ihre Wirkungen, von der Natur der äußern Sinnen außerordentlich stark auszeichnet.

Buff. allg. Nat. 7 B.   E   Des-

Deswegen läßt sich aber nicht läugnen, daß auch der Mensch mit einem innern, materialischen Sinn begabet sey, der sich, wie bei den Thieren auf die äußern Sinnen beziehet. Wir können davon durch den bloßen Augenschein überführet werden. Die besondre Übereinstimmung der sinnlichen Werkzeuge bei Thieren und Menschen, die gleiche Beschaffenheit ihres Gehirns, welches bei dem Menschen sogar, in Vergleichung mit der Größe seines Körpers, einen weitläuftigern Umfang hat, sind hinlänglich in ihm das Daseyn eines innern materialischen Sinnes zu erweisen. Ich behaupte nur, daß dieser materialische Sinn dem geistigen unendlich weit untergeordnet sey. Jener wird von der geistigen Substanz regieret und in seinen Wirkungen gehindert oder befördert. Mit einem Worte: dieser Sinn, worauf bei den Thieren alles ankömmt, vermag bei den Menschen weiter nichts zu thun, als was der höhere Sinn erlaubet oder nicht verhindert, er muß hingegen alles thun, was dieser gebietet. Bei den Thieren bestimmt er alle Bewegungen und Handlungen, bei den Menschen ist er bloß ein Mittel oder eine untergeordnete Ursach.

Wir

Wir wollen diesen wichtigen Punkt nach
Möglichkeit zu entwickeln suchen und sehen,
was eigentlich dieser materialische Sinn zu
bewirken vermögend ist? Haben wir einmal
ausgemacht, wie weit sich die Grenzen seiner
Wirksamkeit eigentlich erstrecken, muß hernach alles, was nicht in den Umfang dieser Grenzen gehöret nothwendig und allein
von dem geistigen Sinn abhangen, und alles
auf die Rechnung der Seele geschrieben werden, was nicht als eine Wirkung dieses
materialischen Sinnes zu betrachten ist. Bles
auf die Bestimmung der Grenzen also zwischen diesen beiden Kräften beruhet die deutliche
Kenntniß dessen was jeder Kraft eigenthümlich zukommt. Durch sie allein lernen wir
leicht unterscheiden, was die Thiere mit uns
gemein, und was wir vor ihnen voraus haben.

Der innere materialische Sinn nimmt,
ohne Unterschied, alle Eindrücke an, welche
die äußern Sinnen auf ihn machen können.
Diese Eindrücke werden von den äußern Gegenständen gewirket, und vermitelst einer
durch dieselben in den äußern Sinnen verursachten sehr kurzen, fast augenblicklichen
Erschütterung, durch diese zu dem innern
Sinn übergetragen, wo sie hernach verbleiben und im Gehirne, dem Werzeuge des

E 2 \qquad in-

innern Sinnes, dauerhafte und deutliche Erschütterungen hervorbringen. Dergleichen Erschütterungen sind entweder angenehm oder widerlich; das heißt: sie sind entweder der Natur eines Thieres gemäß oder entgegen, und erwecken entweder ein Verlangen oder einen Abscheu, nach Beschaffenheit des Zustandes oder der gegenwärtigen Lage des Thieres.

Wir wollen z. B. ein Thier in dem Augenblick seiner Geburt annehmen. Sobald es die liebvolle Vorsorge der geschäftigen Mutter aus den umhüllenden Häuten ausgewickelt, sobald es zu athmen angefangen und das Bedürfniß der Nahrung gefühlet hat, empfindet auch der Geruch, als der eigentliche Sinn für den Appetit, die Ausdünstungen der Milch, welche die Brüste der Mütter für selbiges aufgesammlet haben. Wenn dieser Sinn durch die Geruchstheilchen erschüttert wird, so trägt er die Erschütterungen treulich zu dem Gehirn über, welches gegenseitig auf die Nerven wirket. Nun fängt das Thier an, sich zu bewegen, und das Maul zu öfnen, um die benöthigte Nahrung zu sich zu nehmen. Bei den Menschen ist das Verlangen, sich zu nähren, minder heftig, als bei den Thieren. Ein

ganz

ganz neugebornes Kind fühlet zwar das Bedürfniß, Nahrung zu genießen und giebt es durch Schreien zu erkennen; es kann sich aber die Nahrung nicht selbst verschaffen. Sie wird ihm durch den Geruch nicht verrathen. Es fehlt also hier an einer Ursach, die es zu einer Bewegung bestimmen könnte, um die Nahrung zu finden; daher muß es an die Brust geleget werden, daß es die Nahrungsbehältnisse fühlet und mit dem Munde berühret. Alsdann pflegen die erschütterten Sinne dem Gehirn die Erschütterung mitzutheilen, welches, durch seine Wirkungen auf die Nerven, das Kind reitzen wird, die Bewegungen zu machen, die zu Einsaugung der nährenden Milch erforderlich sind. Blos der Geruch und Geschmack, die beiden Sinne des Appetits, können dem Thier die Gegenwart seiner Nahrung und den Ort, wo sie zu finden ist, anzeigen. Die Augen sind alsdann noch geschlossen; wenn sie aber auch wirklich schon geöfnet wären, so könnten sie doch in diesen ersten Augenblicken wenig oder nichts zur Bestimmung der Bewegung helfen.

Das Auge, als ein Sinn, der mehr Beziehung auf die Kenntniß, als auf die Begierde hat, pflegt sich an den Menschen gleich bei der Geburt zu öfnen, bei den meisten Thieren aber viele Tage lang verschlossen zu bleiben. Dagegen sind bei den Thieren die Sinnen für die Begierde weit vollkommner und viel mehr entwickelt, als bei dem Kinde. Ein abermaliger Beweis, daß bei den Menschen mehr Unvollkommenheit in den Werkzeugen der Begierde, als in den Werkzeugen der Erkenntniß herrschet, bei den Thieren aber ein umgekehrtes Verhältniß statt findet.

Die zur Begierde gehörigen Sinne findet man also beim neugebornen Thier allemal besser, als bei neugebornen Kindern, entwickelt. Eben dieses läßt sich auch von der fortschreitenden und von allen andern Arten äußerlicher Bewegungen behaupten. Kaum daß ein Kind, gleich nach der Geburt, seine Glieder bewegen kann. Es wird lange Zeit erfordert, bevor es die Kraft erhält, sich von der Stelle zu bewegen. Bei jungen Thieren pflegen sich in sehr kurzer Zeit alle diese Vermögen und Kräfte wirksam zu zeigen. Da sie bei den Thieren bloß als Hilfsmittel zu Befriedigung ihrer Nahrungsbegierde, welche bei ihnen sehr heftig und schnell entwickelt, auch der einzige Quell zur Bestimmung aller ihrer Bewegungen ist, betrachtet werden können; da ferner der

Mensch

Mensch einen schwächern Appetit hat, welcher sich nicht allein später entwickelt, sondern auch nicht so viel Einfluß, als die Erkenntniß, auf die Bestimmung der Bewegungen hat, so geht in dieser Absicht bei den Menschen alles langsamer, als bei den Thieren von statten.

Es vereinigt sich also hier alles, sogar die Naturlehre selbst, zu beweisen, daß ein Thier bloß durch die Begierde bewegt, ein Mensch aber durch eine höhere Kraft geleitet wird. Daß man hierüber von je her Zweifel geheget hat, rührt wohl hauptsächlich daher, weil es schwer zu begreifen ist, wie bloß die Begierde in dem Thier so ähnliche Wirkungen mit denenjenigen hervorbringen kann, die man bei uns blos von der Kenntniß herleitet, und weil wir dasjenige, was bei uns blos auf Veranlassung unserer Kenntniß geschiehet, nicht genug von dem unterscheiden können, was wir auf Antrieb der Begierde unternehmen. Mir scheint es indessen gar nicht unmöglich zu seyn, durch unsern angenommenen Grundsatz diese Ungewißheit zu heben und sogar zu einiger Uiberzeugung zu gelangen.

Der innere materialische Sinn, sagten wir vorher, behält sehr lange die erhaltnen Erschütterungen. Diesen Sinn, dessen Werkzeug das Gehirn ist, findet man bei allen Thieren. Er nimmt jeden Eindruck an, welchen irgend einer von den äußern Sinnen auf ihn überträgt. Wenn also eine äußere Ursach, ein Gegenstand, von welcher Art er auch seyn mag, auf die äußern Sinne wirket, so muß diese Wirkung in dem innern Sinn eine dauerhafte Erschütterung hervorbringen, die dem Thiere eine Bewegung mittheilet, welche sogleich bestimmet wird, als der Eindruck von den Sinnen der Begierde herrühret.

Das Thier wird sich alsdann dem Gegenstande dieses Eindrucks entweder nähern, um ihn zu erreichen, oder sich davon abwenden, um ihn zu vermeiden, wenn es dadurch entweder geschmeichelt oder davon abgeschrecket wird. Eben diese Bewegung kann aber auch ungewiß bleiben, wenn sie durch Sinne, die mit der Begierde nichts zu schaffen haben, als durch die Augen, oder durch das Ohr, hervorgebracht worden. Ein Thier, welches zum erstenmal sieht oder höret, wird allerdings durch das Licht und durch den Schall beweget. Diese Erschütterung kann aber anfänglich nur

ei=

eine unbestimmte Bewegung verursachen, weil der Eindruck des Lichtes und Schalles auf die Begierde gar keine Beziehung hat. Blos durch oft wiederholte Handlungen, oder wenn das Thier mit den Eindrücken des Gesichts und Gehöres erst noch die Eindrücke des Geruchs, Geschmacks oder Gefühls vereiniget hat, wird die Bewegung bestimmet werden, und folglich das Thier, wenn es einen Gegenstand siehet oder einen Schall höret, diesen Gegenständen sich nähern oder sich von ihnen entfernen, wenn sie durch Erfahrungen erst Gegenstände seines Verlangens oder Abscheues geworden.

Um sich die Sache deutlicher zu machen, so betrachte man ein abgerichtetes Thier, z. B. einen Hund. Wenn dieser gleich eine heftige Begierde fühlet, so wird er doch den Gegenstand seines Verlangens nicht anzurühren wagen, sondern allerlei schmeichelnde Bewegungen machen, bis er ihn aus der Hand seines Herrn erlanget. Hat es nicht völlig das Ansehen, als ob dieses Thier Begriffe mit einander verbände, als ob es begehrte, fürchtete, kurz, als ob es eben solche Schlüsse machte, wie ein Mensch, der gern eines andern Eigenthum an sich bringen möchte, der aber, bei der stärksten Versuchung, dennoch von der Furcht einer unausbleiblichen Straf: zurückgehalten wird? — So pflegt man wenigstens das Betragen eines Thieres gemeiniglich zu erklären. Weil wir selbst auf diese Weise zu handeln, gewohnet sind, so ist es natürlich, daß man, wie es in der That geschiehet, sich einbilden kann, es müsse bei den Thieren auf gleiche Art geschehen. Man gründet sich hier mit einem desto größern Zutrauen auf die Aehnlichkeit, weil der Bau und die Bildung der Sinne, sowohl von außen, als von innen, sich bei Thieren und Menschen einander gleichet. Man sollte doch aber billig einsehen, daß noch etwas mehr dazu gehörte, wenn man diese Analogie oder Aehnlichkeit für unzweifelhaft halten sollte. Wenigstens dürfte nichts derselben entgegen stehen. Die Thiere müßten in diesem Falle nothwendig bei gewissen Gelegenheiten eben dasjenige thun können, und wirklich thun, was in ähnlichen Fällen bei den Menschen geschiehet. Sehen wir aber nicht offenbar das Gegentheil? Haben die Thiere wohl je etwas erfunden oder zu einer mehrern Vollkommenheit gebracht? Sie pflegen also über nichts nachzusinnen und einerlei Sache beständig auf einerlei Art zu verrichten. Dadurch können wir der Stärke dieser Aehnlichkeit schon viel

be=

benehmen; wir können sogar ihre Wirklichkeit in Zweifel ziehen und müssen sorgfältig nachforschen, ob sie nicht etwa durch eine ganz andere Kraft, als wir, geleitet werden, und ob nicht ihre Sinnen allein zureichen, ihre Handlungen hervorzubringen, ohne daß man ihnen das Nachdenken einzuräumen genöthigt wäre?

Alles was eine Beziehung auf ihre Begierden hat, erzeugt in ihrem innern Sinn die lebhaftesten Erschütterungen. Der Hund würde sich des Gegenstandes seiner Begierde plötzlich bemächtigen, wenn eben dieser innere Sinn, die vorhergegangenen schmerzhaften Eindrücke, die er bei eben dieser Handlung empfinden mußte, nicht im frischen Andenken erhielte. Das Thier war also schon durch die äußern Eindrücke bestimmet. Man bietet hier die leckerhafte Beute nicht bloß dem Hunde, sondern einem durch Schläge bereits gewarnten Hunde an. Weil er nun allemal, wenn er es wagte, sich dem Antriebe seiner Begierde zu überlassen, Schläge bekommen, so erneuern sich die Erschütterungen des Schmerzes zu eben der Zeit, wo er die Bewegungen der Begierde fühlet, weil immer beide mit einander verknüpfet waren. Insofern also das Thier zu einerlei Zeit von

ihre-

zweenen ganz widrigen, einander aufhebenden Eindrücken getrieben wird, bleibt es zwischen beiden gleich stark wirkenden Kräften in einem Gleichgewicht. Weil nun die bestimmende Ursach seiner Bewegung durch ein eben so starkes Gegengewicht gehemmet wird, so läßt sich ein solcher Hund gar nicht einfallen, den Gegenstand seines Verlangens durch irgend eine Bewegung zu erreichen. Indessen sind die Erschütterungen der Begierde und des Abscheues, oder, wenn man dieses lieber will, der Lust und des Schmerzens, noch immer zugleich in einem Gegensatze, der ihre Wirkungen aufhebet, vorhanden, es erneuert sich aber im Gehirn des Thieres zugleich eine dritte Art von Erschütterungen, welche mit den zwo ersten gemeiniglich vergesellschaftet gewesen. Ich meine die Erschütterung, welche die Handlung seines Herrn hervorbrachte, aus dessen Hand er oft den Bissen erhielt, welcher eigentlich der Gegenstand seiner Begierde war. Dieser dritten Erschütterung hält keine gegenseitige das Gleichgewicht, sie wird also die Ursach welche die Bewegung bestimmet, und der Hund findet keine weitere Bedenklichkeit, sich nach seinem Herrn so lange zu bewegen, bis er seine Begierde vollkommen gestillet fühlet.

Auf

Auf gleiche Art und nach eben diesen Grundsätzen lassen sich alle, sogar die vermischtesten Handlungen der Thiere füglich erklären, ohne daß man ihnen Gedanken oder Überlegungen eingestehen dürfe. Ihr innerer Sinn ist allein im Stande, alle ihre Bewegungen hervorzubringen. Ein einziger Umstand, nämlich die Natur ihrer Empfindungen, ist noch zu erklären übrig. Nach unsern Grundsätzen müßten diese von den unsrigen gänzlich unterschieden seyn. Sollten aber wohl die Thiere, so möchte hier jemand fragen, gar nichts von Erkenntniß haben? Sollte man ihnen mit der Empfindungskraft auch das Bewußtseyn ihres Daseyns gänzlich abstreiten können? Setzt man sie nicht bis in die Klasse blosser unempfindlicher Maschinen, wenn man sich einfallen läßt, alle ihre Handlungen bloß mechanisch zu erklären?

Wenn es nicht meinen Erklärungen an hinlänglicher Deutlichkeit fehlet, so muß man bereits eingesehen haben, daß ich den Thieren, anstatt ihnen alles abzustreiten, vielmehr alles, nur nicht Gedanken und Nachdenken, einräume. Sie haben allerdings die Kraft, sogar in einem höhern Grad, als wir, zu empfinden. Sie haben auch das Bewußtseyn ihres gegenwärtigen,

aber

aber nicht ihres vergangenen Daseyns, auch sinnliche Empfindungen, aber nicht das Vermögen, sie zu vergleichen oder die Kraft, welche Begriffe hervorbringet. Denn Begriffe sind nichts anders, als verglichne, oder, besser zu sagen, zusammengesetzte Empfindungen.

Wir wollen einmal jeden dieser Punkte besonders vornehmen. Die Thiere sind mit einer, sogar noch bessern Empfindungskraft, als wir begabet. Wir haben dieses hoffentlich schon genugsam durch das erwiesen, was bisher von der Vortreflichkeit ihrer zur Begierde gehörigen Sinnen gesagt worden, oder durch den unüberwindlichen Abscheu, den sie natürlicher Weise gegen gewisse Sachen, ingleichen durch die beständige und unveränderliche Begierde, welche sie nach andern Dingen an den Tag legen; endlich aber durch das Vermögen, welches in einem vorzüglichen Grad ihnen eigen ist, augenblicklich und unfehlbar das Nützliche von dem Schädlichen unterscheiden zu können. Die Thiere haben also, gleich uns, Schmerz und Lust; sie können aber das Gute und Böse nicht erkennen, sondern bloß empfinden. Was ihnen ein angenehmes Gefühl verursachet, ist gut, böse hingegen ist alles, was ihnen unange=

genehm zu seyn scheinet. Beide, sowohl das Gute, als das Böse, sind bloße, ihrer Natur oder dem Bau ihres Körpers zuträgliche oder schädliche Verhältnisse. Die Lust, welche der Kützel, und der Schmerz, welchen eine Wunde verursachet, sind Empfindungen, die wir mit den Thieren gemein haben, weil sie blos von einer äusserlichen materialischen Ursache, nämlich von einer stärkern oder schwächern Wirkung in die Nerven, als die Werkzeuge der Empfindung, herrühren. Alles was diese Werkzeuge nur gelinde berühret oder sie nur sanft beweget, ist eine Ursache der Lust; alles aber, was ihnen heftige Erschütterungen oder gewaltsame Bewegungen beibringet, eine Ursache des Schmerzens. Die Lust entspringet also aus allem, was wir sinnlich, zugleich aber sanft, gemäßigt und natürlich; der Schmerz hingegen, welcher im physischen Verstande mehr der äußerste Grad der Lust, als das Widerspiel derselben zu nennen wäre, aus allem, was wir allzuheftig empfinden.

Ein allzuhelles Licht, eine allzustarke Hitze, ein allzuheftiges Geräusch, ein allzustarker Geruch, ein schlechtes, unschmackhaftes Essen, ein allzuheftiges Reiben sind wirklich lauter Dinge, die unsern Empfindungen
we=

wehe thun oder uns unangenehm rühren; dahingegen eine zarte Farbe, eine mäßige Wärme, ein gelinder Schall, ein liebliches Rauchwerk, ein feiner Geschmack, ein gelindes Berühren, unsern Empfindungswerkzeugen angenehm schmeicheln und uns ein reizendes Gefühl verursachen können. Jedwede gelinde Berührung der Sinnen ist also eine Lust, jeder Stoß, jede starke Erschütterung derselben, ein Schmerz. Da nun in der Natur die Ursachen, welche starke Bewegungen und Erschütterungen hervorbringen können, viel seltner, als diejenigen vorkommen, welche sanfte Bewegungen und gemäßigte Wirkungen veranlassen; da überdies die Thiere, durch beständige Uibung ihrer Sinne, sich nicht allein eine Fertigkeit eigen machen, schmerzhaften Zufällen ausweichen und sich von schädlichen Sachen entfernen, sondern sogar zuträgliche Sachen unterscheiden und sich ihnen sicher nähren zu können: so ist es wohl sicher, daß bei ihnen die Summe der angenehmen Empfindungen größer, als der unangenehmen, folglich die Summe der Lust größer, als der Schmerzen seyn müsse.

Wenn bei Thieren die Lust nichts anders ist, als was den Sinnen schmeichelt, in der Physik aber unter dem, was die Sinnen

nen angenehm fühlen, dasjenige verstanden wird, was der Natur zuträglich ist; wenn man im Gegentheil unter dem, was sinnlichen Werkzeugen wehe thut, und der Natur zuwider ist, allemal den Schmerz verstehet, kurz, wenn die Lust das physische Gute, der Schmerz aber das physische Uibel ausmachet, so darf man wohl nicht mehr zweifeln, daß ein jedes empfindende Wesen mehr Lust, als Schmerzen fühle: denn unter dem Begriff der Lust ist alles, was zu seiner Erhaltung beiträget, alles, was dessen Daseyn unterhält; unter dem Begriff des Schmerzes aber alles enthalten, was auf dessen Zernichtung abzielet, was dessen körperlichen Bau zerrütten oder dessen natürlichen Zustand verändern kann. Blos durch die Lust also ist ein empfindendes Wesen vermögend, sein Daseyn fortzusetzen. Wäre die Summe der angenehmen Empfindungen oder der Wirkungen, die seiner Natur zuträglich sind, nicht viel größer, als die Summe der schmerzhaften und seiner Natur entgegen strebenden Wirkungen; so würde dieses, aller Lust beraubte Wesen, im beschwerlichen Mangel des Guten, völlig ermatten, und, vom Schmerze sowahl, als von dem Uibermaße des Uibels unterdrückt, bald umkommen müssen.

Bei den Menschen pflegen die physische Lust und der physische Schmerz nur den kleinsten Theil seines Vergnügens und seiner Qual auszumachen. Seine beständig wirksame Einbildungskraft thut alles mögliche, oder sie thut vielmehr sonst gar nichts, als was zur Erhöhung seines Unglückes dienet. Sie täuschet die Seele durch eitele Schattenbilder, und vergrößerte Gestalten, besonders durch die unselige Kraft, sich ängstlich damit zu beschäftigen. Eine von Blendwerken stärker, als von wirklichen Sachen eingenommene Seele verlieret mit ihrem Beurtheilungsvermögen sogar ihre Herrschaft. Sie vergleicht bloße Hirngespinste, schmiegt ihren Willen unter die Herrschaft der Einbildung, und lenket ihn oft auf lauter Unmöglichkeiten. Der Wille, der sich von ihr nicht mehr bestimmen läßt, fällt ihr beschwerlich, ihre übertriebene Begierden werden ihre strengste Zuchtmeister, ihre thörichte Hofnungen sind höchstens falsche, vergängliche Vergnügungen, die bei der nächsten Stille und wieder aufwachenden Beurtheilungskraft, wie ein Schatten verschwinden.

Unsere größte Bestrebung nach Lust ist also der sicherste Weg zur Unlust, unser unruhiges

ges Verlangen, glücklicher zu seyn, der nächste Schritt zum Unglück. Das wahre Glück liegt in uns selbst, und ist uns verliehen worden. Das Unglück befindet sich außer uns, und wir pflegen es mühsam zu suchen. Warum glauben wir nicht mit Uiberzeugung, daß unser einziges und wahres Glück im ruhigen Genuß unserer Seele bestehe? Daß wir dies Glück, ohne die Gefahr seines wahrscheinlichen Verlustes, nicht vermehren können? Daß wir desto mehr besitzen, je weniger wir begehren? Mit einem Worte, daß alles, was wir ausser den freiwilligen Gaben der Natur begehren, bloße Qual, und nichts ein wirkliches Vergnügen ist, als was uns die wohlthätige Natur selbst abzubiethen hat?

Nun hat uns aber die Natur von je her, wie sie noch jetzo thut, unzählige Vergnügungen gewähret, für unsere Bedürfnisse gesorget und uns wider den Schmerz bewafnet. Es giebt also, im physischen Verstand unendlich mehr Gutes als Böses. Wir haben uns demnach nicht so sehr für der Wirklichkeit, als für unsern Einbildungen; nicht so sehr für Leibesschmerzen, Krankheiten oder Tod, als für den unruhigen Bewegungen unserer Seele, für den Leidenschaften und für dem Uiberdrusse zu fürchten.

Die Thiere müssen sich mit einem einzigen Mittel, ihr Vergnügen zu fördern, behelfen. Das bestehet in der beständigen Uibung ihrer Empfindungskraft, um ihren Begierden genug thun zu können. Auch uns fehlt es nicht an diesem Vermögen; wir müssen aber, als ein anderes Mittel, uns zu vergnügen, auch den Verstand, dessen Begierde in Erkentnissen bestehet, fleißig zu üben suchen. Aus dieser Quelle würden uns die reinsten Vergnügungen im Uiberflusse zuströmen, wenn unsere Leidenschaften ihren Strom nicht aufhielten und sie trübe machten. Diese pflegen die Seele von aller Betrachtung abzulenken, und sobald sie die Oberhand erhalten; die Vernunft entweder gänzlich zu betäuben oder ihre Stimme zu schwächen und einen Widerwillen gegen dieselbe zu erregen. Auf diese Betäubung der von den Leidenschaften überschrienen Vernunft folgt erst ein Eckel vor der Wahrheit, hernach eine Zunahme der bezaubernden Verblendung, endlich ein starker Anwachs des Irrthums, wodurch wir mit großen Schritten ins Unglück geführet werden. Giebt es auch wohl ein größeres Unglück, als die Demüthigung der menschlichen Hoheit, nichts mehr so zu sehen,
wie

wie es wirklich ist, und alles nur so zu beurtheilen, wie es unsere Leidenschaft, ohne Beistimmung der Vernunft, erlaubet oder fordert, blos unter dem Befehl der Leidenschaften zu stehen, in den Augen anderer Menschen dadurch ungerecht und lächerlich, in unsern eignen aber, bei der geringsten Prüfung, verächtlich zu erscheinen?

In diesem Zustande der Verblendung und Finsterniß würden wir gern die Natur unserer Seele sebst verändern. Das geistige Wesen, das uns allein zum Erkennen gegeben worden, wünschten wir uns zu nichts weiter, als zum Empfinden brauchen zu dürfen. Wir würden wenn es in unserer Gewalt stünde, ihr Licht mit kaltem Blute vielleicht gänzlich auslöschen, und an statt diesen Verlust zu beklagen, uns kaum enthalten können, den Zustand eines Wahnwitzigen zu beneiden. Da wir nur abwechselnd gewisse vernünftige Augenblicke haben, die uns, durch ihre heimliche Vorwürfe zur Last gereichen, so mögten wir auch dieser gern überhoben seyn. Indem wir also von einer Verblendung zur andern fortgehen, suchen wir uns freiwillig aus unsern eignen Augen zu verlieren, uns ganz zu verkennen und uns am Ende gar zu vergessen.

F 3   Eine

Eine ununterbrochene Leidenschaft ist Raserei, und für die Seele ist eine solche Verfassung ein Zustand des Todes. Unterbrochne heftige Leidenschaften sind Anfälle der Narrheit, und desto gefährlichere Krankheiten der Seele, je länger sie dauern und je öfter sie wiederkommen. In den gesunden Zwischenzeiten, welche dergleichen Anfälle übrig lassen, bestehet unsre Weisheit. Die Summe dieser Zwischenstunden ist aber nicht zugleich die Summe unserer Glückseligkeit; denn wir fühlen in denselben die vorhergegangene Krankheit unserer Seele, und sind unzufrieden mit unsern Leidenschaften und allen auf deren Antrieb unternommenen Handlungen. In der Narrheit liegt eigentlich der Keim des Unglückes verborgen, welchen hernach die Weisheit entwickelt. Die meisten von denen, welche sich unglücklich nennen, sind Sklaven der Leidenschaft oder verblendete Thoren, welche zuweilen ihre vernünftige Zwischenzeiten haben, wo sie die Erkenntniß ihrer Narrheit ihr Unglück fühlen läßt. Da nun ein hoher Stand von weit mehrern falschen Begierden, mehr eitlen Hofnungen, mehr unordentlichen Leidenschaften beunruhiget, auch zu einem größern Mißbrauch der Seele, als der niedrigere Stand, verleitet wird, so sind unter

allen

allen Menschen die Großen der Welt gerade
diejenigen, wo die Glückseligkeit im gering=
sten Grade gesuchet werden darf.

Genug von diesen traurigen Bildern!
Genug von diesem für die Menschheit so
demüthigenden Wahrheiten! Wir wollen
unsre Augen von diesen erniedrigenden Ge=
genständen abziehen und auf einen Weisen,
den einzigen würdigen Gegenstand unserer
Betrachtung, heften. Er beherrschet sich
selbst, wie den größten Theil der Zufälle,
welche ihm begegnen könnten. Zufrieden
mit seinem Zustande, verlangt er nichts
weiter zu seyn, als was er allemal gewe=
sen, und nicht anders zu leben, als er
immer gelebet hat. Sich selbst genug, be=
darf er anderer nur in wenigen Fällen, und
hat nicht nöthig, ihnen jemals beschwerlich
zu werden. Allezeit mit Uibung seiner See=
lenkräfte beschäftigt, verbessert er sei=
nen Verstand, verschönert seinen Witz,
bereichert sich mit neuen Kenntnissen, schme=
cket jeden Augenblick, sonder Nachreu und
Eckel, neue Vergnügungen, und genießet
der ganzen Welt, indem er seiner selbst
genießet.

In der ganzen Natur giebt es ohnstrei=
tig kein glückseligeres Wesen, als einen sol=
chen Menschen. Er vereiniget mit den Ver=

gnügungen seines Körpers, die er mit den Thieren gemein hat, alle Freuden des Geistes, welche ihm allein zukommen. Er besitzt zwei einanderwechselsweise helfende und sich stärkende Mittel zur Glückseligkeit. Wenn er bei vorfallenden Unordnungen in seiner Gesundheit, oder bei andern Vorfällen, einen Schmerz empfindet, so leidet er dabei viel weniger, als ein anderer. Die Stärke seiner Seele ist für ihn eine kräftige Stütze, die Vernunft sein größter Trost. Er fühlet sogar im Leiden eine Beruhigung in dem Gedanken, daß er stark genug ist, selbiges gelassen zu erdulden.

Die Gesundheit eines Menschen ist schwächer und wankender, als die Gesundheit irgend eines Thieres. Er ist viel öftern und langweiligern Gebrechen unterworfen. Er kann in jedwedem Lebensalter sterben, da hingegen die Thiere mit gleichen und sichern Schritten ihr Lebensziel zu durchlaufen oder fast alle in einerlei Alter zu sterben pflegen. Das läßt sich meines Erachtens aus zweierlei Ursachen erklären, die, ohnerachtet ihres merklichen Unterschiedes, doch beide zu dieser Wirkung das Ihrige beitragen. Die erste besteht in den heftigen und unruhigen Bewegungen unserer Seele, welche

che die Verderbniß unseres innern materialischen Sinnes hervorbringet. Die Leidenschaften und Unglücksfälle, welche sie nach sich ziehen, haben einen großen Einfluß auf unsere Gesundheit und auf die Verderbniß der Hauptquelle unsers Lebens. Bei genauer Beobachtung der Menschen, würde man sehen, daß die meisten ihr Leben in Schüchternheit oder unruhigen Streitigkeiten hinbringen und größtentheils vor Kummer sterben. Die zwote Ursach hat man in der Unvollkommenheit unserer zur Begierde gehörigen Sinne zu suchen. Die Thiere fühlen oder empfinden weit besser als wir, was ihrer Natur zuträglich ist, und irren sich niemals in der Wahl ihrer Speisen. Sie pflegen auch die Ausschweifungen in ihren Lüsten sorgfältiger, als wir, zu vermeiden. Sie lassen sich bloß durch die Empfindung ihrer wirklichen Bedürfnisse leiten, ohne sich, nach Befriedigung derselben, aus diesen wieder neue zu erschaffen. Wir hingegen, ohne zu gedenken, daß wir in allen Stücken die Mäßigkeit überschreiten, ohne der Art von Raserei zu gedenken, vermöge welcher wir die Natur nach unsern unersättlichen Absichten zwingen und gleichsam unsere Selbstmörder werden, — wir wissen fast niemals recht, was uns

dien=

dienlich oder schädlich ist, wir unterscheiden sehr schlecht die Wirkung dieser oder jener Speise. Wir verachten die einfachen Lebensmittel, weil sie unsern verwöhnten Geschmack nicht genugsam kützeln, und wir aus dem Sinne der Lust ein Werkzeug der Schwelgerei gemacht haben, welches durch nichts, als was ihm schmeichelt, gereizet werden kann.

Darf man sich also wohl verwundern, wenn wir viel mehrern und öftern Leibesschwachheiten, als die Thiere, unterworfen sind, da wir lange nicht so gut, als diese fühlen, was uns nützlich oder schädlich ist, und was zu Erhaltung oder Zerstörung unserer Gesundheit dienet? Unsre Erfahrungen sind in diesem Stück weit unsicherer, als ihre Empfindungen. Wir pflegen außerdem die Sinnen der Begierde, welche noch überdies bei den Thieren viel besser und vollkommner sind, als bei uns, unendlich mehr, als diese, zu mißbrauchen. Bei den Thieren sind eben diese Sinnen, die wir zu Mitteln des Verderbens und der Krankheiten machen, die Quellen ihrer Erhaltung und Gesundheit. Die Unmäßigkeit allein tödtet, und entkräftet weit mehrere Menschen, als alle Geißel der mensch-
- lichen

lichen Natur zusammen genommen, thun können.

Alle diese Betrachtungen machen es höchst glaubwürdig daß die Thiere mit einer weit untrüglichern und bessern Empfindung, als wir, begabet sind. Man könnte hier zwar einwenden, daß es leicht möglich wäre, gewisse Thiere zu vergiften, daß einige von freien Stücken Gift genößen, und folglich das, was ihnen schädlich ist, nicht besser, als wir, erkenneten. Darauf läßt sich aber füglich antworten, sie nähmen diesen Gift bloß in dem Fall an, wenn er künstlich in unschädlichen Speisen versteckt ist, sie ließen sich ferner nur im Fall eines großen Heißhungers hintergehen, wenn die Wahl nicht auf sie ankömmt, oder ihr Bedürfniß zu einer dringenden Nothwendigkeit wird, und würden größtentheils lieber verhungern, als etwas ihrer Natur zuwider laufendes ohne Zwang verschlucken.

Folglich muß man den Thieren die Empfindung, nicht allein schlecht weg, sondern in einem höhern Grad, als wir sie haben, eingestehen. Ich könnte dieses noch durch den bewundernswürdigen Gebrauch beweisen, den sie von diesem Sinne machen, der bei ihnen schon allein die Stelle aller übrigen Sinne zu vertreten zureichend wäre.

Die

Die meisten Thiere besitzen den Sinn des Geruches in einer solchen Vollkommenheit, daß er oft weiter, als ihre Augen reichet. Sie riechen in einer großen Entfernung nicht blos gegenwärtige wirkliche Körper, sondern auch die Ausdünstungen und Fehrden oder Fußstapfen der abwesenden, längst vorbei gegangenen Thiere. Ein solcher Sinn ist ein allgemeines Werkzeug der Empfindung. Er stellt gleichsam ein Auge vor, womit man die Gegenstände nicht blos da, wo sie sich eben befinden, sondern auch da zu erkennen vermag, wo sie vorher gewesen. Zugleich vertritt er die Stelle eines Geschmacks, durch dessen Hilfe das Thier nicht allein dasjenige, was es ergreifen und berühren, sondern auch dasjenige schmeckt, was es, der großen Entfernung wegen, gar nicht erreichen kann. Er stellet einen Sinn vor, welcher dem Thiere die geschwindesten, öftersten und sichersten Erinnerungen giebt, durch welchen es wirket, sich bestimmet, erkennet, was ihm zuträglich oder schädlich ist, auch bemerket, empfindet und wählet, was zur Befriedigung seiner Begierde dienet.

Bei den Thieren finden sich also die zur Begierde nothwendige Sinnen in größerer Vollkommenheit, als bei uns. Sie haben

auch

auch die Empfindung in besserm Zustand und einem höhern Grade. Man wird an ihnen auch das Bewußtseyn ihres gegenwärtigen, aber nicht ihres vergangenen Daseyns gewahr. Dieser zweete Satz verdienet sowohl, als der erste, näher betrachtet zu werden. Ich will mich bemühen, die Wahrheit desselben zu erweisen.

Das Bewußtseyn, diese innere Empfindung, welche das Ich ausmachet, ist bei den Menschen aus der Empfindung ihres jetzigen, und aus der Erinnerung unsers vorigen Daseyns zusammen gesetzet. Die letzte ist eine nicht minder gegenwärtige Empfindung, als die erste. Sie beschäftigt uns bisweilen stärker und rühret uns nachdrücklicher, als die gegenwärtigen Empfindungen. Da nun beide Arten Empfindungen von einander wirklich unterschieden sind, unsere Seele aber das Vermögen hat, sie zu vergleichen und Begriffe daraus zu bilden, so ist nothwendig das Bewußtseyn unsers Daseyns desto gewisser und von desto größerm Umfange, je öfter und häufiger wir uns die vergangnen Sachen vorstellen, und jemehr wir dieselben, durch unser Nachdenken, unter einander selbst und mit den gegenwärtigen Sachen vergleichen und verbinden. Ein jeder Mensch erhält in sich

eine

eine Menge von Empfindungen, die sich auf sein unterschiedenes Daseyn, oder auf die mancherlei Umstände beziehen, in welchen er sich von Zeit zu Zeit befunden. Diese Menge von Empfindungen, ist durch die Vergleichungen, die unsere Seele unter ihnen angestellet hat, zu einer ordentlichen Reihe von Begriffen gemacht worden. In dieser Vergleichung unserer mannigfaltigen Empfindungen bestehet eigentlich der Begrif, den wir von der Zeit haben, und alle übrige Begriffe sind, wie bereits gezeiget worden, anders nichts, als verglichne Empfindungen. Diese Folge aber von Begriffen, diese Kette von den unterschiedenen Arten unsers Daseyns, stellet sich uns oft in einer ganz andern, als derjenigen Ordnung dar, in welcher unsre Empfindungen auf einander folgten: das ist eigentlich die Ordnung unserer Begriffe oder der Vergleichungen, die unsre Seele mit unsern Empfindungen anstellete, und keinesweges die Ordnung unserer Empfindungen. Hierauf gründet sich vornämlich der Unterschied zwischen dem Charakter und dem Verstande der Menschen.

Wir wollen einmal annehmen, zween Menschen wären in ihrem organischen Bau einander völlig ähnlich, sie wären mit einan-

ander zugleich und auf einerlei Art er=
zogen. Ob gleich in diesem Fall beide ihre
Empfindungen in einerlei Ordnung empfan=
gen haben müssen, so kann doch unter bei=
den eine ganz unterschiedene Denkungsart
statt finden. Weil aber die Beschaffenheit
ihrer Seelen unterschieden ist, und jede
derselben diese ähnlichen Empfindungen auf
eine ihr eigenthümliche und besondre Art
verglichen und vereiniget hat, so muß auch
zwischen dem allgemeinen Erfolg dieser Ver=
gleichungen, oder zwischen den Begriffen,
dem Verstand und Charakter dieser beiden
Menschen, ein offenbarer Unterschied bemer=
ket werden.

Man findet einzelne Menschen, deren
wirksame Seele niemals zwo Empfindungen
hat, ohne sie mit einander zu vergleichen
und einen Begriff daraus zu machen. Die=
se machen den verständigen Theil des mensch=
lichen Geschlechtes aus, und können, wenn
die Umstände günstig sind, in allen Sachen,
große Muster der Nachahmung werden.
Viele hingegen sind mit einer Seele bega=
bet, deren träge Denkungsart von allen
Empfindungen, die nicht eine besondre
Stärke haben, ungerühret bleibet und blos
die heftig erschütternde unter einander ver=
glei=

gleichet. Diese haben einen viel geringern und zwar desto weniger Verstand, je sparsamere Vergleichungen die Seele unter ihren Empfindungen angestellet und je weniger Begriffe sie daraus zu bilden suchet. Die meisten haben so wenig Lebhaftigkeit der Seele und eine so große Schläfrigkeit im Denken, daß sie fast gar nichts, oder wenigstens nichts in der Geschwindigkeit, mit einander vergleichen oder verbinden, sondern erst starker, unzähliger mal wiederholter Empfindungen bedürfen, bevor es ihrer trägen Seele einfällt, eine oder die andere, durch nöthige Vergleichung, in Begriffe zu verwandeln. Das sind eigentlich die Dummköpfe in unterschiedenen Graden, die sich von den Thieren blos durch die wenige einzelne Begriffe unterscheiden, welche ihre Seele mit so großer Mühe gesammlet hat.

In sofern also unser Bewußtseyn theils aus unsern jetzigen Empfindungen, theils aus der Folge der Begriffe zusammengesetzet ist, welche aus den Vergleichungen unserer vergangnen Empfindungen und unsers vorigen Daseyns entstanden waren, so ist offenbar, daß man von seinem Daseyn desto mehr überzeugt ist, je mehr man Begriffe ge=

gesammlet, und daß man desto wirklicher sein Daseyn fühlet, je mehr man Verstand hat; ja daß man endlich durch das unserer Seele eigenthümliche Nachdenken, und zwar durch dieses Vermögen allein, von seinem vorigen Daseyn versichert wird, auch von seinem künftigen Daseyn Überzeugung erhält, weil der Begriff des Zukünftigen blos ein umgekehrter Vergleich des Gegenwärtigen mit dem Vergangnen, und nach dieser Aussicht des Verstandes das Gegenwärtige wie das Vergangene, das Zukünftige hingegen wie das Gegenwärtige zu betrachten ist.

Weil nun den Thieren die Kraft nachzudenken gänzlich fehlet *), so ist gewiß, daß sie keine Begriffe bilden können, und folglich das Bewußtseyn ihres Daseyns ungewisser, auch lange nicht von einem so weitläuftigen Umfang, als das unsrige, ist, denn sie können gar keinen Begriff, weder von der Zeit, noch vom Vergangnen oder Zukünftigen haben. Das Bewußtseyn ihres Daseyns ist ganz einfach. Es scheint blos von den gegenwärtigen Empfindungen abzu=

---

*) S. V Band der allgem. Gesch. der Natur p. 5 ɾc. von der Natur des Menschen.

Buffons allg. Nat. 7. B.   G

zuhängen, und in dem innern Gefühl, welches diese hervorbringen, zu bestehen.

Sollten wir uns nicht von diesem Bewußtseyn der Thiere den deutlichsten Begriff machen können, wofern wir den Zustand erwägeten, in dem wir uns befinden, so oft wir mit einem gewissen Gegenstand allzustark beschäftiget oder durch eine Leidenschaft, welche uns zu allen Ueberlegungen über uns selbst unfähig macht, allzu sehr aufgebracht sind? Man sagt gemeiniglich, um den Begriff dieses Zustandes auszudrucken: Ich bin außer mir selbst, und man ist auch wirklich außer sich selbst, wenn man sich eben blos mit gegenwärtigen Empfindungen beschäftiget; man ist es aber desto mehr, je lebhafter und schneller diese Empfindungen sind, und je weniger unsre Seele Zeit behält, sie zu betrachten. In diesem Zustande fühlen wir uns, wir empfinden sogar Lust und Schmerz, nach allen ihren Graden. Wir haben folglich alsdann die Kraft zu empfinden und das Bewußtseyn, ohne daß unsere Seele daran Theil zu nehmen scheinet. In eben diesem Zustande, worin wir uns nur in gewissen Augenblicken befinden, erkennen wir die wahre, beständige Verfassung der Thiere. Weil sie
gar

gar keine Begriffe, sondern blos Empfindungen haben, so können sie von ihrem Daseyn zwar nichts wissen, sie können es aber fühlen.

Um noch mehr Licht über den Unterschied, welchen ich zwischen Empfindungen und Begriffen gemacht, verbreiten, zugleich aber beweisen zu können, daß den Thieren zwar allerdings Empfindungen, aber keine Begriffe zukommen, wollen wir einmal ihre und unsre Fähigkeiten einzeln betrachten, und eine Vergleichung zwischen ihren und unsern Handlungen anstellen. Da sie, gleich uns, mit Sinnen begabet sind, so empfangen sie auch die Eindrücke von den äußern Gegenständen. Da es ihnen auch, wie uns, nicht am innern Sinne fehlet, so haben sie auch das Werkzeug, welches alle durch diese Eindrücke verursachten Erschütterungen aufbehält, folglich auch Empfindungen, die, gleich den unsrigen, sich erneuern, bald stärker, bald schwächer, bald anhaltender, bald flüchtiger seyn können. Inzwischen darf man ihnen weder Verstand und Witz, noch Gedächtniß, wie uns, zueignen, weil ihnen das Vermögen fehlet, Vergleichungen zwischen diesen Empfindungen anzustellen, worauf diese drei Kräfte lediglich beruhen.

G 2   Die

Die Thiere haben also kein Gedächtniß? Das Gegentheil scheint aber doch offenbar am Tage zu liegen. Kennen sie nicht, nach einer langen Abwesenheit, noch immer die Personen, bei welchen sie vordem gelebet? noch immer die Oerter, wo sie sich aufgehalten, die Wege, die sie durchlaufen haben? Können sie sich nicht aller Strafen, welche sie erlitten, aller Schmeicheleien, die man ihnen gemacht, alles Unterrichtes, den man ihnen ertheilet hat, erinnern? und scheint nicht alles dieses genugsam zu erweisen, daß man ihnen zwar Verstand und Witz absprechen, aber das Gedächtniß, und zwar ein wirksames, weitläuftiges und vielleicht getreueres Gedächtniß, als das unsrige, nicht streitig machen können?— So scheinbar indessen die Sache nur immer seyn mag, so groß auch die Vorurtheile sind, wozu sie Anlaß gegeben, so getraue ich mir doch zu zeigen, daß dieser Schein betrüge, daß die Thiere gar keine Kenntniß des Vergangnen, keinen Begriff von der Zeit, folglich auch kein Gedächtniß haben können.

Das Gedächtniß entsteht bei uns aus dem Vermögen nachzudenken; denn die Erinnerung von vergangnen Dingen setzt nicht nur eine Dauer der Erschütterungen oder die

Er=

Erneuerung unserer vorigen Empfindungen, sondern auch die von unserer Seele damit angestellte Vergleichung oder die dadurch erhaltne Begriffe, voraus. Bestünde das Gedächtniß blos in der Erinnerung der vergangnen Empfindungen, so würden sich diese dem innern Sinn, ohne das von ihnen ein bestimmter Eindruck in demselben zurück bleibe, sie würden sich ihm ohne Ordnung und Verbindung, fast wie bei der Trunkenheit oder im Traum, darstellen, wo alles dermaßen verwirrt untereinander gehet, so wenig zusammenhängend und geordnet ist, daß wir ohnmöglich das Andenken davon erhalten können. Denn wir erinnern uns nur solcher Dinge, die entweder mit den vorhergehenden oder folgenden in Verbindung standen. Jede einzelne Empfindung, die gar keinen Zusammenhang mit andern hätte, würde zuverläßig, sie möchte so stark seyn, als sie wollte, keine Spur von sich im Verstande zurück lassen. Nun kann aber nur allein unsre Seele die Beziehungen der Sache durch die Vergleichungen derselben unter einander, fest setzen, die Verbindung unserer Empfindungen machen, und durch einen ununterbrochenen Faden von Begriffen unser voriges und jetziges

Daseyn zusammen weben. Das Gedächtniß besteht also in einer Folge von Begriffen, welche nothwendig das Vermögen, Begriffe zu machen, voraussetzet.

Um aber in einer so wichtigen Sache auch den geringsten Zweifel, soviel in unserer Gewalt ist, völlig zu heben, wollen wir einmal sehen, was unsre Empfindungen uns für eine Art von Erinnerung übrig lassen, wenn sie nicht mit Begriffen begleitet waren? Schmerz und Lust sind bloße, und unter allen die stärksten, Empfindungen. Wenn wir uns aber gern erinnern wollen, was wir in den Augenblicken der lebhaftesten Lust, oder des größten Schmerzens empfunden haben, so kann dieses nur schwach und mit viel Verwirrung geschehen. Es fällt uns blos ein, daß wir geschmeichelt oder verletzt worden. Das Andenken dieser Vorfälle ist aber sehr undeutlich. Wir können uns weder die Art, noch den Grad oder die Dauer dieser Empfindungen vorstellen, die uns doch so stark erschüttert hatten. Ja wir können dieses um so viel weniger, je seltner sie uns waren und je sparsamer sie wiederholet wurden. Ein Schmerz, z. B. den wir nur einmal, auch nur einige Augenblicke hindurch, empfunden, und welcher von andern uns gewöhnlichen

lichen Schmerzen unterschieden ist, wird nothwendig, so heftig er auch gewesen seyn mag, gleich vergessen. Ob wir uns wohl erinnern, daß wir unter diesem Umstand einen großen Schmerz gefühlet, so pflegt sich doch die Empfindung selbst unserm Gedächtniß nur sehr dunkel darzustellen, da wir uns hingegen der mit ihm verknüpften Umstände, ingleichen der Zeit, in der wir ihn zu dulden hatten, sehr deutlich erinnern.

Warum verschwindet wohl das Andenken alles dessen gänzlich, was uns in unserer ersten Kindheit begegnete? Und warum erinnern sich die Greise leichter alles dessen, was mit ihnen in den mittlern Jahren, als im höhern Alter vorgegangen? Könnte man wohl einen stärkern Beweis verlangen, daß es, um sich eines guten Gedächtnisses erfreuen zu können, nicht genug sey, blos Empfindungen zu haben? und daß es in der That blos in den Begriffen bestehet, welche sich unsere Seele aus den Empfindungen bildet? In der Kindheit sind ja die Empfindungen, wo nicht stärker und schneller, doch wenigstens eben so stark, als im mittlern Alter. Dennoch lassen sie nur wenig oder gar keine Spuren von sich zurücke, und warum? Blos weil in diesem Alter die Kraft nachzudenken, welche nur allein Begriffe zu bilden vermag, fast ganz unwirksam ist, auch in den einzelnen Augenblicken seiner Wirksamkeit, alles nur obenhin, oder Kleinigkeiten sehr flüchtig vergleichet und verbindet, weil sie nichts in Ordnung bringet und alles ohne Zusammenhang betrachtet. Im reifern Alter, wo die Vernunft sich in ihrer völligen Stärke zeigt, weil das Vermögen nachzudenken sich in beständiger Uibung befindet, ernten wir von unsern Empfindungen alle Vortheile, die sie uns anzubieten haben, bilden uns mancherlei Ordnungen der Begriffe, allerlei Reihen von Gedanken, deren jeglicher eine dauerhafte Spur zurücke läßt, welche wir so oft aufs neue betreten können, bis diese Spur so unauslöschlich tief wird, daß dergleichen Begriffe lange Zeit hernach, selbst im Alter, sich deutlicher und stärker, als diejenigen wieder darstellen, die wir unmittelbar aus den jetzigen Empfindungen ziehen können; weil die Empfindungen der Greise nur schwach, stumpf und langsam zu seyn pflegen, und in diesem Alter die Seele selbst an der Kraftlosigkeit des Leibes Antheil nimmt.

In

In der Kindheit ist die gegenwärtige Zeit alles. Im reifen Alter genießt man des Vergangenen so gut, als des Gegenwärtigen und Zukünftigen. Im hohen Alter empfindet man wenig vom Gegenwärtigen, man pfleget die Augen vom Zukünftigen abzuwenden, und blos auf das Vergangene zurück zu sehen. Gründen sich aber nicht alle diese Verschiedenheiten blos auf die Ordnung, die unsre Seele in den Empfindungen gemacht hat? Beziehen sie sich nicht offenbar auf die größere oder geringere Leichtigkeit, mit welcher wir in den unterschiedenen Altern Begriffe bilden, erlangen und erhalten? Ein schwatzendes Kind und ein kindisch plappernder Greis haben beide nichts vom Tone der Vernunft, weil es ihnen beiden gleich stark an Begriffen fehlet. Das Kind hat noch nicht angefangen, der Greis hat schon wieder aufgehört, Begriffe zu bilden.

Ein Mensch blöden Verstandes, dessen Sinne und körperliche Werkzeuge uns gesund und wohl beschaffen zu seyn scheinen, hat eben so mancherlei Empfindungen, als wir, er hat sie auch wohl gar in eben der Ordnung, wenn er in Gesellschaft lebet und genöthigt ist, wie wir zu handeln. Weil aber seine Empfindungen nicht fruchtbar an begriffen sind, und seine Seele mit seinem Körper nicht in gutem Vernehmen stehet, so muß es ihm natürlicherweise an Gedächtniß und Bewußtseyn fehlen. Ein solcher Mensch unterscheidet sich, in Ansehung der äußern Kräfte, gar nicht von den Thieren. Zwar hat er eine Seele, und folglich den Quell der Vernunft, in sich verborgen: weil aber dieser Quell völlig unwirksam bleibet, und von den sinnlichen Werkzeugen, mit welchen er jetzt außer Verbindung stehet, nichts erhält, so kann er auch keinen Einfluß in die Handlungen eines dergleichen Menschen haben, welcher in dieser elenden Verfassung nicht anders, als ein Thier handeln kann, das blos durch seine Empfindungen, blos durch das Gefühl seines jetzigen Daseyns, blos durch die gegenwärtigen Bedürfnisse bestimmet wird. Ein Mensch von blödem Verstand also und ein Thier, stellen beide solche Wesen vor, deren Handlungen und Verrichtungen in allen Stücken mit einander übereinkommen; denn dieses ist gänzlich der Seele, jener aber des Gebrauches derselben beraubet. Beiden fehlet es an dem Vermögen nachzudenken, folglich haben beide weder Verstand und Witz, noch Gedächtniß. Beide müssen sich blos mit Empfin=

pfindungen, Gefühl und Bewegung behelfen.

Handeln aber, wird man ferner fragen, der Mensch mit blödem Verstand und das Thier nicht oft eben so, als ob sie durch die Kenntniß der vergangenen Dinge bestimmet würden? Kennen sie nicht alle Menschen, mit welchen sie gelebet, und jeden Ort, wo sie sich aufgehalten haben, u. s. w.? Wird nicht bei allen diesen Handlungen das Gedächtniß nothwendig voraus gesetzet? und folget hieraus nicht, daß von dem Vermögen, Uiberlegungen anzustellen das Gedächtniß nicht ursprünglich abstammen kann?

Wenn man das Vorhergehende mit einiger Aufmerksamkeit gelesen hat, so wird man bereits wissen, daß ich, ihrer Ursach nach sehr unterschiedene Arten des Gedächtnisses annehme, die nach ihren Wirkungen einander dennoch gewissermaßen ähnlich seyn können. Die erste besteht aus der Spur unserer Begriffe, die zwote, welcher ich lieber den Namen der Erinnerung, als des Gedächtnisses beilegen möchte, blos aus der Erneuerung unserer Empfindungen oder vielmehr der Erschütterungen, die selbige hervorgebracht hatten. Die erste ist eine Eigenschaft unserer Seele, und hat, wie bereits

reits gezeigt worden, für uns mehr Vollkommenheit, als letzte, welche blos durch die erneuerten Erschütterungen des innern materialischen Sinnes hervorgebracht wird, und welche man ganz allein den Thieren und Menschen von blödem Verstande beilegen kann. Ihre vorigen Empfindungen werden durch die gegenwärtigen erneuert. Sie erwachen mit allen Umständen, welche sie damals begleiteten, von neuem wieder. Das gegenwärtige Hauptbild erwecket wieder die alten zufälligen Bilder. Sie empfinden also jetzt, wie sie ehemals empfanden, und handeln, wie sie vormals gehandelt hatten. Sie sehen zu gleicher Zeit das Gegenwärtige und Vergangene, sind aber nicht im Stande, beides von einander zu unterscheiden und zu vergleichen, folglich auch nicht vermögend, es zu erkennen.

Ein zweiter Einwurf, den man hier wahrscheinlicher Weise machen, und welchen man, ohnerachtet er nur eine Folge des vorhergehenden ist, ohnfehlbar für einen zweeten Beweis der Wirklichkeit des Gedächtnisses bei den Thieren ausgeben wird, besteht in den bei ihnen gewöhnlichen Träumen. Allerdings pflegen die Thiere sich im Schlafe Sachen womit sie wachend beschäfschäftigt waren, vorzustellen. Oft hört man, daß die Hunde im Schlafe bellen. Sie thun es zwar nur mit schwacher Stimme: dennoch klingt es beinahe wie auf der Jagd, wenn sie zornig oder begierig sind u. s. w. Sie können dennoch sonder Zweifel eine lebhafte und wirksame Erinnerung vergangner Vorfälle haben, die aber von ganz anderer Art, als diejenige ist, von welcher wir geredet haben, weil sie sich erneuert, ohne daß eine darauf abzielende äussere Ursache dazu Gelegenheit gegeben.

Um diese Schwierigkeiten gehörig zu entwickeln, und sie auf eine befriedigende Art beantworten zu können, müssen wir vorher die Natur unserer Träume zu erforschen und auszumachen suchen, ob sie unmittelbar von unserer Seele, oder vielmehr blos von unserm innern materialischen Sinn abhängen? Können wir das letzte beweisen, so wäre dadurch nicht allein der Einwurf beantwortet, sondern zugleich der Mangel des Verstandes und Gedächtnisses bei den Thieren durch neue Beweisgründe bestätigt.

Die Menschen mit blödem Verstande, deren Seele ganz außer Thätigkeit gesetzt ist, pflegen wie andere Menschen zu träumen. Da nun die Seele der Blödsinnigen sich völlig unthätig beweiset, so müssen auch
ohne

ohne Beihilfe derselben, folglich auch bei den Thieren, Träume möglich seyn. Es giebt aber nicht allein Träume, woran die Seele keinen Antheil hat, sondern ich halte sogar dafür, daß unter allen Träumen keiner durch Vermittelung der Seele entstehet. Man darf nur mit einiger Überlegung nachdenken, warum in unsern Träumen so wenig Zusammenhang, und warum so viel Wunderbares in den Begebenheiten, welche sie uns vorstellen, herrschet. Mich dünkt, man könne dieses am besten dadurch erklären, daß es die Träume blos mit Empfindungen, keinesweges aber mit Begriffen zu thun haben. Der Begriff der Zeit z. B. wird in allen Träumen vermisset. Man stellet sich zwar bisweilen Personen vor, die wir niemals gesehen haben, sogar solche, die bereits vor vielen Jahren verstorben sind. Man siehet sie lebendig, und so, wie sie vorher im Leben aussahen; allein man setzt sie unter die jetzigen Sachen und unter noch lebende Menschen, oder auch zu Sachen und Personen aus ganz andern Zeiten. So verhält sich's auch mit dem Begriff des Ortes. Man siehet die uns im Traum vorkommende Sachen alle, nicht an dem Orte, wo sie waren, sondern an ganz andern Orten, wo sie gar niemals ge=
we=

wesen seyn könnten. Wenn sich bei den Träumen die Seele mit einmischte, so brauchte sie nur einen Augenblick Zeit, um die abgerißne Folge oder das Chaos von Empfindungen in Ordnung zu bringen. Gemeiniglich aber bleibt sie dabei unwirksam, und läßt alle Vorstellungen so unordentlich, als möglich, auf einander folgen. Jeder Gegenstand mag sich nun so lebhaft, als er will, darstellen, ihre Folge bleibet indessen doch gemeiniglich sehr verwirrt und immer schimärisch. Wenn es ja von ungefähr sich füget, daß die Seele durch die ungeheure Vermischung wunderlicher Vorstellungen, oder durch die gewaltsamen Empfindungen halb erwachet, so wird sie alsbald einen Funken Licht mitten über diese Finsterniß verbreiten, und unter der Menge falscher Einbildungen einen wahren Begriff hervorzubringen suchen. Man wird sogleich träumen, daß alles dieses vielleicht nur ein Traum sey, oder besser, man wird sogleich anfangen zu denken. Obgleich diese Wirkung nur ein geringes Merkmal der Seele vorstellet, so ist es doch keine bloße Empfindung, kein leerer Traum, sondern ein wirklicher Gedanke, eine Betrachtung, der es blos an hinlänglicher Stärke fehlet, das Blendwerk zu vertreiben, die sich also mit im Traum verlieret; einen Theil desselben ausmachet, und in der Folge der Vorstellungen so wenig Störung verursachet, daß man beim Erwachen sich einbildet, man habe das, was wir wirklich dachten, blos geträumet.

Im Traume sieht man viel, aber man höret selten, und urtheilet fast gar nicht. Man empfindet lebhaft. Die Bilder und Empfindungen folgen einander, ohne daß die Seele sie vergleichet, oder in einen Zusammenhang bringet. Man hat also im Traume blos Empfindungen, aber keine Begriffe. Denn Begriffe sind nichts anders, als Vergleichungen unserer Empfindungen. Daher können die Träume ihren Sitz blos im innern materialischen Sinne haben, und nicht von der Seele hervorgebracht, sondern sie müssen blos zur thierischen oder materialischen Erinnerung, von der wir kurz vorher geredet haben, gerechnet werden. Das Gedächtniß hingegen kann ohne den Begriff der Zeit, ohne Vergleichung der vorhergehenden und gegenwärtigen Begriffe nicht bestehen. Da nun bei den Träumen keine Begriffe mit vorkommen, so scheint es ausgemacht zu seyn, daß man sie weder für Folgerungen oder für Wirkungen, und noch weniger für Beweise des Gedächtnisses

hal=

halten könne. Wollte man aber auch behaupten, daß es zuweilen Träume mit Begriffen gäbe, und wollte man zum Beweise Nachtwanderer oder solche Leute anführen, welche zuweilen im Schlafe reden, und ordentlich zusammenhängende Sachen sprechen, oder auf allerlei Fragen gehörig antworten; wollte man ferner daraus schliessen, die Begriffe könnten unmöglich, wenigstens nicht so schlechterdings, als ich behauptete, von den Träumen abgesondert werden; so wär es zu Behauptung meines angeführten Satzes schon genug, wenn die Erneuerung der Empfindungen dieselben zuweilen hervorbringen kann. Denn in diesem Fall werden die Thiere nur Träume von dieser letzten Art haben, welche anstatt ein Gedächtniß vorauszusetzen, vielmehr blos von einer materialischen Empfindung zeigen.

Inzwischen bin ich weit entfernt zu glauben, daß die Nachtwanderer und im Schlaf redende oder auf allerlei Fragen antwortende Leute sich wirklich mit Begriffen beschäftigen. Mir scheint an diesen Handlungen die Seele nicht im geringsten Antheil zu nehmen; denn die Nachtwanderer gehen, kommen wieder, und handeln ohne Nachdenken,

ken, ohne sich ihrer mißlichen Stellungen, der Gefahr und Unbequemlichkeiten ihrer nächtlichen Wanderschaften bewußt zu seyn. Blos ihre thierische und nicht einmal alle thierische Fähigkeiten scheinen sich hierbei wirksam zu zeigen. Ein Nachtwanderer ist in diesem Zustande viel dummer, als ein Mensch von blödem Verstande; denn es befindet sich alsdann bei jenem nur ein Theil seiner Sinnen und seiner Empfindungskraft in einiger Wirksamkeit, da hingegen dieser aller Sinnen mächtig ist, und sich seiner Empfindungskraft in ihrem ganzen Umfange bedienet. Von Leuten, die gewohnt sind, im Schlafe zu reden, kann ich nicht glauben, daß sie etwas Neues zu sagen fähig wären. Eine Antwort auf eine gemeine und alltägliche Frage, die Wiederholung einiger gemeinen Redensarten beweisen gewiß noch nicht eine Mitwirkung der Seele. — Dies alles kann ohne Kenntniß und ohne Gedanken geschehen. Warum sollte man im Schlaf nicht, ohne zu denken, reden können, da man bei genauer Untersuchung seiner selbst finden muß, daß wir, sogar im Wachen, besonders wenn wir von heftigen Leidenschaften überraschet worden, so viel unüberlegtes Zeug zu reden pflegen

gen, ohne hernach zu wiſſen, was es geweſen?

In Anſehung der zufälligen Urſache der Träume, durch welche die vorhergegangnen Empfindungen ſich erneuern, ohne durch die Eindrücke gegenwärtiger Sachen gereizt zu werden, erkennet man ohne Mühe, daß man im tiefen Schlafe niemals träumet, weil alsdann äußerlich und innerlich alles ſchläfet. Der innere Sinn pflegt aber am letzten einzuſchlafen, und am erſten wieder zu erwachen, weil er lebhafter, wirkſamer und leichter, als die äußern Sinne, zu erſchüttern iſt. Von dem Augenblick an, da unſer innerer Sinn erwachet, ſchlafen wir nicht mehr ſo vollkommen und ſo tief, als vorher. Das iſt alsdann die Zeit, in welcher die Träume uns zu täuſchen, die vorigen Empfindungen aber, beſonders diejenigen, über welche wir nicht nachgedacht hatten, ſich zu erneuern anfangen. Weil der innere Sinn wegen der Unwirkſamkeit der äußern ſich nicht mit gegenwärtigen Empfindungen beſchäftigen kann, ſo wirket er durch die vorigen, und übet ſich an lauter vergangnen Empfindungen. Die ſtärkſten ergreift er zum öfterſten. Je ſtärker dieſe ſind, in einen deſto heftigern Zuſtand pflegt er zu gerathen. Das iſt eigentlich

H 2

der

der Grund, warum faſt alle Träume ſehr ſchrecklich, oder eben ſo reizend ſind.

Es iſt nicht einmal nothwendig, daß die äußern Sinne ganz eingeſchläfert ſeyn müſſen, wenn der innere materialiſche Sinn aus eigner Bewegung ſoll handeln oder wirken können. Genug wenn ſie nur außer Uibung ſind. Bei der Gewohnheit, uns gemeiniglich einer voreiligen Ruhe zu überlaſſen, währet es zuweilen lange, ehe man wirklich einſchläfet. Der Leib und unſere ſanft ausgeſtreckte Glieder liegen ohne Bewegung. Die mit einer dicken Finſterniß und geſchloßnen Augenliedern doppelt gedeckten Augen ſind außer Wirkſamkeit geſetzet. Die Ruhe des Ortes und das Stillſchweigen der Nacht geben dem Ohre nichts zu ſchaffen. Auch die andern Sinne befinden ſich in einer gänzlichen Unthätigkeit. Alles liegt in Ruhe; aber noch nichts iſt ganz eingeſchlafen. Wenn man in dieſem Zuſtande nicht mit Begriffen beſchäftigt, und unſre Seele nicht wirkſam iſt, ſo gehört alsdann die Herrſchaft allein dem innern materialiſchen Sinne, welcher zu der Zeit die einzige wirkſame Kraft in uns ausmachet. Und dieſes iſt hernach die eigentliche Zeit phantaſtiſcher Bilder und flüchtiger Schattenſpiele. Man wachet noch, und er=

erfähret doch schon die Wirkungen des Schlafes. Wenn man sich recht wohl befindet, so entsteht hieraus eine Folge angenehmer Bilder und reizender Blendwerke. Der Körper darf aber nur einigermaßen durch kränkliche Zufälle bedrückt seyn, so kommen alsbald ganz andere Phantasien und Gemälde zum Vorschein. Man erblicket wunderliche Figuren und Gestalten, alte Weibergesichter, fürchterliche Schreckbilder, die uns zu verfolgen scheinen, und eben so schnell als wunderlich mit einander abwechseln. Das zu der Zeit von allen andern Empfindungen leere Gehirn ist alsdann gleichsam eine magische Laterne, die uns durch ein Schauspiel seltsamer Phantasien täuschet. Die Gestalten und Vorstellungen dieses Auftrittes pflegen allemal desto lebhafter, zahlreicher und unangenehmer zu seyn, je mehr die andern thierischen Kräfte verletzet, je zärtlicher die Nerven, und je schwächlicher wir selbst sind. Denn wir fühlen die von den wirklichen Empfindungen verursachten Erschütterungen in diesem Zustande der Schwächlichkeit oder Krankheit viel stärker und unangenehmer, als bei vollkommner Gesundheit. Es ist also natürlich, daß die aus den erneuerten Erschütterungen entstehende Vorstellungen dieser Empfindungen

eben=

ebenfalls stärker und unangenehmer seyn müssen +).

Uibrigens können wir uns unserer Träume aus eben der Ursach, wie unserer gehabten Empfindungen erinnern. Zwischen den Thieren und uns herrschet hierbei nur die einzige Verschiedenheit, daß wir alles, was zu unsern Träumen gehöret, vollkommen von demjenigen, was unsere Begriffe oder wirkliche Empfindungen angehet, unterscheiden. Das ist aber eine Vergleichung, eine Wirkung des Gedächtnisses, von welcher man den Begriff der Zeit nicht absondern kann. Da nun die Thiere weder mit einem Gedächtniß, noch mit einem Vermögen, die Zeiten zu vergleichen, begabet sind, so können sie auch ihre Träume nicht von den wirklichen Empfindungen unterscheiden, und man muß von ihnen sagen, daß ihnen alles, was ihnen träumet, wirklich begegnet sey.

Ich denke oben, wo ich von der Natur der Menschen handelte **), sehr überzeugend

*) In unserm Original in 8vo steht zwar S. 332. plus vives & plus agréables. Es läßt sich aber aus dem Zusammenhange leicht schliessen, daß es ein Druckfehler sey, und, wie vorher, plus désagreables heißen solle.

**) S. V. Band S. 5. u. s. w.

gend erwiesen zu haben, daß den Thieren das Vermögen des Nachdenkens gänzlich fehle. Nun ist aber der Verstand nicht nur eine Kraft dieses Vermögens, sondern sogar die Ausübung, ein Erfolg und das Merkmal desselben. Doch muß man im Verstande nothwendig zwo verschiedene Wirkungen unterscheiden, von welchen die erste der Grund der zwoten ist, und folglich nothwendig vor jener hergehen muß. Die erste Wirkung des Nachdenkens bestehet in der Vergleichung der Empfindungen und in der Fertigkeit, Begriffe daraus zu bilden. Die zwote in der Vergleichung der Begriffe selbst, und in der Fertigkeit, Schlüsse daraus herzuleiten. Durch die erste dieser Wirkungen erlangen wir besondere Begriffe, die zur Kenntniß aller sinnlichen Dinge zureichend sind. Aus der zwoten schöpfen wir den Vortheil, uns bis zu allgemeinen Begriffen zu erheben, die nothwendig sind, um zu einer Kenntniß abstrakter Dinge zu gelangen. Den Thieren kann man, weil es ihnen an Verstande fehlet, weder die eine, noch die andere dieser Fähigkeiten beilegen, und bei den meisten Menschen scheinet ihr Verstand in die Grenzen der ersten von diesen beiden Wirkungen eingeschränket zu seyn.

Wären alle Menschen in gleichem Grade fähig, Begriffe zu vergleichen, allgemein zu machen, und neue Verbindungen daraus zu bilden, so würden sie alle die vorzüglichen Gaben des Genie durch neue Werke des Verstandes an den Tag legen, die sich von den Werken anderer Menschen allemal unterscheiden müßten, und oft vollkommner ausfallen könnten. Sie würden sich alle durch die Gabe der Erfindung oder wenigstens der Verbesserung anderer Erfindungen hervorthun. Aber weit gefehlt, daß man dieses behaupten dürfte. Die meisten unter den Menschen bleiben bei knechtischen Nachahmungen stehen. Sie thun weiter nichts, als was sie andere verrichten sahen, sie denken blos mit dem Gedächtniß und nach eben der Ordnung, wie andere gedacht haben. Formeln, Methoden und Handwerksgriffe füllen die ganze Fähigkeit ihres Verstandes, und ersparen ihnen die Mühe, durch fleißiges Nachdenken selbst Schöpfer neuer Wahrheiten und Erfindungen zu werden.

Auch die Einbildungskraft ist eine Fähigkeit oder ein Vermögen der Seele. Wenn wir durch das Wort Einbildungskraft das uns beiwohnende Vermögen andeuten, Bilder mit Begriffen zu vergleichen, unsern

Ge=

Gedanken einen Anstrich zu geben, unsere
Empfindungen uns vorzustellen und zu ver=
größern, unser Gefühl malerisch auszudru=
cken, kurz, alle Umstände lebhaft wahrzu=
nehmen, die entfernten Verhältnisse der be=
obachteten Sachen deutlich zu sehen, so ist
allerdings dieses Vermögen der menschlichen
Seele ihre anmuthigste und wichtigste Ei=
genschaft, die einen hohen Geist, ein Ge=
nie, oder eine große Gemüthsfähigkeit an=
kündiget. Die Thiere haben dieses Ver=
mögen noch viel weniger, als Verstand und
Gedächtniß. Es giebt aber noch eine an=
dere Einbildungskraft, ein anderes Vermö=
gen, welches blos von den körperlichen
Werkzeugen abhänget, und uns mit den
Thieren gemeinschaftlich zukömmt. Es be=
steht in jener schwärmerischen und erzwun=
genen Wirkung, welche in uns selbst durch
die Gegenstände hervorgebracht wird, die
unsern Begierden gemäß, oder denselben
entgegen sind; in dem lebhaften und tiefen
Eindruck der Bilder dieser Gegenstände,
welcher sich wider unsern Willen jeden Au=
genblick erneuert, und uns nöthigt, gleich
den Thieren, ohne Nachdenken und Uiber=
legung zu handeln. Diese Vorstellung der
Sachen, die noch lebhafter als ihre Gegen=
wart selbst ist, pflegt alles zu vergrößern,

H 5   al=

allen Sachen einen falschen Anstrich zu geben. In dieser Art von Einbildungskraft erkennen wir die Feindin unserer Seele, die Quelle der Blendungen, die Mutter aller Leidenschaften, die uns beherrschen, die uns, trotz der Widerstrebungen unserer Vernunft, völlig hinreißen, und uns zu einem unglücklichen Schauplatz eines unaufhörlichen Kampfes machen, in welchem wir fast allemal unterliegen.

Der doppelte Mensch.

Der innere doppelte Mensch besteht aus zweierlei, ihrer Natur nach unterschiedenen, und ihrer Wirkung nach entgegen handelnden Grundlagen. Die Seele, dieses geistige Wesen, dieser Quell aller menschlichen Erkenntniß, ist beständig dem andern thierischen und blos materialischen Quell zuwider. Jene ist ein reines, mit einer stillen Heiterkeit vergesellschaftetes Licht, eine heilsame Quelle, woraus Wissenschaft, Vernunft und Weisheit fließen; dieser ist ein falscher Glanz, der nur im Sturm und in der Finsterniß schimmert, ein reißender Strom, welcher sich in Irrthümer und Leidenschaften ergießet.

Der thierische Theil des Menschen pflegt sich am ersten zu entdecken. Da er blos materialisch ist, und lediglich in der Dauer der Erschütterungen und in Erneuerung der Eindrücke bestehet, welche in unserm innern materialischen Sinne durch Sachen, die unsern Begierden gemäß oder zuwider sind, gemacht worden, so fängt er schon an, sich wirksam zu zeigen, sobald unser Körper fähig ist, Schmerz oder Vergnügen zu empfinden. Er bestimmt uns zuerst, sobald wir fähig sind, Gebrauch von unsern Sinnen zu machen. Der geistige Theil offenbaret sich viel später, und erhält vornämlich durch die Erziehung bei seiner Entwickelung mehr Vollkommenheit. Durch die Mittheilung der Gedanken anderer bekömmt ein Kind allmählig eigne Gedanken und eine Anlage zur Vernunft, ohne diese Mittheilung hingegen würde selbiges, nach dem Grade der geringern oder stärkern Wirksamkeit seines innern materialischen Sinnes, dumm oder albern bleiben.

Wenn man ein Kind in seiner Freiheit, fern von der Aufsicht seiner Eltern und Lehrer, betrachtet, so läßt sich aus der Folge seiner äußern Handlungen leicht urtheilen, was im Innern desselben vorgehet. Es denkt wenig, und überleget gar nichts. Es pflegt ohne Unterschied allen Arten von Ergötzlichkeiten zu folgen, sich allen Eindrucken der äußern Gegenstände zu überlassen. Es hüpft und springt, ohne zu wissen warum? Es vergnüget sich, wie junge Thiere, am Laufen und an Bewegungen seines Körpers. Ohne Absicht läuft es hin und wie=

wieder. In allen seinen Handlungen herrschet lauter Unordnung und Leichtsinn. Sobald es aber die Stimme derer, die es denken lehrten, höret, rast es gleichsam sich zusammen, ordnet seine Handlungen, und beweiset, daß es noch nichts von den ihm beigebrachten Gedanken vergessen habe. In der Kindheit ist also der materialische Theil der herrschende, und er würde diese Herrschaft unstreitig das ganze Leben hindurch behaupten, und sich fast immer allein wirksam zeigen, wenn die Erziehung den geistigen Theil nicht in uns immer mehr entwickelte, und allen Fähigkeiten der Seele Uibung verschafte.

Es ist, wenn wir in uns selbst gehen, wohl nichts leichter, als das Daseyn dieser zwo Grundtheile des Menschen zu erkennen. Es giebt im menschlichen Leben Augenblicke, sogar Stunden, Tage, ja wohl ganze Jahreszeiten, in welchen wir nicht allein die Gewißheit ihres Daseyns wahrnehmen, sondern auch ihre einander widerstrebende Wirkungen erfahren können. Ich rede hier von den Zeiten, in welchen uns die Langeweile, die gleichgültige Unempfindlichkeit und der Eckel plagen, in welchen wir uns zu nichts entschließen können, wo wir nur das wollen, was wir nicht thun,

und

und nur das thun, was wir nicht wollten, oder ich rede von dem Zustand, von der Krankheit, welche man unter dem Namen der Laune (Vapeurs) kennet, einer Krankheit, von welcher müssige oder solche Menschen, die keine dringende Geschäfte haben, so fleißig überfallen werden.

Wenn wir uns in diesem Zustande genau untersuchen, so hat es das Ansehen, als ob unser Ich in zwo Personen getheilet wäre, wovon die eine, welche das vernünftige Vermögen vorstellet, alles tadelt, was die andere vornimmt, und sich doch zu schwach fühlet, sie durch nachdrückliche Widersetzung zu überwinden. Da hingegen die andere, die aus allen Blendungen unserer Sinnen und Spielwerken unserer Einbildungskraft zusammengesetzt ist, der ersten allen Zwang anthut, sie fesselt, und oftmals ganz unterdrücket. In diesem Falle macht sie, daß wir unsern eignen Gedanken zuwider handeln, und versetzt uns in eine verdrüßliche Unthätigkeit, so gern wir auch etwas vornehmen möchten.

Zur Zeit der Oberherrschaft unseres vernünftigen Vermögens ist man ungestört mit sich selbst, mit seinen Freunden und Verrichtungen beschäftigt, dennoch wird man auch in diesem Zustande zuweilen, wenn es

auch

auch nur durch einige unwillkührliche Zerſtreuungen wäre, von der Gegenwart des materialiſchen Theils unſrer ſelbſt überraſchet. Sobald nun dieſer abermals die Oberhand bekömmt, überlaſſen wir uns hitzig ſeinen Zerſtreuungen, ſeinem Geſchmack und ſeinen Leidenſchaften. Kaum daß man noch in einzelnen Augenblicken über die Gegenſtände nachdenket, welche uns eben beſchäftigen, und wovon wir ganz eingenommen ſind. In beiden Verfaſſungen können wir uns glücklich nennen. In der erſten befehlen wir mit einiger Zufriedenheit, in der zweeten gehorchen wir mit noch lebhafterem Vergnügen. Weil ſich alsdann immer nur eine von dieſen beiden innern Quellen wirkſam beweiſet, und ohne Widerſetzlichkeit von Seiten der andern wirket, ſo haben wir keinen innern Zwang zu überwinden. Unſer Ich erſcheint uns hier nur in einfacher Geſtalt, weil wir nur einen einfachen Druck empfinden, und in dieſer einfachen Wirkung beſtehet unſere irdiſche Glückſeligkeit. Dann ſobald wir durch Überlegungen unſre Vergnügungen auch nur im geringſten tadelhaft finden, oder durch die Heftigkeit unſerer Leidenſchaften angetrieben, unſerer Vernunft gehäſſig zu werden ſuchen, iſt es alsbald um unſere Glückſeligkeit geſchehen.

hen. Wir verlieren sodann unser einfaches Daseyn, worin unsre Ruhe vorzüglich bestehet. Der innere Widerspruch erneuert sich, die zweifache Person geräth wieder mit sich selbst in Streit. Man empfindet von neuem den doppelten Quell, der sich uns durch Zweifel, Unruhen und Nachreu offenbaret.

Hieraus läßt sich schließen, daß es für den Menschen keinen unglücklichern Zustand giebt, als wenn diese zwo herrschende Kräfte der Natur des Menschen sich beide in einer großen, dabei aber in einer gleichen Bewegung befinden und sich folglich im Gleichgewichte halten. Das ist der alleräußerste Grad des Uiberdrußes, und derjenigen furchtbaren Abneigung gegen uns selbst, welcher uns keinen andern Wunsch, als den, gar nicht mehr zu seyn, und keine andere Wirksamkeit übrig läßt, als die erfordert wird, uns durch rasende Waffen mit kaltem Blute selbst ermorden zu können.

Was für ein entsetzlicher Zustand! Ich habe ihn hier mit den schwärzesten Farben gemalet. Wie viel giebt es aber nicht noch finstre Schattirungen, die vor ihm her gehen müssen! Alle Verfassungen, welche dieser gleichen, jeder Zustand, welcher sich diesem erbärmlichen Zustande des Gleichge-

wich=

wichtes nähert, in welchem die beiden einander entgegen gesetzten Quellen sich nicht ohne Mühe überwältigen können und immer zugleich, auch beinahe mit gleicher Kraft wirken, ist eine Zeit der Unruhe, der Unschlüßigkeit und des Unglückes. Die Wirkungen dieser Unordnungen und innern Kriege pflegen sich bald auf den Körper selbst zu erstrecken. Er ermattet unter so schweren Bedrückungen und verzehret sich durch die heftige Bewegungen, welche dieser Zustand verursachet.

Insofern die Glückseligkeit des Menschen sich auf die Einheit seines Innersten gründet, ist er natürlicherweise in seiner Kindheit am glücklichsten, weil in selbiger der materialische Theil allein herrschend und fast beständig wirksam ist. Zwang, Verweise, ja selbst einzelne Züchtigungen, sind nur sehr kleine Verdrüßlichkeiten, die ein Kind nicht anders fühlet, als wir einen Leibesschmerz zu empfinden pflegen. Der Grund seines Daseyns wird hierdurch nicht erschüttert. Es darf nur wieder in Freiheit kommen, so nimmt es gleich alle die Wirksamkeit alle die Heiterkeit wieder an, die aus der Lebhaftigkeit und Neuigkeit seiner Empfindungen entspringet. Es würde, wenn man es ganz allein seinem Willkühr überließe, vollkommen glücklich, diese Glückseligkeit aber würde nicht von langer Dauer, und in dem künftigen Alter sogar der Grund seines Unglückes seyn. Um seines Besten willen also, muß man dem Kind einen Zügel anlegen. Es ist in der That betrübt, aber unentbehrlich nöthig, ihm zuweilen unglückliche Augenblicke zu verursachen, weil in diesen der Same seines künftigen Glückes verborgen lieget.

Wenn der geistige Quell in der Jugend anfängt, sich in Uibung zu setzen, und nun vielleicht fähig wäre, uns zu leiten, so entsteht in uns ein ganz neuer materialischer Sinn, der sich über uns einer unumschränkten Herrschaft bemächtiget, und allen unsern Vermögen so tyrannisch gebiethet, daß unsre Seele selbst sich den von ihm erzeugten heftigen Leidenschaften mit Vergnügen zu unterwerfen scheinet. Demnach pfleget auch der materialische Quell noch in diesem Alter, und vielleicht stärker, als jemals zu herrschen. Denn er verdunkelt und unterdrückt nicht allein die Vernunft, sondern er verderbet sie auch und bedienet sich ihrer statt eines neuen Hilfsmittels. Alle unsere Gedanken und Handlungen sind alsdann auf die Billigung und Befriedigung unserer Leidenschaft gerichtet. Man hält sich für
glück=

glücklich, so lange diese Trunkenheit währet. Die Widersprüche und äußere Unruhen scheinen die innere Einigkeit noch mehr einzuschränken *), die Leidenschaften mehr zu bestärken, und mit selbigen die ermattenden Zwischenräume auszufüllen, den Stolz zu erregen und unsere Absichten vollends auf einen einzigen Gegenstand, alle unsere Kräfte auf einen einzigen Endzweck zu lenken.

Doch dieses Glück verschwindet wie ein Traum, die Annehmlichkeiten verlieren sich. Die Folge dieser Blendung ist Eckel. Die Fülle der Empfindungen, die uns ganz beschäftigen, hinterläßt ein abscheuliches Leere. Die Seele erwachet aus ihrem Todtenschlaf. Kaum kennet sie sich selber. Zur Sklaverei gewöhnet, kömmt es ihr fremd vor, zu herrschen. Es wird ihr schwer, das Ruder zu führen. Sie scheint sogar mißvergnügt

über

---

*) Les Contradictions & les peines exterieurs semblent referrer encore l'unité de l'interieur elles fortifient la passion, elles en remplissent les intervalles languissans, elles réveillent l'orgueil &c. Ich will hier gern gestehen, daß mir diese Stelle sowohl im Original, als in der Kästnerischen und meiner eignen Übersetzung noch immer dunkel geblieben.

M...

über die Befreiung aus ihrer Knechtschaft. Sie bemühet sich um einen andern Beherrscher, um einen neuen Gegenstand der Leidenschaft, welcher ebenfalls bald wieder verschwindet, um einem neuen, aber noch unbeständigern, Platz zu machen. So pflegen sich Ausschweifung und Eckel zu vervielfältigen, die Lüste uns zu fliehen, die sinnlichen Werkzeuge sich abzunutzen. Dem materialischen Sinn fehlt es jetzo, anstatt ferner die Oberherrschaft behaupten zu können, sogar am Vermögen zu gehorchen. Worauf hat wohl der Mensch, nach einem solchen Genuß der Jugend ferner zu rechnen? Auf einen ausgemergelten Körper, auf eine weibliche Seele und auf ein sicheres Unvermögen, sich des einen oder der andern gehörig zu bedienen.

Man hat wirklich die Beobachtung gemachet, daß Menschen von mittlerem Alter dieser Mattigkeit der Seele, dieser innern Krankheit, welche wir vorher die Laune genennt haben, vorzüglich ausgesetzet sind. Auch in diesem Alter pflegt man den Lüsten der Jugend nachzulaufen, und sie mehr aus Gewohnheit, als aus Bedürfniß, aufzusuchen. Je mehr man im Alter zunimmt, je nachdrücklicher und öfter wird man gewahr, daß man die Lust selbst weniger,

als

als das Unvermögen empfindet, sie zu ge‑
nießen. Daher fühlet man sodann in sich
selbst lauter Widersprüche, lauter Demü‑
thigungen, die unsere Schwachheit so nach‑
drücklich und so vielfältig uns zuziehet,
daß man sich endlich in der ärgerlichen Ver‑
legenheit sieht, sich selbst Vorwürfe zu
machen, seine Handlungen zu verdammen
und sogar seine Begierden zu tadeln.

Das ist außerdem das Alter, wo die Sor‑
gen anfangen, uns zu beunruhigen, und
wo unser Leben mit lauter unangenehmen
Streitigkeiten durchflochten ist. Man hat
sich nunmehr in einen gewissen Stand be‑
geben. Deutlicher zu reden: man hat nun
eine gewisse Laufbahn, entweder von ohn‑
gefähr, oder aus Wahl, angefangen, in
der man, ohne Schimpf, nicht stehen blei‑
ben, und welche man, ohne Gefahr, oft
nicht rühmlich durchlaufen kann. — Folg‑
lich wandelt man mit Furcht und Zittern
zwischen zwoen gleich furchtbaren Klippen,
man schwebet beständig zwischen Verachtung
und Haß. Man strenget sich bis zur Ent‑
kräftung an, diesen Klippen auszuweichen,
und verliert endlich den Muth, seine Wün‑
sche zu erreichen. Denn je länger man ge‑
lebt, je deutlicher man die Ungerechtigkei‑
ten der Menschen eingesehen hat, um soviel
mehr

mehr ist man gewohnt, sie als nothwendige Uibel zu betrachten. Wenn es endlich bei uns zur Gewohnheit geworden, mehr auf unsre Ruhe, als auf die Urtheile der Menschen zu denken. Wenn das Herz durch die von wiederholten Streichen empfangne Wunden selbst mehr Härte und Unempfindlichkeit angenommen, so gelanget man endlich ohne Mühe zu demjenigen Zustande der Gleichgültigkeit und ruhigen Achtlosigkeit, deren man sich vor wenig Jahren gewiß geschämet haben würde. Die Ehre, die mächtige Triebfeder großer Seelen, die uns vorher, als ein glänzendes Ziel, blendete, das man durch herrliche Thaten und nützliche Arbeiten mit aller Macht zu erreichen sich bestrebte, hört alsbald auf, ein anlockender Gegenstand für diejenigen zu seyn, welche sich ihrem Tempel genähert haben; da es hingegen denjenigen, welche noch weit von selbigem zurück geblieben, ein eitles, betrügliches Schattenbild zu seyn scheinet. Nun tritt endlich die Trägheit an die Stelle der Ehrbegierde, und scheinet allen weit bequemere Wege und sichere Vortheile anzubiethen. Zum Unglück pflegen vor ihr der Eckel herzugehen, und der Uiberdruß ihr zu folgen. Den Schluß macht also die

Lan=

Langeweile, dieser traurige Tyrann aller denkenden Seelen, gegen welchen die Weisheit ohnmächtiger, als die Thorheit ist.

Der Mensch hat also blos deswegen so viel Schwierigkeit, sich mit sich selbst auszusöhnen, weil seine Natur aus zween einander entgegen gesetzten und widrigen Quellen bestehet. Aus diesem Grund allein ist seine Unbeständigkeit, seine Unentschlossenheit und sein Uiberdruß herzuleiten.

Hierin sind allerdings die Thiere glücklicher. Ihre Natur ist nur einfach und blos materialisch. Sie wissen also nichts von innerm Kampfe, nichts von Widersetzlichkeiten und nichts von Beunruhigungen. Sie kennen weder unsern Gram, noch unsre Reue, weder unsre Furcht, noch unsre Hofnungen.

Wenn wir uns ohne das alles gedenken, was der Seele gehöret, ohne Verstand, Witz und Gedächtniß, so bleibt nichts übrig, als der bloße materialische Theil, der uns den Thieren ähnlich machet. Blos von der thierischen Seite betrachtet, behalten wir doch noch Bedürfniße, Empfindungen, Begierden, Schmerz, Lust und sogar Leidenschaften. Denn ist wohl die Leidenschaft etwas anders, als eine Empfindung, die alle übrige an Stärke übertrift und sich in jedem Augenblick erneuert? Da nun eine dergleichen Erneuerung unserer Empfindungen auch im innern materialischen Sinne möglich ist, so bleiben uns in diesem Zustand alle, wenigstens alle die blinde Leidenschaften, welche die Seele, dieser Quell aller Kenntniß, weder hervorbringen, noch unterhalten kann.

Jetzt bin ich an dem Punkte, welcher dem meisten Schwierigkeiten unterworfen ist. Wie werden wir aber, besonders bei dem gewöhnlichen großen Mißbrauch der Wörter, vermögend seyn, uns verständlich zu machen, und genau die Leidenschaften, welche blos dem Menschen eigen sind, von denjenigen auszuzeichnen, die er mit den Thieren gemein hat? Darf man es wohl als zuverläßig annehmen, daß die Thiere Leidenschaften haben? Ist nicht vielmehr, wie die meisten glauben, jede Leidenschaft eine Bewegung der Seele? Und kann man also wohl anderwärts, als in diesem geistigen Quell den Keim des Stolzes, des Neides, der Ehrsucht, des Geizes und aller uns beherrschenden Leidenschaften anzutreffen hoffen?

Ich will es nicht für gewiß ausgeben; mich dünket aber doch, daß alles, was

der

der Seele gebiethet, sich außer ihr befinde, und daß der Quell der Erkenntniß nicht zugleich der Quell der Empfindung sey. Mir scheint auch der Keim unserer Leidenschaften in unsern Begierden zu liegen. Die Blendwerke scheinen von unsern Sinnen herzurühren, und ihren Sitz in unserm innern materialischen Sinne zu haben, die Seele hingegen scheinet, anfänglich blos durch ihr Stillschweigen, daran Theil zu nehmen, hernach aber, wenn sie dieselben sich überläßt, von ihnen überwältiget, und, wenn sie Geschmack daran findet, zu ihrem Nachtheile dadurch verdorben zu werden.

Wir müssen also in den Leidenschaften des Menschen das Physikalische von dem Sittlichen wohl unterscheiden, und jenes als die Ursach, dieses, als die Wirkung betrachten. Die erste Bewegung geschiehet im innern materialischen Sinne. Die Seele kann sie zwar annehmen, aber nicht hervorbringen. Wenn wir noch außerdem die augenblicklichen Bewegungen von den dauerhaften unterscheiden, so werden wir gleich finden, daß die Furcht, der Abscheu, der Zorn, die Liebe, oder vielmehr die Begierde nach dem Genuße, lauter Empfindungen ausmachen, die zwar dauerhaft, aber blos vom Eindruck der Gegenstände auf unsere Sinne in Verbindung mit den vorigen dauerhaften Eindrücken, abhängig sind, und daß uns folglich diese Leidenschaften mit den Thieren gemeinschaftlich zukommen müssen. Ich sage hier mit Fleiß, daß die gegenwärtigen Eindrücke der Gegenstände mit den dauerhaften Eindrücken unserer vorigen Empfindungen verknüpfet seyn müßten, weil sich für Menschen oder Thiere, welche zum erstenmal sehen, weder etwas abscheuliches oder Schreckliches, noch etwas Reitzendes, denken läßt. Man kann dieses an jungen Thieren sehr deutlich wahrnehmen. Ich habe dergleichen Thiere ohne Bedenken ins Feuer laufen sehen, da sie es zum erstenmal erblickten. Ihre Erfahrungen gründen sich auf oft wiederholte Handlungen, deren Eindrücke sich in ihrem innern materialischen Sinn erhalten. Obgleich ihre Erfahrungen sich nicht auf Schlüße gründen, so pflegen sie darum doch nicht minder zuverläßig, sondern vielmehr noch behutsamer zu seyn. Denn ein großer Lärm, eine heftige Bewegung, eine außerordentliche Figur, die sich den Sinnen zum erstenmal und plötzlich darstellen, erregen im Thier eine Erschütterung, deren Wirkung den ersten Bewegungen der Furcht gleichet — aber nur

ein

ein augenblickliches Gefühl. Denn weil sich diese mit keiner vorhergehenden Empfindung vereinigen kann, so macht sie auch im Thiere nur eine augenblickliche Erschütterung, keinesweges aber eine so dauerhafte Bewegung, als die Leidenschaft der Furcht nothwendig voraussetzet.

Ein junges Thier, ein ruhiger Bewohner der Wälder, der plötzlich durch den lauten Schall eines Jagdhorns, oder den ungewöhnlichen Knall eines Feuergewehres gerühret wird, fähret zusammen, springet auf und entfliehet, blos durch die empfundene gewaltsame Erschütterung angetrieben. Wenn aber dieses Getöse von keinen weitern Folgen ist und bald nachläßet, erkennet sogleich das Thier die gewöhnliche Stille der Natur wieder, es beruhiget sich, stehet stille, und begiebt sich mit langsamen Schritten wieder nach seiner stillen und ruhigen Wohnung.

Alter und Erfahrung machen die Thiere behutsamer und schüchterner, sobald sie gelegentlich durch ein solches Getöse verwundet, erreicht oder verfolgt werden. Dergleichen verdrüßliche, schmerzhafte Empfindung erhält sich in ihrem innern materialischen Sinne. Sie erneuert sich, sobald wieder ein ähnliches Getöse gehöret wird.

In=

Indem sich nun die vorige mit der jetzigen Erschütterung vereiniget, ist sie nun fähig, eine dauerhaftere Empfindung, eine beständigere Leidenschaft, eine wahre Furcht, hervorzubringen. Das Thier entfliehet nicht allein, sondern es beschleuniget seine Flucht aus allen Leibeskräften, so weit und so lange, als es möglich ist. Oft pflegt es, nach einem solchen Vorfall, seinen Aufenthalt auf immer zu verlassen.

Die Furcht gehört also unter die Leidenschaften, deren allerdings auch Thiere fähig sind; obwohl bei ihnen unsere, aus Schlüssen entstandene, vorsichtige Furcht und Besorgniß nicht statt findet. Eben so verhält sich's auch mit dem Abscheu, dem Zorn und der Liebe; ob man ihnen gleich unsern wohl überlegten Abscheu, unsern anhaltenden Haß oder unsere Beständigkeit in der Freundschaft nicht einräumen kann.

Die Thiere werden alle von diesen ersten Leidenschaften beweget, weil sie weder Kenntniß, noch Begriffe voraussetzen, und sich blos auf die Erfahrungen der Empfindungskraft oder auf die Wiederholung der schmerzhaften oder angenehmen Vorfälle und auf die Erneuerung der vorhergehenden ähnlichen Empfindungen, gründen. Der Zorn, oder vielmehr der natürliche Muth, wird be=

besonders bei solchen Thieren wahrgenommen, welche sich ihrer Stärke bewußt sind oder sie geprüfet, gemessen und sich kräftiger, als andere Thiere gefunden haben. Die Furcht ist eigentlich das Erbtheil der Schwachen. Das Gefühl der Vermehrungsbegierde hingegen ist allen Thieren eigen.

O Liebe, die du mit uns geboren wurdest! Seele der Natur! Unerschöpflicher Quell des Daseyns! O du alles vermögende Macht, welcher sich alles vergebens widersetzet, durch welche alles wirket, alles lebet und alles erneuert wird! Göttliche Flamme! Keim einer beständigen Fortdauer, welchen der Ewige mit dem Othem des Lebens allen Wesen eingehauchet hat! Du kostbares und wohlthätiges Gefühl, welches allein die wildesten und kältesten Herzen mit einer sanften Wärme durchdringen, sie allein zähmen und erweichen kann! Erste Ursach alles Guten, aller Glückseligkeit, die du allein, blos durch deine Reizungen, die wildesten und allenthalben zerstreute Naturen ohne Zwang zu vereinigen im Stande bist! Du einzige fruchtbare Quelle alles Vergnügens, aller Wollust! — O Liebe! Wie mag es immer zugehen, daß du, indem du alle Wesen durch dich in den glücklichsten Zustand setzest, nur allein den Menschen im Unglück schmachten läßest?

Das macht, weil blos das Physikalische dieser Leidenschaft gut ist, das Moralische hingegen, trotz allem, was uns die Vorurtheile davon einflüstern, gar nichts tauget. Was ist denn eigentlich das Sittliche in der Liebe? Nichts, als Eitelkeit. Eitelkeit in dem Vergnügen des Sieges. Ein Irrthum der von allzugroßer Hochschätzung eines dergleichen Triumphes herrühret! Eitelkeit in dem Wunsch, ihn für sich allein zu behaupten. Ein unglücklicher, fast allemal von der quälenden Eifersucht begleiteter Zustand! Eine so schlechte, so niedrige Leidenschaft, welche man gern vor der ganzen Welt verbergen möchte! Eitelkeit in der Art, seines Triumphes zu genießen. Ein Bestreben, wodurch wir zwar unsre Geberden und Bemühungen, aber nicht unser Vergnügen vermehren! Eitelkeit, sogar in der Art, ihn zu verlieren. Man bemühet sich erst zu brechen, um nicht verlassen und auf die schimpflichste Art gedemüthiget zu werden. Aus einer solchen Erniedrigung entsteht endlich sogar eine Verzweiflung, wenn man einsieht, wie lange man schon getäuscht und hintergangen worden.

Die

Die Thiere wissen gar nichts von allen diesem Elende. Sie suchen da kein Vergnügen, wo keines anzutreffen ist. Die Empfindung, ihr einziger Führer, läßt sie niemals in die Verlegenheit gerathen, sich in ihrer Wahl zu irren. Zwischen ihren Begierden und ihrem Vermögen zu genießen herrscht immer ein richtiges Verhältniß. Sie empfinden gerade so viel, als sie genießen, und genießen mehr nicht, als sie wirklich empfinden. Der Mensch hingegen hat, durch das Bestreben, neue Lüste zu erfinden, die Natur verderbet. Durch die Bemühung, Empfindungen zu erzwingen, mißbraucht er sein eignes Wesen und gräbt in seinem Herzen eine leere Tiefe, welche hernach durch nichts kann ausgefüllet werden.

Alles demnach, was die Liebe Gutes hat, kömmt sowohl uns, als den Thieren zu. Die Thiere scheinen sogar, gleichsam als ob diese Empfindung nirgends ganz rein seyn könnte, auch etwas von dem, was daran minder gut ist, oder von der Eifersucht, an sich zu haben. Bei den Menschen setzt allemal diese Leidenschaft einiges Mißtrauen in uns selbst, allemal ein verborgnes Gefühl unserer eigenen Schwäche voraus. Die Thiere scheinen hingegen desto

mehr

mehr Eifersucht zu beweisen, je stärker hitziger und geübter sie zur Lust sind; weil bei uns die Eifersucht von Begriffen, bei ihnen aber von Empfindungen herkömmt. Sie fühlen, nach dem Genuß, ein Verlangen und hinlängliche Kräfte, mehr zu genießen; sie vertreiben daher alle andere Thiere, die gern ihre Stelle vertreten möchten. Ihre Eifersucht ist mit keinem Nachdenken verbunden; sie pflegt nie den Gegenstand ihrer Begierde, sondern allemal die Lust selbst zu treffen.

Sind aber wohl die Leidenschaften der Thiere nur auf die wenigen eingeschränket, von denen wir eben jetzo redeten? Sollten sie wohl nur blos Zorn, Furcht, Abscheu, Begierde und Eifersucht dauerhaft empfinden können? Mir kömmt es wahrscheinlich vor, daß die Thiere, außer diesen Leidenschaften, wozu die natürliche Empfindung, oder vielmehr die Erfahrung der Empfindung sie fähig machet, auch noch andere mitgetheilte Leidenschaften haben, deren Ursprung in ihrer Zucht, im Beispiel, in der Nachahmung und in der Gewohnheit gesuchet werden muß. Sie besitzen ebenfalls eine Art von Freundschaft, von Hochmuth und Ehrgeitz. Ob man gleich aus dem, was bisher gesagt worden,

den,

ben, schon genugsam überzeuget seyn wird, daß zu allen aus ihren Leidenschaften entspringenden Handlungen und Unternehmungen weder Nachdenken oder ein Gedanke, noch irgend ein Begriff gehöre; so sind ihre hier angezeigte Gewohnheiten doch alle von der Art, daß sie vorzüglich einen gewissen Grad des Verstandes vorauszusetzen scheinen. Man muß auch in der That gestehen, daß hier zwischen ihnen und uns die kleinste und fast unmerklichste Verschiedenheit herrschet, welche wir daher auch am sorgfältigsten untersuchen müssen.

Läßt sich wohl in der Welt etwas mit der Zuneigung eines Hundes gegen die Person seines Herrn vergleichen? Man hat schon Hunde auf dem Grabe, das die Asche ihres Herrn verschloß, todt hungern gesehen. Doch, ohne hier wunderbare oder heldenmäßige Beispiele mit anzuführen, so erwäge man doch nur die große Treue der Hunde in Begleitung ihrer Herrn, ihre große Beständigkeit, ihnen zu folgen, und ihr aufmerksames Bestreben, sie zu vertheidigen! Was für eine Begierde, von ihnen geliebkoset zu werden! Welche Bereitwilligkeit, ihnen zu gehorsamen! Mit welcher Geduld ertragen sie nicht ihrer Herrn verdrüßliche Laune und übereilte Züchtigungen! Mit welcher demüthigen Sanftmuth scheinen sie sich um ihre Gunst von neuem zu bewerben! Was für unruhige Bewegungen, was für Kummer, wenn ihr Herr abwesend ist! Was für Freude, wenn sie denselben wieder sehen! Kann wohl jemand an allen diesen Zeichen die Freundschaft verkennen? Offenbaret sie sich wohl bei den Menschen durch nachdrücklichere, durch deutlichere Merkmale?

Mit einer solchen Freundschaft verhält sich's eben so, wie mit der Zuneigung eines Frauenzimmers für ihren Zeisig, oder eines Kindes, für seine Puppe 2c. Die eine fordert so wenig Nachdenken als die andre. Beide haben blos das Gepräge von einer blinden Empfindung. Die Zuneigung des Thieres ist indessen wirklich natürlicher, weil sie sich auf dessen Bedürfnisse gründet, da jene hingegen blos einen abgeschmackten Zeitvertreib zum Gegenstande hat, woran die Seele keinen Antheil zu nehmen pfleget. Blos der Müssiggang erhält bei gewissen Menschen diese kindische Gewohnheiten, blos leere Köpfe sind fähig, sie auszuhalten. Ist nicht der Geschmack an Meerkatzen, und der Dienst, welchen man Götzenbildern widmet, kurz, jede Neigung zu leblosen Sachen, der äußerste Grad der Dummheit?

Wie

Wie viel giebt es aber dennoch in der Welt nicht abgöttisch verehrte Geschöpfe und Affen? Wie viel Menschen verehren den Thon, welchen sie gebildet! Wie viel Menschen sind in den Erdenkloß, den sie selbst durchwühlet haben, verliebet?

Es fehlt also viel, ehe man sagen kann, daß alle Zuneigungen unmittelbar von der Seele herrühren, oder das Vermögen, etwas lieb zu gewinnen, nothwendig die Kraft zu denken oder zu überlegen, voraussetze. Gerade zu der Zeit, da wir am wenigsten denken und überlegen, werden unsere meisten Freundschaften gestiftet, unsere meisten Zuneigungen erreget, ja sie werden durch den Mangel an Gedanken und Nachdenken immer mehr befestiget, immer mehr zur Gewohnheit gemacht. Denn es bedarf weiter nichts, eine Sache lieb zu gewinnen, als daß sie unsern Sinnen schmeichelt, und um daraus einen Götzen zu machen, ist es genug, sich damit oft und lange zu beschäftigen.

Die wirkliche Freundschaft setzet nothwendig das Nachdenken voraus, und ist unter allen Arten von Zuneigungen die würdigste für die Menschen, die einzige, wodurch er sich nicht verunehret. Die Freundschaft ist ein Kind der Vernunft, woran die Ein-

K 2 drü-

drücke der Sinnen keinen Antheil haben.
Man liebet an seinen Freunden blos die
Seele. Um dieses zu thun, muß man selbst
eine Seele besitzen, man muß von ihr gu=
ten Gebrauch gemacht, sie erkannt, mit
andern zusammengehalten und in dem, was
man von der Seele des Freundes einse=
hen kann, gleich befunden haben. Zur
Freundschaft wird also nicht allein der Quell
der Erkenntniß, sondern auch eine wirkliche
mit Nachdenken verbundne Ausübung des=
selben erfordert.

Die Freundschaft gehört also blos für
die Menschen, die Zuneigung aber, auch
für Thiere. Bei diesen ist schon die Em=
pfindung allein hinreichend, Leute, welche
sie oft sehen, von welchen sie gewartet und
genähret worden, u. s. w. liebzugewin=
nen. Es bedarf auch bei ihnen weiter nichts,
als der Empfindungen, um an Gegenstän=
den, mit welchen sie oft sich beschäftigen
müssen, ein Vergnügen zu finden.

Die Neigung der Mütter zu ihren Jun=
gen hat ihren Grund hauptsächlich darin,
weil sie ungemein beschäftigt gewesen, sie zu
tragen, sie zur Welt zu bringen, bei der Ge=
burt sie aus ihren Hüllen zu entwickeln,
oder weil sie noch immer genöthiget sind, sie zu
säugen. Wenn bei den Vögeln auch die
Männ=

Männchen einige Zuneigung für die Jungen zu haben, und, gleich den Weibchen, einige Sorge für sie zu tragen scheinen, so kömmt es vornämlich daher, weil sie, mit den Weibchen zugleich, die Erbauung des Nestes übernommen und selbiges mit ihnen bewohnet, und weil sie daselbst mit dem Weibchen viel Vergnügen genossen hatten; denn bei den Vögeln pfleget die Hitze der Weibchen lange, nachdem sie schön befruchtet sind, fortzudouren: da hingegen die Brunst, oder die Zeit der Fortpflanzungsbegierde, bei andern Thiergeschlechtern von kurzer Dauer ist, und nach Verfließung derselben das Männchen durch nichts mehr an das Weibchen gefesselt wird. Wo überhaupt weder Nester zu bauen, noch andere gemeinschaftliche Arbeiten zu verrichten sind, da bekümmern sich die Väter, wie ehemals die Spartaner, gar nicht mehr um ihre Nachkommen.

Der Stolz und Ehrgeitz der Thiere gründen sich blos auf ihren natürlichen Muth, oder auf das Gefühl ihrer Stärke, ihrer Flüchtigkeit u. s. w. Die großen sehen mit Verachtung auf die verwegnen Anfälle der kleinen herab. Man vermehret sogar durch die Erziehung ihre Gelassenheit, dieses Kennzeichen des Muthes, eben so gut, als ihre Hitze. So pflegt man sie z. B. abzurichten; denn sie sind zu allem fähig und aufgelegt, nur die Vernunft allein ausgenommen.

Uiberhaupt können die Thiere lernen dasjenige, was sie erst einmal gethan, hernach tausendmal, was sie vordem nur zu gewissen Zeiten thaten, jetzt immer, und was sie nur einen Augenblick thaten, lange hintereinander, was sie ehemals blos gezwungen thaten, jetzo recht gern, was sie einst von ohngefähr thaten, jetzo aus Gewohnheit zu thun und alles, was sie von andern sahen, aus eignem Antrieb nachzumachen. Die Nachahmung ist unter allen Wirkungen der thierischen Maschine die allerwunderbareste, die allerfeinste und ausgebreitetste Beweglichkeit derselben, und gerade dasjenige, was den Gedanken am allernächsten kömmt. Obgleich die Ursache hiervon bei den Thieren blos materialisch und mechanisch ist, so setzt sie uns doch durch ihre Wirkungen in desto größeres Erstaunen.

Die Affen werden allemal am stärksten bewundert, wenn wir sie eben menschliche Handlungen nachahmen sehen. In der That ist es nichts leichtes, gewisse Kopien von gewissen Urbildern unterscheiden zu können. Uiberdies giebt nur so wenig Leute, welche
recht

recht einsehen, was für ein Unterschied
zwischen einer ursprünglichen Handlung und
ihrer Nachahmung sey, daß allerdings die Affen
für den größten Theil des menschlichen Ge=
schlechts erstaunliche und solche Wesen seyn
müssen, die uns dermaßen bemüthigen kön=
nen, daß man es nicht übel neh=
men darf, wenn man ohne Bedenken dem
Affen, welcher die Menschen geschickt nach=
ahmet, mehr Witz zugestanden hat, als ei=
nem Menschen (dergleichen es unter uns
viele giebt,) welcher so wenig selbst etwas
vornimmt, als andere nachahmet.

Indessen sind die Affen höchstens nur Ge=
schöpfe von besondern Gaben, die wir fälsch=
lich für witzig halten. Bei der vorzüglichen
Geschicklichkeit, uns nachahmen zu können,
sind sie doch nichts weiter, als Thiere,
denen die besondere Gabe der Nachahmung
mehr oder weniger eigen ist. Man muß zwar
fast allen Thieren etwas von dieser Gabe
zugestehen; sie erstreckt sich aber bei den
meisten blos auf die Geschicklichkeit, ihres
Gleichen nachzuahmen; dahingegen der Affe,
der so wenig zur Gattung der Menschen ge=
höret, als wir zu der seinigen, wirklich
einige von unsern eigenthümlichen Handlun=
gen geschickt nachzuahmen weiß. Das kömmt

ei=

eigentlich daher, weil er uns in gewissen Absichten gleichet, und äußerlich fast eben so, wie der Mensch, gebildet ist. Diese allgemeine Aehnlichkeit ist für ihn genug, uns gewisse Bewegungen, sogar eine ganze Folge derselben, fertig nachmachen zu können. Alle diejenigen also, die eine Sache blos nach dem Aeußerlichen beurtheilen, müssen hier, wie anderwärts, Absicht, Verstand und Witz zu entdecken glauben; obgleich die ganze Sache blos auf die Aehnlichkeit in der Gestalt, Bewegung und Organisirung des Körpers hinaus läuft.

Blos die Aehnlichkeit in der Bewegung verursachet es, daß der Hund seines Herrn Gewohnheiten annimmt; die Aehnlichkeit in der Figur aber, daß der Affe sich mit Nachahmung menschlicher Geberden brüstet, und endlich die Aehnlichkeit im organischen Bau, daß der Zeisig einige Melodien, der Papagei aber das am wenigsten trügliche Merkmal der Gedanken, die Rede, nachahmet, welche äußerlich zwischen einem und dem andern Menschen einen eben so merklichen Unterschied, als zwischen Menschen und Thieren zu verrathen pfleget. Denn bei dem einen vermag sie eine Art von Erleuchtung und einen großen Vorzug des Geistes, bei dem andern aber nur ein unordentliches

Ge=

Gemische dunkler und entlehnter Begriffe, und endlich bei den Blödsinnigen und Papageien den höchsten Grad der Dummheit oder die Unmöglichkeit beider letzten auszudrucken, Gedanken innerlich hervorzubringen, ob ihnen gleich keines von den unentbehrlichen Werkzeugen fehlet, sie äußerlich auszudrucken.

Es läßt sich ohne Mühe noch deutlicher beweisen, daß die Nachahmung blos eine maschinenmäßige Wirkung oder ein mechanischer Erfolg ist, dessen Vollkommenheit von der Lebhaftigkeit, mit welcher der innere materialische Sinn die Eindrücke der Gegenstände annimmt, und von der Leichtigkeit abhänget, mit welcher sie, vermittelst der Gleichheit und Biegsamkeit der Werkzeuge an den Tag geleget werden.

Diejenige Menschen, welche vorzügliche, zärtliche, leichtlich zu erschütternde Sinnen, daher aber folgsame, hurtige und gelenke Glieder haben, geben, wenn alles übrige damit übereinstimmet, die besten Schauspieler, die glücklichsten Pantomimen und geschicktesten Nachäffer. Die Kinder pflegen, ohne daran zu denken, die Leibesstellungen, Geberden und Handlungsarten derjenigen, mit welchen sie am öftersten umgehen, anzunehmen.

men. Sie sind überaus zu Wiederholungen und
Nachahmungen geneigt. Die meisten von den
lebhaftesten und gedankenlosesten Kindern, die
fast blos durch die leiblichen Augen sehen, können doch mit bewundernswürdiger Leichtigkeit
die lächerlichsten Figuren spielen lernen. Jede seltsame Gestalt macht sie aufmerksam,
jede Vorstellung rühret sie, jede Neuigkeit
setzt sie gleich in Bewegung. Sie fühlen
die Eindrücke davon so stark, daß sie, von
freien Stücken anfangen zu agiren, mit
Entzücken zu erzählen, und mit größter
Leichtigkeit, sogar mit Anmuth, nachzuahmen. Sie besitzen also in einem sehr hohen Grade die Gabe der Nachahmung,
welche den vollkommensten Bau der sinnlichen Werkzeuge, die glücklichste Beschaffenheit des Körpers voraussetzet, welcher aber
nichts mehr entgegen ist, als ein reichli-
ches Maß gesunden Verstandes.

Unter den Menschen haben also diejenigen, die am wenigsten nachdenken, insge-
mein die vorzüglichste Gabe der Nachahmung. Desto weniger darf man sich wundern, diese Gabe bei Thieren, die gänzlich des Nachdenkens beraubt sind, anzutreffen. Sie müssen sogar dieselbe in einem
weit vollkommnern Grade besitzen, weil sich
in ihnen gar nichts befindet, was dieser

Ga-

Gabe sich entgegen setzte, weil sie keinen Grund um sich fühlen, der sie zu dem Wunsche reizen könnte, von einander unterschieden zu seyn.

Blos in Ansehung der Seele sind wir Menschen hauptsächlich von einander unterschieden, blos durch die Seele sind wir, was wir sind. In ihr allein liegt der Grund von der Unterschiedlichkeit unserer Charaktere und von der Mannigfaltigkeit unserer Handlungen. Die Thiere hingegen, welche sich keiner Seele rühmen dürfen, haben auch nicht das eigentlich sogenannte Ich, diesen Grund alles Unterschiedes, diese Ursache, die eigentlich die Person ausmachet. Daher müssen auch Thiere von ähnlichem organischen Bau und von einerlei Gattung sich einander nachahmen, sie müssen alle einerlei Handlungen, und auch diese auf einerlei Art verrichten; mit einem Worte: sie müssen sich alle weit vollkommner einander nachäffen, als es die Menschen unter einander zu thun vermögend sind. Anstatt also, daß die Gabe der Nachahmung Witz und Gedanken bei den Thieren voraussetzen sollte, beweiset sie vielmehr, daß sie schlechterdings nichts von beiden besitzen.

Daher pflegt auch bei den Thieren die Zucht nur wenig Zeit zu erfordern, aber
doch

doch allemal nach Wunsch abzulaufen. Sie lernen blos durch die Nachahmung in kurzem fast alles, was ihre Eltern verstehen. Sie haben also nicht allein Erfahrungen, welche sie durch eignes Gefühl erlangen konnten, sondern sie machen sich auch durch Hilfe der Nachahmung die Erfahrungen anderer zu Nutze. Die jungen Thiere bilden sich nach den Alten. Sie merken, daß diese bald sich nähern, bald fliehen, wenn sie gewisse Gegenstände wahrnehmen, oder gewisse Gerüche spüren. Anfänglich nähern sie sich, oder fliehen mit ihnen, ohne durch etwas anders, als durch die Nachahmung, bestimmet zu werden; in der Folge thun sie beides von selbst und für sich allein, weil sie nun gewohnt sind, entweder zu fliehen oder sich zu nähern, so oft sie eben dieselben Empfindungen wieder gefühlt haben.

Bishero haben wir die Menschen und Thiere mit einander einzeln verglichen, jetzo wollen wir nun einen Vergleich zwischen gesellschaftlich lebenden Menschen und Thieren anstellen, und uns bemühen, die Ursache derjenigen Art von Arbeitsamkeit zu ergründen, die an gewissen Thieren, sogar an den geringsten und zahlreichesten Gattungen, verspüret wird. Was für eine Menge von Merkwürdigkeiten erzählet man

nicht

nicht von gewissen Insekten! Unsere Beobachter bewundern fast um die Wette den Verstand und die Naturgaben der Bienen. Sie besitzen, wie man sagt, eine ganz besondre Naturfähigkeit, eine ihnen allein eigenthümliche Kunst, sich zu regieren. Man muß besonders geschickt im Beobachten seyn, um dieses zu bemerken. Ein Bienenstock ist eine Republik, in welcher die Arbeiten jedes Mitgliedes blos auf das allgemeine Beste zielen, wo alles wohl geordnet, alles mit einer bewundernswürdigen Vorsicht, Billigkeit und Klugheit vertheilet ist. Athen soll ehemals kaum besser eingerichtet oder gesitteter gewesen seyn. Je mehr man einen solchen Bienenstock beobachtet, desto mehr glaubt man Wunder in ihm zu entdecken. Hier findet man eine unveränderliche, sich allezeit gleiche Regierungsform, die tiefste Ehrerbietung für die Regentin, die größte Wachsamkeit in ihrem Dienste, die strengeste Sorgfalt in Beförderung ihrer Vergnügungen, eine beständige Liebe zum Vaterland, einen unbegreiflichen Eifer in der Arbeit, eine unermüdete, mit nichts zu vergleichende Geschäftigkeit, die größte Uneigennützigkeit, mit der äußersten Sparsamkeit verbunden, die feinste Meßkunst an der zierlichsten Baukunst vortheilhaft angebracht
u. s. w.

u. s. w. Ich würde nie fertig werden können, wenn ich die Chronik dieser gepriesenen Republik durchgehen, und aus der Geschichte dieser Insekten alle Züge malen wollte, durch welche die Bewunderung ihrer Geschichtschreiber aufs äußerste getrieben worden.

Ohne der Begeisterung hierbei zu gedenken, in die uns gemeiniglich ein von uns behandelter Gegenstand zu versetzen pfleget, hat man das Uibertriebene solcher Schilderungen wohl besonders darin zu suchen, daß man immer desto mehr bewundert, je länger man beobachtet, und je weniger Vernunftschlüsse man dabei anstellet. Kann wohl irgend etwas in der Welt willkührlicher angenommen seyn, als diese Bewunderung der Bienen, diese sittlichen Absichten, die man ihnen gern beilegen möchte, diese bei den Bienen angenommene Liebe für das gemeine Beste, dieser sonderbare Naturtrieb, der, wie man erst neuerlich eingestanden, der höchsten Geometrie oder Meßkunst nichts nachgiebt, und wodurch die Bienen ohne weitläufiges Nachdenken die Aufgabe: in einem möglichst kleinen Raum einen Bau, so fest als möglich, und mit der äußersten möglichen Sparsamkeit zu vollenden, auflösen? Was läßt sich wohl beim Uibertriebe-
nen

ven solcher ausschweifenden Lobsprüche den=
ken? Sollte nicht billig eine Fliege im Kopf
eines Naturforschers nicht mehrern Raum,
als in der Natur selbst, einnehmen? In
der That wird in den Augen der Vernunft
diese wundervolle Republik nie etwas an=
ders, als einen Schwarm kleiner Thierchen
vorstellen, welche mit uns in keiner andern
Verbindung stehen, als uns Wachs und
Honig zu liefern.

Ich tadle hier nicht sowohl die Neugier=
de der Naturforscher, als ihre Schlüsse und
Ausrufungen. Man betrachte nach Belie=
ben und mit aller möglichen Aufmerksamkeit
die Verrichtungen der Bienen, man folge
ihnen sorgfältig in ihrem Vornehmen und
in ihrer Arbeit, man beschreibe umständ=
lich ihre Art sich zu erzeugen, zu vermeh=
ren, zu verwandeln u. s. w. Dieses alles
kann der Mühe eines Naturforschers die
angenehmste Beschäftigung gewähren. Nur
die Sittenlehre und Theologie der Insekten
kann ich unmöglich predigen hören. Nur
die Wunder, welche die Beobachter selbst
in sie legen, und hernach so viel Rühmens
davon machen, als ob sie wirklich darin an=
zutreffen wären, müßten etwas näher un=
tersuchet werden. Blos den Verstand,
blos die Vorhersehung, diese Kenntniß des

Zu=

Zukünftigen, die man ihnen mit so vieler nachgebenden Höflichkeit andichtet, und welche man ihnen doch schlechterdings absprechen muß, nur diese Eigenschaften will ich hier auf das, was sie bei den Insekten wirklich sind, wieder zurückzusetzen mich bemühen.

Die einsam lebende Fliegen haben, wie diese Beobachter vorgeben, gar keinen Witz, in Vergleichung mit den gesellschaftlich lebenden Fliegen. Denenjenigen, welche sich nur in kleinen Schwärmen zusammen halten, geben sie nicht so viel Witz, als denen, welche größere Schwärme bilden. Den Bienen, welche vielleicht unter allen Fliegen die zahlreicheste Gesellschaft ausmachen, haben sie auch deßhalb den meisten Witz zugestanden. Wäre dieser Umstand nicht schon allein hinlänglich, uns auf die Gedanken zu bringen, daß dieser Anschein von Witz oder Genie weiter nichts, als ein mechanischer Erfolg, nichts, als eine mit ihrer Anzahl im Verhältniß stehende Verbindung der Bewegungen, nichts, als eine blos deswegen vermischte Beziehung seyn könne, weil sie von viel tausend einzelnen Insekten abhänget? Weiß man etwa nicht genugsam, daß jede Beziehung, sogar jede beständige Unordnung, uns eine Uibereinstimmung oder

Har-

Harmonie zu seyn scheine, sobald wir deren Ursachen nicht einsehen? und daß man, weil die Menschen lieber bewundern, als ergründen mögen, von der Voraussetzung dieser scheinbaren Ordnung bis zur Voraussetzung des Verstandes nur einen einzigen Schritt zu thun habe?

Vor allen Dingen wird man uns eingestehen, daß die Fliegen, einzeln betrachtet, weder dem Affen oder Hunde, noch den meisten übrigen Thieren an Witz gleich kommen; auch weniger Gelehrigkeit, weniger Zuneigung, weniger Empfindung, mit einem Worte, weniger Eigenschaften besitzen, welche mit den unsrigen etwas gemein haben. Wenn dieses ist, so wird man uns auch nicht abstreiten können, daß ihr scheinbarer Verstand sich blos auf ihre vereinigte Menge gründe; obgleich diese Vereinigung selbst keinen Verstand voraus setzet; denn sie geschiehet nicht aus moralischen Absichten. Sie befinden sich ohne ihren Willen in Gesellschaft beisammen. Diese Gesellschaft ist also eine blos physische von der Natur geordnete Vereinigung, ohne alle Absicht, Erkenntniß oder Vernunftschlüsse. Die Bienenmutter bringt auf einmal und an einem Orte zehntausend junge Bienen hervor. Wären diese zehntausend Bienen auch noch tausendmal dummer, als ich sie annehme, so würden sie doch, blos um ihr Leben fortzusetzen, gezwungen seyn, unter sich eine gewisse Ordnung einzuführen. Da sie nun insgesammt, eine wie die andere, und mit gleichen Kräften wirken, so müssen sie, wenn sie auch anfänglich einander wirklich hätten schaden wollen, doch bald genöthigt werden, sich so wenig, als möglich, Schaden zu thun, oder sich einander beizustehen. Dies wird hernach das Ansehen gewinnen, als ob sie sich verständen, und sich zu einerlei Zweck vereiniget hätten. Der Beobachter wird hernach wohl so gütig seyn, ihnen die nöthigen Absichten und den fehlenden Verstand großmüthig zu leihen; er wird jeder Handlung, jeder Bewegung ihren Grund beilegen, und sich alsdann zum Schöpfer einer unzähligen Menge von Wundern und abentheuerlichen Vernunftschlüssen machen. Denn diese zehntausend Thierchen, die alle zugleich aus der Mutter kamen, die beisammen wohnten, und fast alle zugleich verwandelt wurden, müssen insgesammt nothwendig einerlei verrichten, sie müssen beim geringsten Grade von Empfindung dennoch gemeinschaftliche Gewohnheiten an sich nehmen, sich unter einander vertragen, sich mit dem Bau ihrer Wohnungen

gen beschäftigen, wenn sie sich davon entfernt haben, wieder dahin zurücke kehren u. s. w. Und also ist, wie man siehet, ihre Baukunst, ihre Geometrie, ihre Ordnung, ihre Vorhersehung, ihre Vaterlandsliebe, ihre Republik, mit einem Wort alles, blos auf die Bewunderung des Beobachters gegründet.

Erreget etwa die Natur an sich nicht schon genugsames Erstaunen, ohne sich noch besonders mit eingebildeten und selbst erschaffnen Wundern überraschen und betäuben zu dürfen? Ist nicht unser Schöpfer bereits groß genug durch seine Werke? Denken wir durch unsern schwachen Verstand ihn etwa größer zu machen? Das würde gerade das Mittel seyn, ihn, wo möglich, zu verkleinern. Denn wer hat wohl den größten Begriff vom höchsten Wesen: derjenige, welcher ihn die Welt schaffen, das Daseyn der Dinge ordnen, die Natur auf beständige und unveränderliche Gesetze gründen siehet? oder derjenige, der sich bemühet oder einbildet, ihn mit Einrichtung einer kleinen Republik von Fliegen, oder mit Nachdenken über die Art beschäftigt zu finden, wie sich wohl der Flügel eines Käfers am bequemsten falten möchte?

Es giebt unter gewissen Thieren eine Art von Gesellschaft, welche sich auf die Wahl derer, aus denen sie bestehet, zu gründen scheinet, und folglich den Wirkungen des Verstandes und Vorbedachtes weit näher kömmt, als die Gesellschaft der Bienen, welche ihren Ursprung blos einer physischen Nothwendigkeit zu danken hat. Die Elephanten, die Bieber, die Affen und viele andere Gattungen von Thieren suchen und versammlen sich, laufen truppweise herum, leisten einander wechselsweise Hilfe, vertheidigen sich einander, geben sich Nachrichten und unterziehen sich gemeinschaftlicher Unternehmungen. Wenn wir dergleichen gesellschaftlichen Vereinigungen nicht selbst so viel Hinderungen in den Weg legten, und sie eben so leicht, als die Bienenschwärme, beobachten könnten, so würden wir darin vielleicht noch größere Wunderdinge bemerken, als bei diesen; sie würden aber dennoch blos aus physischen Beziehungen und Übereinstimmungen bestehen.

Man bringe nur einmal an einerlei Ort eine Menge Thiere von einerlei Gattung, so werden daraus nothwendig eine gewisse regelmäßige Anordnung und allerlei gemeinschaftlich angenommene Gewohnheiten entstehen, wie künftig bei der Geschichte des

Dam=

Damhirsches, der Kaninchen u. s. w. soll gezeiget werden. Jede gemeinschaftlich angenommene Gewohnheit gründet sich aber keinesweges auf eine verständige Erkenntniß, sondern vielmehr blos auf eine blinde Nachahmung.

Bei den Menschen gründet sich die Gesellschaft nicht sowohl auf physische Übereinstimmungen, als auf sittliche Beziehungen. Anfänglich maß der Mensch seine Stärke und Schwäche, er verglich seine Unwissenheit mit seiner Neubegierde. Er bemerkte, daß er durch sich selbst und allein der Menge seiner Bedürfnisse nicht gewachsen und sich selbst nicht genug sey. Das lehrte ihn den Vortheil einsehen, den er genießen könnte, wenn er dem unumschränkten Gebrauch seines Vortheils entsagte, um sich dadurch über den Willen anderer ein Recht zu verschaffen. Er fieng an, über den Begriff des Guten und Bösen nachzudenken, und sich unter Begünstigung des natürlichen Lichtes, womit ihn die Gnade des Schöpfers beschenkt hatte, denselben tief in sein Herz einzugraben. Er sahe bald ein, daß die Einsamkeit für ihn ein gefährlicher und streitvoller unruhiger Zustand seyn würde. Er suchte daher in der Gesellschaft Sicherheit und Frieden. Er

L 3 wen=

wendete seine Kräfte und Einsichten an, diese Sicherheit, diesen Frieden durch Vereinigung seiner Kräfte mit anderer Menschen Kräften und Einsichten zu vermehren. Diese Vereinigung war das beste, was der Mensch thun, der klügste Gebrauch, den er von seiner Vernunft machen konnte. In der That ist er blos dadurch stark, groß, und ein Beherrscher der ganzen Welt, weil er die Kunst verstand, sich selbst beherrschen, sich zähmen, sich unterwerfen, und sich selbst Gesetze vorschreiben zu können. Mit einem Worte, der Mensch ist hauptsächlich deswegen Mensch, weil er sich mit andern Menschen zu vereinigen wußte.

Freilich vereinigte sich alles, den Menschen gesellig zu machen. Obwohl die grosse gesetzmäßig eingerichtete Gesellschaften sich unstreitig auf den Gebrauch, zuweilen auch wohl auf den Mißbrauch seiner Vernunft zu gründen scheinen; so müssen doch ohne Zweifel erst kleine Gesellschaften vorhergegangen seyn, die gleichsam blos auf die Natur gegründet waren. Eine Familie ist eine natürliche, desto dauerhaftere und fester geknüpfte Gesellschaft, je mehr Bedürfnisse, je mehr Ursachen der Zuneigung und Anhänglichkeit sich dabei antreffen lassen. Der neugeborne Mensch ist fast noch gar nichts,

nichts, und in diesem Stücke bedürftiger, als
die Thiere. Nackend, schwach und aller Bewegung unfähig, ist er aller Wirksamkeit beraubet, befindet sich in einem blos leidenden Zustande, und sein Leben scheint lediglich von
dem ihm geleisteten Beistand abzuhängen.
Dieser Zustand einer schwachen, ohnmächtigen
Kindheit ist von langer Dauer. Diese Nothwendigkeit fremden Beistandes wird also zu
einer Gewohnheit, welche schon allein zureichend wäre, zwischen Kindern und Aeltern eine gegenseitige Zuneigung hervor zu
bringen. Wie aber ein Kind, mit zunehmendem Alter, den Beistand der Aeltern immer leichter entbehren lernet, und physika-
lisch betrachtet, von Zeit zu Zeit immer weniger Hilfe bedarf, obgleich die Aeltern fort-
fahren, sich mehr mit ihrem Kinde, als
dieses mit seinen Aeltern sich zu beschäftigen, so geschieht es gemeiniglich, daß die
Liebe der Kinder allmählig mehr ab= als
zunimmt. Die Zuneigung der Aeltern wird
ausschweifend, blind, abgöttisch, die Zärtlichkeit ihres Kindes bleibt laulich, und
erhält erst alsdann wieder einige Stärke,
wenn die Vernunft anfängt, den Keim der
Dankbarkeit zu entwickeln.

L 4 Die

Die Gesellschaft setzet also, wenn man sie auch nur in einer einzigen Familie betrachtet, bei den Menschen ein vernünftiges Vermögen, bei den Thieren, welche sich frei und aus Uiberlegung zu vereinigen scheinen, die Erfahrung des Gefühles, bei Thieren aber, die gleich den Bienen sich zusammen befinden, ohne sich erst aufgesucht zu haben, gar nichts voraus. Was auch immer für Folgen aus diesem Beisammenseyn entstehen mögen, so ist doch offenbar, daß alle diese Folgen von denen, welche sie ausführen, weder vorher gesehen oder geordnet, noch begriffen worden, sondern ihren Grund blos im allgemeinen Mechanismus und in den vom Schöpfer festgesetzten Regeln der Bewegung haben.

Man bringe nur einmal an einem Orte zehn tausend mit einer lebendigen Kraft beseelte und sich selbst bewegende Kunstwerke (Automates) zusammen, die alle, durch eine völlige Aehnlichkeit in ihrer innern und äußern Gestalt und durch die Gleichförmigkeit ihrer Bewegungen, an diesem gemeinschaftlichen Ort einerlei zu thun bestimmt werden; so muß daraus ohnfehlbar ein regelmäßiges Werk entstehen, in welchem sich die Verhältnisse der Gleichheit, der Aehnlichkeit und Lage befinden, weil solche von den

den Verhältnissen der Bewegungen herrühren, die wir als einander gleich und gleichförmig annehmen. Die Verhältnisse des Aneinandertreffens (juxtaposition), der Ausdehnung und Figur werden darin ebenfalls anzutreffen seyn, weil wir einen bestimmten und umgrenzten Raum voraus setzen. Wenn wir nun diesen sich selbst bewegenden Kunstwerken auch nur den kleinsten, oder nur denjenigen Grad von Empfindung einräumen, der nothwendig ist, sein Daseyn zu fühlen, nach seiner eignen Erhaltung zu streben, schädliche Sachen zu vermeiden und sich um zuträgliche zu bemühen, u. s. w.; so wird das Werk nicht allein regelmäßig, verhältnißmäßig und wohl bestellt, gleich und ähnlich seyn, sondern es wird auch das Ansehen des Ebenmaßes, der Dauerhaftigkeit, der Bequemlichkeit u. s. w. in einem sehr hohen Grade haben, weil jegliches dieser zehntausend Thiere, da sie es gemeinschaftlich hervorbrachten, den Trieb fühlte, sich auf die bequemste Art einzurichten, und weil jegliches derselben sich in der Nothwendigkeit befand, so zu wirken und sich so zu stellen, wie es en übrigen am wenigsten beschwerlich fallen konnte.

Noch ein Wort! Die Bienenzellen selbst, diese so berühmte, so bewunderte Sechsecke, geben mir einen Beweis mehr an die Hand, wodurch ich die Begeisterung und Bewunderung ihrer Beobachter beschämen könnte. Diese Figur so geometrisch und regelmäßig sie uns auch scheinen mag, und wirklich ist, wenn man sie genau betrachtet, stellet hier doch weiter nichts vor, als einen mechanischen, überdies noch ziemlich unvollkommnen Erfolg, dergleichen man in der Natur oftmals zu bemerken Gelegenheit hat, und welchen man sogar in ihren rohesten Werken antrifft. Die Kristalle, verschiedene andere Steine, auch einige Salze u. s. w. nehmen diese Bildung in ihrer Figur beständig an. Man betrachte nur einmal die kleinen Schuppen der Haut eines kleinen Meerhundes oder Meersaufisches *) und man wird gleich sehen, daß diese alle sechseckicht sind,

---

*) Herr von Buffon bedienet sich hier, ohne weitere Bestimmung, des Wortes Roussette welches allerdings zu vielen Zweideutigkeiten Anlaß geben kann; denn bei den Franzosen bedeutet es bald
1) eine Art von Fledermäusen, die wegen ihrer Größe der fliegende Hund genennet werden ꝛc. S. v. Buffon V Th. 2 B. p. 33. ꝛc.
Berl.

sind, weil jede mit andern zu gleicher Zeit
wachsende Schuppe an der andern ein Hin=
derniß findet, und im gegebnen Raum, den
möglichst größten einzunehmen suchet. Eben
dergleichen sechseckichte Figuren findet man
auch im zweeten Magen der wiederkäuenden
Thiere, in den Samenkörnern, in den Sa=
mengehäusen, in gewissen Blumen u. a. m.
Man darf nur ein Gefäße mit Erbsen oder
viel=

Berl. Samml. II Band p. 423. Vespertilio
Vampyrus Linn. XII. p. 46.

2) Eine Art von Grasemücken, welche Bel=
sonius Lusciniola nennet. S. Dict. des anim.
Tom. III. p. 725. Vallm. de Bomare Dict. d'H.
Nat. T. X. p. 114. Die Holzgrasmücke. Curruca
sylvestris s. Lusciniola. La Fauvette de Bois ou
La Roussette. Brisson Av. I. p. 419. Motacilla
Schœnobœnus Linn. XII. p. 379.

3) Eine Art von Meerhunden oder Saufischen,
besonders die kleinen Meerhunde. Canicula Ron=
del. p. 377. Roussette. Catulus major, minor
& saxatilis Vallm. de Bom. X. p. 114—116.
Squalus Canis Linn. XII. p. 399.

Was Herr von Buffon hier von den kleinen
Schuppen der Haut an den Russetten saget,
kann von den Fledermäusen wohl am aller=
wenigsten verstanden werden. In der Leipzi=
ger deutschen Ausgabe bezieht man es auf die
Grasemücken. Mir ist nicht bekannt, daß die=
se eine schuppichte Haut haben, es schien mir
daher am wahrscheinlichsten zu seyn, daß der
Herr Verfasser hier vielmehr eine Art Fische
und besonders Seehunde gemeinet habe.

M—

vielmehr mit andern walzenförmigen Körnern anfüllen, hernach aber so viel Wasser, als die Räume zwischen diesen Körnern einnehmen, hinzu gießen und nun das Wasser in dem wohlverwahrten Gefäße kochen lassen, so werden alle diese walzenförmige Körner die Gestalt sechseckichter Säulen annehmen. Die blos mechanische Ursache hiervon fällt sehr deutlich in die Augen. Jegliches dergleichen Korn sucht, indem es beim Kochen aufquillt, in einem gegebnen Raume den möglichst größten auszufüllen, sie müssen daher, durch ihren Druck und durch den Widerstand der andern, alle nothwendig ein sechseckichte Figur bekommen. Auf gleiche Art suchet jede Biene in dem gegebnen Raum den möglichst größten einzunehmen. Es war daher, bei der walzenförmigen Figur des Körpers der Bienen, unvermeidlich, sechseckichte Zellen zu bauen, weil hier eben die Ursache der gegenseitigen Hinderungen statt findet.

Man pflegt gemeiniglich denjenigen Fliegen, deren Arbeiten die regelmäßigsten sind, mehr Witz, als andern beizumessen. Die Bienen, sagt man, sind erfinderischer, und witziger, als die Wespen, Hornissen u. a. m. die zwar ebenfalls geschickte Baumeister vorstellen, die aber mehr aus dem Groben

und

und nicht so regelmäßig als die Bienen bauen. Man scheint mit Fleiß nicht sehen oder daran denken zu wollen, daß diese verschiedene Grade von Regelmäßigkeit einzig und allein von der Anzahl und Figur, keinesweges aber vom Verstande dieser kleinen Thierchen abhänge. Je häufiger sie zusammen sich befinden, desto mehr sind im gleichen Grade wirkende und sich widerstehende Kräfte, desto mehr ist mechanischer Zwang, desto mehr erzwungene Regelmäßigkeit und scheinbare Vollkommenheit in ihren Werken vorhanden.

Ohnerachtet alles dessen, was die enthusiastischen Lobredner gewisser Insekten von diesen kleinen Geschöpfen sagen mögen, werden doch diejenigen Thiere, deren Figur und organischer Bau den Menschen am nächsten kömmt, allemal im Besitz ihrer Vorrechte bleiben, und in Ansehung ihrer innern Eigenschaften allen andern beständig vorgezogen werden müssen: ob wohl diese Eigenschaften sich von den menschlichen unendlich weit unterscheiden, und, wie bereits erwiesen worden, weiter nichts, als Erfolge der Uibung und Erfahrungen ihres Gefühles vorstellen, so muß man ihnen doch auch schon um dieser Eigenschaften willen, einen großen Vorzug vor den Insekten eingestehen.

hen. Wie nun alles in der Natur nach unmerklichen Abfällen gehet, so kann man gar wohl eine Kette zu Beurtheilung der innern Eigenschaften jedes Thieres bilden und zum ersten Gliede den materialischen Theil des Menschen annehmen, hernach aber die Thiere nach verschiedenen Weiten in eine Reihe stellen, je nachdem sie nämlich in Ansehung der äußern Gestalt und ihres innern organischen Baues den Menschen sich mehr oder weniger nähern oder sich von ihm entfernen.

Nach diesem Maßstabe beurtheilet, würden der Affe, der Hund, Elephant und andere vierfüßige Thiere die erste, die Wallfische, weil sie, gleich den vierfüßigen Thieren und Menschen, Fleisch und Blut haben, und ihre Jungen lebendig zur Welt bringen*), die zwoote die Vögel aber, weil sie,

---

*) Dieser Charakter ist, meines Erachtens, nur auf die wenigsten Fische, und besonders auf die Wallfischarten und Aale, paßlich. Ist es aber nicht bei den allermeisten Arten gewöhnlich, durch Roggen oder Eier sich zu vermehren? und in welche Klasse würde man hernach die große Menge der übrigen Fischgattungen zu bringen haben, wenn die zwoote Klasse blos aus Wallfischen, die britte aber aus Vögeln bestehet? Wär es nicht sehr wohl gethan, wenn ein

sie, alles genau erwogen, mehr als Fische und vierfüßige Thiere, vom Bau der Menschen abweichen, die dritte Klasse ausmachen. Wenn sich nicht gewisse Wesen, als Austern und Polypen, fänden, welche sich von Thieren und Menschen so sehr, als möglich, unterscheiden, so würde man die Insekten mit Recht für Thiere vom letzten Range zu halten haben *).

Wenn ein sonst so großer Mann, in dessen Augen aber alle Methodisten gleichsam lauter flatternde Irrlichter sind, entweder nie an methodische Eintheilungen gedacht, oder andere Methodisten etwas billiger beurtheilet hätte?

M—

*) Also gehören diese nur mit der Bedingung zum Thierreich, wenn sie das nicht wären, was sie sind? Weil ihnen aber, als lebenden und sich willkührlich bewegenden Geschöpfen, ihrer großen Ungleichheit wegen mit andern Thieren und mit den Menschen, auch nicht einmal der letzte Rang im Thierreiche, nach Herrn von Buffon, mit Recht eingeräumet werden kann, so hätte der Herr Verfasser doch wenigstens bestimmen sollen, in welchem Reich er sie lieber sehen mögte. Die Insekten scheint er noch an der Grenze des Thierreiches dulden zu wollen, aber die Würmer? die Austern? Ich dächte doch, sie hätten ebenfalls mehr von der Natur der Thiere, als der Pflanzen oder Steine, und könnten daher gar wohl nach dem Beispiele des Archiaters, als eine verlorne Schildwach an die äußersten Grenzen des Thierreiches gestellet werden.

M—

Wenn aber die Thiere weder Verstand noch Witz oder Gedächtniß, noch irgend eine Art von Erkenntniß besitzen; wenn alle ihre Eigenschaften, sich bloß auf ihre Sinne gründen, wenn sie bloß auf die Ausübung und Erfahrungen ihrer Empfindung eingeschränket sind, woher soll denn die Art von Vorsichtigkeit entstehen, die man bei gewissen Thieren will beobachtet haben? Kann ihnen wohl die Empfindung allein den Anschlag eingeben, den Sommer über Lebensmittel einzusammeln, um im Winter keine Noth leiden zu dürfen? Setzet nicht ein solches Unternehmen eine Vergleichung der Zeit, einen Begriff des Zukünftigen, eine überlegte Sorge bei ihnen zum voraus? Warum findet man in den Löchern der Feldratten *) gegen den Ausgang des Herbstes die Eicheln so häufig, daß diese Thiere bis zum künftigen Sommer davon leben können? Warum pflegt man in den Bienenkörben eine

*) Durch das französische Wort Mulot wird nicht sowohl der Hamster, wie man in der Leipziger Ausgabe in 4to. glaubet, als vielmehr die große Feldmaus, Mus agrestis major, verstanden. S. Vallm. de Bomare Dict. d'H. Nat. T. VII. p. 265. Art. Mulot. Den eigentlichen Hamster hat Herr von Buffon gar nicht gekannt, den Mulot aber oder die große Feldmaus im IV Th. I B. p. 175 beschrieben.
M—

ne so reiche Wachs= und Honigernte anzutreffen? Warum sammlen sich die Ameisen einen so beträchtlichen Vorrath? Würden sich die Vögel wohl Nester bauen, wenn sie nicht wüßten, daß ihnen dieselben unentbehrlich wären, ihre Eier darein zu legen und ihre Jungen darin zu erziehen, u. s. w.? Woher entstehen so viel andere ganz besondere Begebenheiten, die man z. B. von der Vorsichtigkeit der Füchse zu erzählen pfleget, welche ihren Raub an unterschiedenen Orten verbergen, um ihn im Nothfall wieder zu finden und sich viele Tage davon zu nähren? oder von der Scharfsinnigkeit der Eulen, welche mit ihrem erbeuteten Vorrath von Mäusen so sparsam umzugehen wissen, daß sie, um keine Durchläufer zu bekommen, ihnen vorher die Pfoten abfressen? oder von der wunderbaren Tiefsinnigkeit der Bienen, die gleichsam vorher wissen, ihre Königin werde zu einer bestimmten Zeit eine gewisse Anzahl Eier von einer gewissen Art, woraus männliche Fliegen, zugleich aber eine gewisse Anzahl von anderer Art legen, woraus Zwitterfliegen kommen müssen; die also, vermöge dieser Vorhersehung, eine gewisse Anzahl ihrer Zellen für die ersten größer, eine andere Anzahl aber, für die letztern, kleiner bauen u.s.w.?

Buffons allg. Nat. 7B. M Ehe

Ehe wir uns auf die Beantwortung dieser Fragen, oder auf die Beurtheilung der Sachen selbst einlassen, sollten wir wohl billig erst überzeugt seyn, daß diese Begebenheiten wirklich und unstreitig wahr, und, anstatt von Pöbel oder von Beobachtern, die bloße Wunder zu sehen pflegen, erzählet worden zu seyn, vielmehr von vernunftliebenden Personen wahrgenommen, und von Weltweisen aufgezeichnet worden sind. Ich bin versichert, bei reifem Nachdenken würden alle diese vorgegebne Wunder verschwinden, zugleich aber die Ursach einer jeden dieser Wirkungen besonders endeckt werden. Wenn man aber auch auf einen Augenblick die Wahrheit aller angeführten Vorfälle zugeben, wenn man den Thieren, mit ihren Lobrednern zugleich, die Vorherempfindung, Vorhersehung, und sogar eine Kenntniß des Zukünftigen eingestehen wollte, könnte daraus wohl ein sicherer Schluß gemacht werden, daß alles dieses bei ihnen eine Wirkung des Verstandes wäre? In diesem Fall würden sie am Verstande die Menschen weit übertreffen; denn wir können alles blos muthmaßlich vorher sehen, und haben von der Zukunft nur sehr zweifelhafte Begriffe. Mit aller Aufklärung unserer Seele können

wir

wir kaum die Wahrscheinlichkeit zukünftiger Sachen einigermaßen erkennen: folglich müßte in den Thieren, welche mit einer gewissen Zuverläßigkeit in die Zukunft blicken, weil sie sich im Voraus und ohne jemals zu irren, bestimmen, etwas viel Erhabneres, als unser Quell der Erkenntniß, verborgen seyn, ja sie müßten eine viel durchbringendere und hellsichtigere Seele als die Menschen haben. Wie kann sich aber eine solche Folgerung mit unserer Religion und Vernunft vertragen?

Die Thiere können also ihre Kenntniß des Zukünftigen unmöglich durch einen Verstand haben, welcher dem unsrigen ähnlich ist, weil wir selbst uns nur mit sehr zweifelhaften und ungewissen Begriffen davon, behelfen müssen. Wodurch sollte man also den Leichtsinn entschuldigen, wenn man ihnen eine so erhabne Eigenschaft beilegen wollte? Warum sollten wir uns muthwillig einer so großen Erniedrigung schuldig machen? Gesetzt also, die angezeigte Begebenheiten könnten gar nicht in Zweifel gezogen werden, urtheilte man alsdann wenigstens nicht viel klüger, wenn man die Ursachen derselben aus den Gesetzen der Bewegung herleitete, welche, gleich allen

an-

andern Gesetzen der Natur, durch den Willen des Schöpfers festgesetzet worden?

Eben die Sicherheit, mit welcher die Thiere, nach der gewöhnlichen Meinung, zu handeln, eben die Gewißheit, mit welcher sie sich zu bestimmen pflegen, wäre schon zureichend, uns auf den Schluß zu leiten, daß alles dieses blos mechanische Wirkungen seyn müssen. Das allerdeutlichste Merkmal der Vernunft besteht in Zweifel, in der Uiberlegung und Vergleichung; Bewegungen aber und Handlungen, welche lauter bestimmte Gewißheit verrathen, pflegen zu gleicher Zeit einen Mangel an Vernunft und eine mechanische Nothwendigkeit anzukündigen.

Da inzwischen die Gesetze der Natur, so weit sie uns bekannt sind, in der That nur allgemeine, die angeführte Begebenheiten aber nur lauter ganz besondre Wirkungen ausmachen, so wäre es allerdings nicht sehr philosophisch gedacht, auch dem Begriff, den wir vom Schöpfer haben müssen, sehr nachtheilig, wenn man seinem Willen unnützer Weise so viel kleine Gesetze aufbürden wollte. Hieße das nicht seiner Allmacht so wohl, als der edlen Einfalt der Natur, Gewalt anthun, wenn man sie, nach eignem Gutdünken, mit einer solchen Menge

be=

besonderer Gesetze belästigen wollte, deren eines blos für die Fliegen, ein anderes blos für die Nachteulen, ein drittes blos für die großen Feldratten u. s. w. gemacht zu seyn schiene? Sollte man sich nicht vielmehr äußerst bestreben, diese besondere Wirkungen alle auf allgemeine zurück zu führen? oder, wenn dieses nicht möglich wäre, die Sache lieber gar unberührt zu lassen und sich aller Erklärungen so lange zu erhalten, bis wir endlich, durch neue Begebenheiten und Aehnlichkeiten, deren Ursach etwas näher einsehen lernten?

Wir wollen aber doch wirklich einmal versuchen, ob diese Begebenheiten so ganz unerklärbar, so außerordentlich wunderbar und so ausgemacht sind, als man glaubet? Die Vorhersehung der Ameisen war ein blosses Vorurtheil. Man legte ihnen diese Eigenschaft bei, als man sie erst obenhin, man sprach sie denenselben aber gleich wieder ab, als man sie näher beobachtete. Sie liegen den ganzen Winter hindurch in einer Betäubung. Ihr gesammleter Vorrath ist also für sie ein unnützer Klumpen, welcher ohne Absicht ohne Kenntniß des Zukünftigen zusammengeschleppet wurde. Die Kenntniß der Zukunft, wenn sie diese besäßen, wür-

M 3   be

de sie vielmehr gelehrt haben, das vergebliche ihrer Bemühungen und die Unnützlichkeit ihres Vorrathes einzusehen.

Ist es nicht ganz natürlich, daß die Thiere, die einen beständigen Aufenthalt haben, wohin sie gewöhnlicherweise die Nahrungsmittel, welche sie wirklich brauchen und welche ihrem Appetite schmeicheln, zusammentragen, viel mehr davon aufsammeln, als ihre Bedürfnisse nothwendig erfordern? Sie werden darzu blos durch die Empfindung, durch das Vergnügen des Geruches oder eines andern Sinnes gereizet, blos durch die angenommene Gewohnheit, ihre Nahrungsmittel fortzuschleppen, um sie hernach in Ruhe verzehren zu können. Folgt hieraus nicht augenscheinlich, daß diese Geschöpfe blos Empfindung und nichts weniger, als Vernunft besitzen? Das ist auch die Ursache, warum die Bienen mehr Wachs und Honig eintragen, als zu ihrem Unterhalt erfordert wird. Wir haben also den Vortheil, den wir von ihnen ziehen, nicht so wohl ihrer Vernunft, als den Wirkungen ihrer Dummheit zu verdanken. Der Verstand würde sie nothwendig antreiben, nur gerade so viel zu sammlen als ihre Bedürfnisse von ihnen fodern, und sich die Mühe wegen

gen des Uibrigen desto leichter zu ersparen,
da sie durch die betrübtesten Erfahrungen
belehret worden, daß ihre Mühe gänzlich verlo-
ren ist, weil man sie alles Uiberflusses nicht
allein zu berauben pfleget, sondern auch denselben zu einem Bewegungsgrund annimmt,
sie zu bekriegen, zu verderben und in ihrer
Gesellschaft oftmals zu stören. Sie arbeiten so zuverläßig aus bloßem Antrieb einer blinden Empfindung, daß man sie gleichsam nöthigen kann, so viel zu arbeiten,
als wir von ihnen verlangen. So lang
es noch in einer Gegend, wo sie stehen,
Blumen giebt, welche sie zuträglich finden,
lassen sie nicht nach, Honig und Wachs daraus zusammen zu tragen. Sie hören ehe
nicht auf zu arbeiten und zu ernten, als
wenn sie gar nichts mehr einzutragen finden.

Man ist schon auf den Einfall gerathen,
die Bienen in andere Gegenden und Länder
zu bringen, wo noch Blumen wachsen und
blühen. Sie haben in diesem Fall ihr Geschäfte von neuem angefangen und so lange wieder gesammlet und eingetragen, bis
auch die Blüthen dieser neuen Gegend erst
alles Wachses und Honigs beraubet und
hernach verdorben waren. Bringet man sie
hernach in eine dritte Gegend, wo noch spä-

M 4 te-

tere Blumen blühen, so werden sie zum drittenmal, so emsig als vorher, zu sammlen anfangen. Ihre Arbeit ist also keine Vorsicht, keine in der Absicht übernommene Bemühung, sich einen Vorrath zu sammlen, sondern vielmehr eine von ihren Empfindungen ihnen auferlegte Bewegung, die so lange dauert und sich so vielmal erneuert, als noch Gegenstände, worauf sie sich beziehen, vorhanden sind.

Um die nähere Kenntniß der großen Feldmäuse habe ich mich besonders bemühet und einige ihrer Löcher untersuchet. Gemeiniglich bestehen sie aus zween Gängen. In dem einen werfen sie allemal ihre Jungen, in dem andern schleppen sie alles zusammen, was ihre Freßbegierde reißet. Die von ihnen selbst verfertigte Löcher sind nicht groß, und können auch nur einen kleinen Vorrath von Getreide fassen. Wenn sie aber unter dem Stamm eines Baumes irgend einen weiten Raum finden, so pflegen sie sich daselbst einzunisten, und ihn, so gut sie können, und nach Beschaffenheit der Gegend ihres Aufenthaltes, mit Getreide, Nüssen, Eicheln u. s. w. anzufüllen. Ihr Vorrath stehet also keines weges mit ihren Bedürfnissen, sondern blos mit der Größe

des

deß Raumes, den sie eben einnehmen, in Verhältniß.

Wir haben also bereits die Proviantkammern der Ameisen, Bienen und Feldmäuse unter dem Bild unnützer Klumpen vorgestellet, welche ohne Absicht und Verhältniß zusammen getragen werden. Alle die kleinen besondern Gesetze ihrer vermeinten Vorhersehung verlieren sich demnach in dem wirklichen und allgemeinen Gesetze der Empfindung. Eben dieses wird man auch von der eingebildeten Vorhersehung der Vögel sagen müssen. Um einen Grund von Erbauung ihrer Nester anzugeben, ist es gar nicht nöthig, ihnen erst eine Kenntniß des Zukünftigen anzudichten oder seine Zuflucht zu einem besondern Gesetze zu nehmen, das der Schöpfer deshalb in ihre Natur geleget. Sie werden vielmehr stufenweise darzu angetrieben. Anfänglich finden sie einen schicklichen Ort. Hier suchen sie sich einzurichten und alles dahin zu tragen, was ihn zu ihrem Aufenthalt bequemer zu machen im Stande ist. Dieses Nest ist also nichts anders, als ein Ort, welchen sie sich aussuchen, um ihn ohne Beschwerlichkeit und in Ruhe bewohnen zu können. Die Liebe ist eigentlich die Empfindung, welche sie bei dieser Arbeit leitet und sie darzu antreibet.

Sie

Sie haben wechselsweise, ein Geschlecht des andern nöthig und scheinen sich beisammen wohl zu befinden. Sie suchen sich zu verbergen, und, so viel möglich, von der ganzen übrigen Welt abzuziehen, welche ihnen zu solcher Zeit mehr als jemals lästig und gefährlich seyn würde. Sie setzen sich also auf die am dichtesten bewachsene Stellen der Bäume, an die unzugänglichsten und dunkelsten Oerter. Damit sie daselbst sich desto besser behaupten und mit einer desto mehreren Bequemlichkeit wohnen können, packen sie Blätter und andere kleine Materialien zusammen, und arbeiten um die Wette an ihrer gemeinschaftlichen Wohnung. Einige die weniger geschickt sind, oder nicht so feine Sinne haben, bauen blos aus dem Groben, andere begnügen sich an dem, was sie bereits fertig antreffen, und haben keine andere Herberge, als zufällig entdeckte Löcher oder Gefäße, die man ihnen vorleget. Alle diese Bauarten richten sich nach der Beschaffenheit ihres organischen Baues, und beruhen lediglich auf der Empfindung, die aber, so stark sie auch immer seyn mag, sich unmöglich bis zu Vernunftschlüßen erheben, am wenigsten aber eine anschauende Vorhersehung oder eine solche Kenntniß des

Zu=

Zukünftigen, die man ihnen andichtet, hervorbringen kann.

Durch die bekanntesten Beispiele läßt sich dieses kürzlich erweisen. Die Thiere wissen so wenig etwas von dem, was geschehen soll, als von dem, was schon geschehen ist. Die Henne weiß nicht einmal ihre Eier von andern Vogeleiern zu unterscheiden. Sie merket nicht einmal, daß die kleinen Enten, welche sie ausbrütete, ihr gar nicht angehören. Sie pflegt schalkhaft untergeschobne Eier von Kreide mit eben der aufmerksamen Sorgfalt, als ihre eigenen zu brüten, sie weiß also nichts, weder vom Vergangenen, noch vom Zukünftigen, und betrügt sich sogar beim Gegenwärtigen.

Warum sieht man denn das Hausgefieder nicht eben solche Nester, wie andere Vögel bauen? Etwa deswegen, weil das Männchen hier vielen Weibchen zugehört? Oder vielmehr darum, weil sie, als zahme Hausthiere, vor allen Beschwerlichkeiten und Gefahren sicher zu leben gewohnt sind, und sich weder den Augen andrer entziehen, noch ihre Sicherheit in der Entfernung und in der Einsamkeit suchen dürfen? Die Sache selbst redet für diese Meinung. Denn wilde und
zah=

zahme Vögel von einerlei Art pflegen oft sehr verschiedentlich zu handeln. Das Feldhuhn und wilde Enten bauen sich Nester, welches man bei den Haushennen und bei den zahmen Enten niemals bemerket. Also sind sowohl die Vogelnester und Bienenzellen, als der Vorrath, welchen die Bienen, Ameisen, Feldratten u. a. m. zusammenschleppen, nichts weniger, als ein Beweis eines Verstandes dieser Thiere; sie haben eben so wenig ihren Grund in einigen besondern, für jede dieser Gattungen gemachten Gesetzen. Vielmehr gründen sie sich, wie alle andere Verrichtungen der Thiere, auf die Anzahl, Gestalt, Bewegung, auf den organischen Bau und auf die Empfindungen, als auf diejenigen Gesetze der Natur, die bei allen belebten Wesen überhaupt statt finden, und auf alle gemeinschaftlich angewendet werden können.

Es ist gar nicht zu bewundern, daß ein Mensch, der sich selbst nur so wenig kennt, seine Empfindungen und Begriffe so vielfältig vermenget, einen so schlechten Unterschied unter den Wirkungen seiner Seele und seines Gehirnes machet, einen Vergleich zwischen sich und den Thieren anstellet, und sich nicht lange bedenket, zwischen ihnen und sich

ich keinen andern Unterschied festzusetzen, als der sich auf etwas mehr oder weniger Vollkommenheit in den organischen Werkzeugen gründet. Kann es wohl anders seyn, als daß ein solcher Mensch die Thiere gerade solche Schlüsse machen, sie eben so gut einander verstehen, und sie eben so, wie die Menschen sich bestimmen läßt, wenn er ihnen nicht nur solche Eigenschaften, die er selbst, sondern auch solche beileget, die er selbst nicht besitzet? Der Mensch prüfe, zergliedere und ergründe sich aber einmal selbst; wird er dann den Adel seiner selbst nicht gleich erkennen? das Daseyn seiner Seele nicht gleich empfinden? Wird er nicht sogleich aufhören, sich zu erniedrigen und unverzüglich den unendlichen Unterschied mit einem Blick übersehen, wodurch das höchste Wesen ihn von den Thieren ausgezeichnet hat?

Gott allein sieht in das Vergangene, Gegenwärtige und Zukünftige. Er war von Ewigkeit her und siehet in alle Zeiten. Der Mensch, dessen Dauer so wenig Augenblicke währet, siehet nichts, als diese Augenblicke. Aber eine lebende, unsterbliche Macht vergleichet, unterscheidet und ordnet diese Augenblicke. Durch sie kann er das Gegenwärtige erkennen, vom Vergangenen urtheilen, und

und das Zukünftige vorhersehen. Wollte man dem Menschen dieses göttliche Licht entziehen, so würde man ihn ganz verlöschen, sein Wesen verdunkeln, und nichts als ein Thier übrig lassen, das vom Vergangenen gar nichts wüßte, keine Zukunft erwartete, und sogar vom Gegenwärtigen keinen deutlichen Begriff hätte.

Anhang

Vom Instinkt der Thiere *).

Les Bêtes ne sont pas si Bêtes que l'on pense.

Da Herr von Buffon, in Ansehung der thierischen Fähigkeiten, fast gänzlich zum bloßen Mechanismus, der uns doch in tausend Fällen bei den Thieren verdächtig scheinet, geneigt ist, so werden unsere

---

*) Von den Naturtrieben der Thiere, von ihren Fähigkeiten und über die bedenkliche Frage: ob sie eine Seele haben? lese man

1) Herrn Sam. Reimari allgemeine Betrachtungen über die Triebe der Thiere ꝛc. 2 Ausgabe Hamb. 1762. 8vo.

a)

sere Leser hoffentlich nicht ungern sehen, wenn wir in diesem Anhang, anstatt in häufigen Anmerkungen den Faden seiner Beweise oft unterbrochen zu haben, ihnen lieber aus dem Dict. Encyclopédique eine zu=

2) Desselben angefangene Betrachtungen über die besondern Arten der thierischen Kunsttriebe. Nebst einem Anhang von D. Joh. Albert Heinr. Reimarus. Hamb. 1773. 8vo.

3) Herrn Karl Bonnets Betrachtung über die Natur mit spallanzanischen Zusätzen vom Herrn Prof. Titius, 2te Auflage Leipz. 1772. 3te Auflage 1774. gr. 8vo. p. 74. 93. und 367.

4) Herr de la Chambre Betrachtung über der Thiere Erkenntniß, Naturtrieb und Abscheu. Leipz. 1751. 8vo.

5) Joh. Fr. Meyers Versuch eines neuen Lehrgebäudes von den Seelen der Thiere. 2te Auflage Halle 1756. 8vo.

6) Philosophischer Zeitvertreib über die Thiersprache. Aus dem Französischen Frf. u. Leipz. 1740. 16½ Bog. 8vo.

7) Verschiedene Meinungen einiger Weltweisen von der Existenz der Seelen der Thiere, in einer Gesellschaft von gu=

zusammenhängende Geschichte von den Meinungen anderer Weltweisen, in Absicht des thierischen Instinktes vorlegen und ihnen die Vergleichung der unterschiedenen Meinungen selbst überlassen oder ihnen wenigstens die

guten Freunden untersucht, 2te Auflage Leipz. 1741. 5 Bogen 8vo.
8) Frage: Ob die Seelen der Thiere Verstand haben? Leipz. 1742. 6 Bogen 8vo.
9) Les Bêtes mieux connues par Mr. l' Abbé Joannet. Entretiens. 2 Vol. à Par. 1770.
10) Suite de l'Essai de la raison avec un examen de l'ame des Bêtes par Mr. Keranflech. à Rennes 1758.
11) Lettera del Sgn. Comte Luigi Barbieri, Vicentino, contenente l'essame d'un libro anonymo Francese sopra l'anima delle Bestie. in Vicenza 1764.
12) Hamb. Journal II. B. 1765 p. 117. Von den Seelen der Thiere.
13) Hamb. Magaz. IX. B. p. 364. Von der Vernunft der Thiere.

die nächste Gelegenheit an die Hand geben, die Summe der Wahrscheinlichkeiten der einen oder der andern Meinung selbst aufzusuchen.

Das

14) Neues Hamb. Magaz. 1771. 59 St. p. 475. Westhofs Versuch eines Beweises für die Wirklichkeit der Seelen der Thiere, aus ihrer Fertigkeit zum Unterricht.

15) Die Ehre Gottes in den Werken der Schöpfung, III. B. 1768 p. 321. Vernunft= und Gewissenähnlichkeit der Thiere.

16) Nouv. Recueil pour l'Esprit & pour le Coeur. à Zelle Tom. VII p. 17 — 32.

17) Journ. Encycloped. 1769. Tom. VII. p. 337. Remarques sur l'Instinct.

18) Lettres sur les animaux par un Physicien de Nuremberg. Gaz. litt. de l'Eur. 64. Juin p. 242. Juill. & Sept. p. 3 — 17. Journ. Etrang. 63. Sept. p. 52. Berl. Magaz. I. Band.

Das Principium, welches die Thiere in ihren Handlungen leitet, wird eigentlich der Instinkt genennet. Von welcher Art aber daſſelbe ſey? und wie weit ſich dieſer Grundquell ihrer Handlungen erſtrecke? darüber ſind die Meinungen der Weltweiſen immer noch ſehr getheilet. Ariſtoteles hatte den Thieren eine ſinnliche Seele beigeleget, deren Vermögen er auf Empfindung und Gedächtniß einſchränkte; das Vermögen aber über ihre Handlungen nachzudenken, ſie zu vergleichen und Folgen daraus zu ziehen, war ihnen gänzlich und mit Recht abgeſprochen. Laktanz war bereit, ihnen, mit Ausſchließung der Religion, alle Vorzüge des menſchlichen Geſchlechtes einzuräumen. Deskartes war auf der andern Seite, wie Herr von Buffon, wieder allzuweit von den Meinungen ſeiner Vorgänger abgegangen. Weil er in den Handlungen unterſchiedener Thiere von einerlei Gattung eine gewiſſe Gleichförmigkeit bemerkte, ſo ließ er ſich einfallen, alles durch einen bloßen Mechanismus erklären zu wollen. Allein vor den forſchenden Blicken geübter Augen offenbaret ſichs gar bald, daß dieſe Gleichförmigkeit mehr ſcheinbar, als wirklich iſt. Aufmerkſame Jäger haben faſt nie zween Füchſe, deren Liſt ſich

vollkommen gleich war, oder zween Wölfe
gesehen, deren Raubbegierde eben dieselbe gewesen wäre *).

Einigen Gottesgelehrten schien die Meinung des Deskartes den Religionsgründen
sehr angemessen zu seyn. Man lasse doch
aber das Thier nur immer einige Fähigkeiten mit den Menschen gemein haben;
dennoch wird es allemal in einem unbeschreiblichen Abstand von ihnen entfernet
bleiben. Findet sich nicht zwischen Menschen und Engeln ein eben so großer Abstand, obwohl jene mit diesen Freiheit und
Unsterblichkeit, welche sie dem Throne Gottes nähern, mit einander gemein haben?

Die Zergliederungskunst zeigt uns in den
Thieren sinnliche Werkzeuge, welche den unsrigen gleich und zu eben den Absichten und
Verrichtungen bestimmet sind. Das thierische

*) Die Art sagt Herr Bonnet, womit die Thiere in ihrem Betragen abwechseln, ist einer der
stärksten Beweisgründe, daß sie keine bloße
Maschinen sind. Der Weltweise, der ihnen
Seelen beimisset, gründet sich auf die Aehnlichkeit ihrer sinnlichen Werkzeuge und ihrer
Handlungen mit den unsrigen. Diejenigen,
welche diese Seele für materialisch halten, bedenken gar nicht, daß die Einfachheit der Empfindung den Eigenschaften der Materie widerspreche.

sche Empfindungsvermögen zeigt sich auch in allen ihren Handlungen unwidersprechlich. Sie fühlen eben das, was wir empfinden, wenn äußere Gegenstände auf die Werkzeuge ihrer Sinnen wirken. Wer in einem ängstlichen thierischen Geschrei keinen Schmerz entdecken, wer den sichtbaren Zeugen der Freude, der Ungeduld und des Verlangens nicht glauben will, was soll man dem antworten? Er scheint sich seine Sinnen selbst abzuleugnen.

So gewiß die Thiere das Empfindungsvermögen besitzen, eben so klar scheint sich auch an ihnen die Erinnerungskraft zu offenbaren. Ohne Gedächtniß würde kein Hund folgsam zu machen, und alle Abrichtung der Thiere unmöglich seyn. Der Gebrauch dieses Vermögens macht sie fähig, eine vergangene Empfindung mit einer gegenwärtigen zu vergleichen *). Alle Ver=

glei=

---

*) Das ist es aber eben, was ihnen Herr von Buffon gänzlich, und zwar nach Herrn Reimari Meinung, mit Recht, abstreitet. Herr Bonnet sagt hingegen l. c. r. 367. Die Einbildungskraft und Gedächtniß zeigen sich bei unterschiedlichen Arten von Thieren; jene in ihren Träumen, dieses in der Erinnerung dessen, was mit ihnen vorgegangen ist. Die Oerter und Personen, die beseelten und unbeseel=

Ge=

gleichungen zwischen zweierlei Sachen bringen ein Urtheil hervor; es ist also ausgemacht, daß die Thiere auch urtheilen *). Bei einem Hünerhunde z. B. hält der Schmerz der Schläge, an welchen sein Gedächtniß ihn erinnert, dem Vergnügen das Gleichgewicht, welches er bei Verfolgung eines aufgejagten Hasens empfindet. Aus der Vergleichung dieser beiden Empfindungen entstehet das Urtheil, wornach er seine Handlung einrichtet. Zuweilen wird er von der lebhaftern Empfindung des Vergnügens hingerissen; sobald aber öftere Schlä-

---

Gegenstände bilden sich in ihrem Gehirn aufs neue ab, und nach diesen Vorstellungen pflegen sie zu handeln. Hr. Reimarus unterscheidet l. c. p. 28—33 und Anhang p. 43. die Erinnerungskraft von dem Gedächtniß. Dieses hat er den Thieren eingeräumet, jene hingegen abgesprochen. Er versteht aber alsdann unter dem Gedächtniß der Thiere mit dem Aristoteles jede Erneuerung der vergangnen Vorstellung, wobei sie das Vergangne nicht vom Gegenwärtigen unterscheiden, und also jenes mit diesem für einerlei halten.

*) Insofern Herr von Buffon den Thieren die Fähigkeit, Vergleichungen anzustellen, aus wichtigen Gründen ableugnet, müßte nach seinen Grundsätzen auch nothwendig die Beurtheilungskraft, als eine Folge derselben, wegfallen. Cf. Reimarus l. c. p. 37. it. p. 269. §. 122.

Schläge ihm das Andenken des Schmerzes tiefer einprägen, verlieret das Vergnügen bei der angestellten Vergleichung. Er denket über das Vergangne nach, und dadurch wird seinem Gedächtniß ein dauerhafter Begriff von einer gewissen Verbindung zwischen einem Hasen und den erlittnen Schlägen eingepräget. Mit der Zeit erhält diese Vorstellung eine so überwiegende Stärke, daß er zuletzt, beim Anblick eines Hasens, den Schwanz anzieht und schüchtern zu seinem Herrn zurückkehret. Durch die Gewohnheit, so oft einerlei Urtheile zu fällen, erhalten endlich diese ein so natürliches Ansehen, daß man von der Überlegung nichts mehr bemerket, wodurch solche Urtheile zu Grundsätzen geworden sind.

Erfahrung, durch Nachdenken unterstützet, lehret das Wiesel, ein zuverläßiges Urtheil über das Verhältniß der Größe seines Körpers und derjenigen Oefnung fällen, durch welche es hindurch kriechen will. Eine auf solche Art einmal festgesetzte Vorstellung wird, durch Wiederholung der daraus entstandnen Handlungen, endlich dem Thiere so geläufig, daß sie demselben alle vergebliche Versuche ersparet.

Die Begriffe von den Verbindungen zwischen mehrern Dingen sind nicht der einzige Vortheil, welchen die Thiere der Uiberlegung zu danken haben. Sie erwerben sich, durch eben den Weg, noch verwickeltere Begriffe, welche sie hernach zur Richtschnur ihrer Handlungen annehmen, und ohne welche sie zuverläßig in tausend gefährliche Irrthümer verfallen würden. Der Geruch einer Lockspeise kann zwar einen alten Wolf nach einem Orte hinlocken, wo man ihm Fallen geleget hat; allein jetzt kömmt er näher hinzu. Seine Nase lehret ihn, daß in diesen Gegenden ein Mensch gegangen sey. Dieser Begriff scheint ihm Gefahr und Nachstellungen anzukündigen. Er bedenkt sich, kömmt nach einigen Nächten wieder in die Gegend, aus welcher ihn die Besorgniß einiger Gefahr entfernt hatte. Wofern der Jäger nicht alle Kunstgriffe anwendet, einen solchen Wolf von Entdeckung der Falle abzuhalten; wofern ein solcher Wolf die mindeste Spur von Eisen bemerkt: so wird dieses durch Erfahrungen unruhig geworden Thier durch nichts wieder sicher gemacht werden können.

In den Begriffen also, die ein solches Thier allmählig durch Empfindung und Uiberlegung erworben hat, und welche sowohl
von

von der Einbildungskraft, als vom Gedächtniß in ihrer Ordnung vorgestellet werden, bestehet das ganze System seiner Kenntnisse und die ganze Kette seiner Gewohnheiten. Die Aufmerksamkeit, eine Wirkung der lebhaftesten Empfindung seiner Bedürfnisse, präget dem Gedächtniß alle die Begebenheiten ein, die sich zum Unterrichte des Thieres vereinigen. Je dringender demnach die Bedürfnisse solcher Thiere sind, desto mehr auf solche Art erlangte Kenntnisse müssen sie vor andern voraus haben. Der Augenschein und die Erfahrung bestätigen es, daß das Verhältniß der Bedürfnisse das Maß der Klugheit sey, mit welcher jede Gattung sowohl, als jedes Thier insbesondre begabet ist. Je häufiger und je bringender die Bedürfnisse, desto ausgebreiteter ist auch das System der Kenntnisse eines Thieres.

Die Thiergeschlechter, welche sich vom Pflanzenreiche nähren, erhalten aus der freigebigen Hand der Natur eine Nahrung, welche sie ohne Mühe und Nachdenken allenthalben finden können. Sie wissen, wo für sie Gras wächset, und wo die Bäume stehen, welche für sie Eicheln u. s. w. tragen. Ihre Kenntniß bleibt hier auf die Erinnerung einer einzigen Begebenheit

heit eingeschränket, und ihr Betragen scheint in diesem Fall sehr einfach und beinahe maschinenmäßig zu seyn.

Mit den fleischfressenden Thieren verhält sichs ganz anders. Sie befinden sich in der Nothwendigkeit eine Beute aufzusuchen, die sich vor ihren Nachstellungen zu verbergen pflegt. Die Fähigkeiten also, die von den Bedürfnissen abhängen, sind in einer beständigen Uibung. Ihrem Gedächtniß sind die Mittel, wodurch ihnen oft eine Beute entwischet, fast immer gegenwärtig. Das Nachdenken über diese Begebenheiten erzeugt in ihnen Begriffe von List *) und Vorsicht, welche sich dem Gedächtniß tief eindrücken, das Ansehen von Grundsätzen annehmen und durch die Wiederholung dauerhaft gemacht werden. Durch die Mannigfaltigkeit und Erfindung dieser Begriffe werden sogar diejenigen in Erstaunen gesetzet, welchen diese Gegenstände am häufigsten vorkommen.

Ein Wolf, der auf Beute ausgehet, weiß aus Erfahrung, daß der Wind ihm die Witterung von andern Thieren, die er aufsuchet, entgegen führe. Sein Gang ist

al=

---

*) S. Reimarus l. c. p. 43 §. 26.

also immer gegen den Wind gerichtet. Vermöge der Feinheit seines Geruchs kann er sogar urtheilen, ob ein Thier fern oder nahe, ob es auf der Flucht oder in Ruhe sey? Nach dieser Einsicht bestimmt er seinen Gang, und schleicht entweder, um es zu überraschen, oder eilt, um einzuholen. Unter Weges begegnen ihm Hamster, Frösche, oder andere kleine Thiere, sonst ebenfalls für ihn eine gewöhnliche Beute! Jetzt achtet er diese nicht. Er weiß, daß ihm das schmackhafte Wildpret eines Hirsches oder eines Rehbockes, den er auf der Spur hat, bald eine beträchtlichere und angenehmere Mahlzeit anbiethen werde. Alle Hilfsmittel, die man von dem Muth und von der List eines einzelnen Thieres erwarten kann, wendet der Wolf an, so lang er einsam ist. So bald ihn die Vermehrungsbegierde mit einer Wölfin gesellschaftlich vereiniget, so zeigt er, in Absicht auf die Jagd, neue Begriffe, die aus der Bequemlichkeit fließen, welche ihnen die Geselligkeit verschaffet.

Aus wiederholten Erfahrungen haben diese Wölfe einsehen gelernet, wo der gewöhnliche Stand des rothen Wildpretes ist, und was es für einen Weg nimmt, wenn man es aufjaget. Sie wissen auch, wie gut es

ih=

ihnen zu statten kömmt, wenn sie mit einander in Nachjagen abwechseln, um den Tod eines schon ermüdeten Thieres zu beschleunigen. Sie theilen also ihre Verrichtungen klüglich unter einander. Der Wolf setzt dem Thiere nach, die Wölfin, als der schwächere Theil, erwartet den keichenden Flüchtling, den sie wieder auftreiben soll, an einem engen Wege. Am besten kann man sich von diesem Verfahren überzeugen, wenn es (durch die Fährten) auf dem weichen Erdboden oder auf dem Schnee beschrieben findet: denn da kann man die Geschichte der Gedanken des Thieres am deutlichsten aufgezeichnet lesen.

Der Fuchs*), ein weit schwächeres Thier, als der Wolf, ist, um seine Nahrung zu erhalten, schon zu weit mehrern Kunstgriffen gezwungen. Er hat bei seinem Fang so viel Mittel anzuwenden und so vielen Gefahren auszuweichen, daß nothwendig sein Gedächtniß mit einer Menge von Begebenheiten angefüllt seyn muß, die seinem Instinkt eine weitläuftige Ausdehnung geben. Die großen Thiere, deren eines ihn auf etliche Tage nähren würde, kann er nicht überwältigen. Es fehlt ihm so gar an dem

Gra-

---

*) Von der List des Fuchses s. Bonnet. l. c. p. 554. &c.

Grade der Geschwindigkeit, welcher den Mangel der Stärke bei ihm ersetzen könnte. Seine natürliche Mittel sind also List, Geduld und Geschicklichkeit. Ihm dienet der Geruch, wie dem Wolfe, zum sichern Leitfaden. Hat er diesen Sinn genugsam geübt, so erfährt er, durch die Hülfe desselben, treulich die Annäherung dessen, was er suchet, und die Gegenwart alles dessen, was er zu vermeiden hat. Es ist nicht seine Sache, mit offenbarer Gewalt auf den Raub auszugehen. Er nähert sich demnach leise einem ausgespürten Rebhuhn oder dem Orte, durch welchen, seiner untrüglichen Vermuthung nach, ein Hase oder ein Kaninchen zurücke kommen muß. Kaum pflegt er dem Fußboden eine leichte Spuhr seiner Läufte oder Pfoten einzudrücken. Getheilt zwischen die Furcht, überfallen zu werden, und zwischen die Nothwendigkeit, selbst einen Anfall zu thun, verräth er durch den behutsamen Gang, auf welchem er oft einhält, seine Unruhe, seine Begierde und seine Kunstgriffe.

In Gegenden, wo es nicht an kleinem Wild und Beute fehlet, vermeidet ein Fuchs allemal sorgfältig die bewohnten Plätze. Nur dann erst, wenn die Noth ihn bringet, nähert er sich den Wohnungen der Menschen.

Das

Das Bewußtseyn der Gefahr reitzet ihn, unter solchen Umständen, zur Verdoppelung seiner Vorsicht. Er schleicht, unter dem Schutze der Nacht, an Hecken und Gebüschen dahin. Er weiß recht wohl, daß ein Huhn ein kostbarer Fraß ist, es fällt ihm aber zugleich auch ein, daß Schlingen und Hunde gefährlich sind. Diese doppelte Vorstellung leitet seinen Gang. Sie hält ihn auf, oder beschleinigt ihn, nachdem die Umstände der einen oder der andern Erinnerung ein Uibergewicht an Lebhaftigkeit ertheilen. Der Einbruch einer langen Nacht erlaubet der Vorsicht des Fuchses oft einen Aufschub seines Raubes. Das entfernte Bellen eines Hundes ist zu der Zeit hinlänglich, ihn in seinem Lauf anzuhalten. Er siehet jetzt in Gedanken alle Gefahren vor sich, denen er zu verschiedenen Zeiten blos gestellet gewesen. So bald der Anbruch des Tages sich nähert, tritt die lebhaftere Raubbegierde an die Stelle der vorsichtigen Schüchternheit. Die Noth macht den Fuchs beherzt. Er eilt nun der Gefahr entgegen: überzeugt, daß ihm bei der Ankunft des Tages noch größere Gefährlichkeiten drohen.

Hr.

Hr. Krascheninnikow erzählt *) von den kamschatkalischen Vielfraßen eine besondere List, wodurch sie die Rennthiere zu tödten pflegen. Sie klettern auf irgend einen Baum, und nehmen etwas von solchem Moose mit sich, wornach die Rennthiere besonders lüstern zu seyn pflegen. Wenn sich ein Rennthier in der Nähe zeiget, lassen sie von diesem Moos etwas herabfallen. Wenn das Thier dieser Lockung nachgehet, um den Leckerbissen aufzufressen, so springt ihm ein solcher Vielfraß auf den Hals, klammert sich fest zwischen beide Hörner, kratzet hernach dem betrogenen Rennthier mit beiden Klauen die Augen aus, und quälet es dergestalt, daß es, um seinen Schmerzen ein Ende zu machen, oder sich, wo möglich, durch Vertilgung seines Peinigers zu befreien, mit dem Kopf gegen die Bäume rennt, welches ihm gemeiniglich das Leben kostet. Kaum ist es niedergestürzt, als der Vielfraß das Wildpret sorgfältig zertheilet und in die Erde vergräbt, damit es von keinem andern Thier geraubt werde.

Der

---

*) S. dessen Beschr. des Landes Kamtschatka. Lemgo 1766 4to p. 120. Cf. Gaz. Litt. de l' Eur. 74. Juill p. 61.

Der Trieb der Selbsterhaltung ist oft ein Mittel, die Einsichten und Uiberlegungen geringer Thiere bis zu einer Art von List zu erheben. Das beweiset unter andern das Verfahren der Thiere beim Anblick eines überlegnen Feindes. Gleichsam als ob sie vermutheten, daß der Mensch, außer ihrem Tode, keine andere Absicht bei ihrer Verfolgung haben könne, bedienen sie sich in dergleichen Fällen des Vortheils, nach einigem vorhergegangenen Widerstand, sich als todt anzustellen. Sie denken dadurch ihren Feind desto gewisser zu entwafnen, und sich, nach wohl ausgeschlagener List wieder desto geschwinder in Sicherheit zu setzen *).

Ein gewisser Hr. Bertram in Engelland war versichert worden, daß die Vipern stürben, so bald man ihnen etwas vom Speichel eines Menschen in den Rachen brächte. Um sich davon überzeugen zu können, reitzte er eine Viper so lange, bis sie den Rachen aufsperrte, und brachte, vermittelst eines Stockes, etwas von seinem

Spei-

---

*) Unterschiedene Beispiele hievon lieset man im Gentleman's Magazin, wovon man auch im Berl. Magaz. 1 Band S. 471. eine Uibersetzung nach.esen kann.

Speichel hinein. Die Viper, welche sich augenblicklich auf den Rücken wälzte, schien völlig todt zu seyn. Hr. B. nahm sich die Geduld abzuwarten, ob sie nicht von dieser scheinbar tödtlichen Schlafsucht sich erholen würde, und sah, daß dieses, nach einer kurzen Verstellung, sich wirklich ereignete. Die List der Vipern geht also in diesem Falle so weit, daß sie, durch verstellte Kunst oft eine Weile sterben, um den wirklichen Tod zu vermeiden. Dergleichen Beispiele giebt es von mehreren Thieren, wenn sie die Gefahr des Todes vor Augen sehen *).

Die gewöhnlichen Handlungen der Thiere und ihr tägliches Betragen, setzen also, wie man siehet, ein Gedächtniß, eine Betrachtung über das Vergangne, eine Vergleichung zwischen einem gegenwärtigen Subjekt, das sie an sich lockt, und zwischen den

---

*) Ein besonders Beispiel, nicht sowohl einer wirklichen List, als eines merkwürdigen Instinktes, ist auch das Betragen des Dintenfisches (Sepia Loligo), der seine Flucht, wenn er verfolgt wird, vornämlich dadurch erleichtert, daß er das Wasser, durch einen schwarzen Saft den er von sich läßt, undurchsichtig macht, und sich in einer selbst hervorgebrachten Finsterniß gleichsam verbirget. S. Lekm. Nat. Gesch. p. 124.

den wahrscheinlichen Gefahren, welche sie davon entfernen, eine Unterscheidung der Umstände, die sich in einigen Rücksichten ähnlich, in andern aber unterschieden sind, ein Urtheil *) und eine Wahl **) zwischen allen diesen Beziehungen, voraus. — Was ist also der Instinkt? — Die mannigfaltige Wirkungen, welche der Hang zum Vergnügen und die Furcht von Schmerzen bei den Thieren hervorbringt; die Folgerungen welche sie aus den Begebenheiten gezogen haben, die sich ihrem Gedächtniß tief einprägten; die Handlungen, die daraus entstehen. — Der ganze Zusammenhang solcher Erkenntnisse, welche durch Erfahrungen erweitert und durch Überlegung täglich zu gröſsern Fertigkeiten werden; alles dies läßt sich entweder unmöglich unter dem Wort Instinkt zusammen faſſen, oder es muß mit dem Worte Verstand***) gleichbedeutend werden.

Wie

---

*) Daß den Thieren das Urtheilen im eigentlichen Verstande nicht zukomme, beweiset Hr. Reimarus l. c. §. 22. p. 37. §. 122. n. 16 — 18. p. 269. &c.

**) Wie die Wahl bei den Thieren beschaffen sey, findet man ebend. §. 34. p. 55. erkläret.

***) Daß dieser den Thieren gar nicht oder nur in einem sehr geringen Grade zukomme, zeigt Ebenderſ. l. c. §. 27. p. 45. §. 120 — 122. p. 260. &c. und §. 126. p. 281.

Wir haben gesagt, daß blos die bringenden Bedürfniße dem Gedächtniß der Thiere heftige und wichtige Sensazionen einprägen, deren Zusammenhang das Ganze ihrer Kenntniße ausmachet. Aus diesem Grunde sind auch die fleischfressenden Thiere im Aufsuchen ihrer Nahrung weit reicher an Erfindungen, als diejenigen, welche von Pflanzen und Früchten leben. Indessen mache man einen Versuch, und verscheuche oft die leztern, so wird man sehen, daß sie eine Menge Begebenheiten, in Absicht auf ihre Vertheidigung anmerken, und sich an eine Menge von Schlußfolgen *) gewöhnen, welche sie den listigen fleischfressenden Thieren ähnlich machen.

Unter allen Thieren, die von Kräutern leben, scheint der Hase **) das einfältigste zu seyn. Die Natur hat ihm nur schwache Augen und einen stumpfen Geruch verliehen. Wenn man sein vortrefliches Gehör ausnimmt, so fehlt es ihm, dem Scheine nach, an allen Werkzeugen, welche ihm zu wichtigen Erfindungen Anlaß geben könnten. Uiberdem ist in seiner Gewalt, außer der Flucht, kein anderes Vertheidigungsmittel.

In

---

*) Leg. Reimarus l. c. §. 23. p. 38. und 25. p. 41.
**) Von der List des Hasen siehe Bonnet l. c. p. 552.

Inzwischen scheint er auch alle Absichten und Veränderungen, welche die Furcht erlaubet, zu erschöpfen. Wir reden hier nicht von einem Hasen, den die Windhunde, durch den Vortheil einer größern Geschwindigkeit, erhaschen, sondern von einem solchen, den blos Spurhunde verfolgen. Ein auf solche Weise gejagter alter Hase fängt sogleich damit an, daß er seine Flucht der Geschwindigkeit der Verfolgung gemäß einrichtet. Er weiß aus Erfahrungen, daß eine schnelle Flucht ihn nicht außer Gefahr setzen würde, daß die Jagd länger dauren, und seine Kräfte, insofern er sie schonet, ihn desto länger auf seiner Flucht unterstützen können. Er hat angemerkt, daß die Hunde in dichten Gebüschen, wo die Berührung seines ganzen Leibes ihnen eine lebhafte Witterung hinterläßet, ihn hitziger und anhaltender verfolgen, als auf dem freien Felde, welches die Läufte nur obenhin berühren. Er vermeidet also die Gebüsche, und läuft fast immer auf gebahnten Wegen. Wenn ihn aber Windhunde in der Nähe verfolgen, entfernt er sich von ihnen, und sucht eine Zuflucht in den Gebüschen. Die Überzeugung, daß ihn gute Spürhunde, auch ungesehen, verfolgen und seiner Fährte nachgehen, reizt ihn zu einer List, die man bewundern muß.

Wenn er eine große Strecke in gerader Linie gelaufen ist, geht er auf eben demselben Wege wieder ein wenig zurücke, um auf diesem Stück Weges seine Spur zu verstärken. Nach dieser List thut er einige starke Seitensprünge, und entziehet dadurch, wenigstens auf eine Zeitlang, den Hunden die Witterung seines Weges. Durch diesen Vortheil kann er die nachsetzenden Hunde noch einige Zeit aufhalten und sich einen vortheilhaften Vorsprung verschaffen.

Zuweilen jagt er einen andern Hasen von seinem Lager auf und nimmt so lange dessen Stelle ein. Er bringt also, durch tausend listige Mittel, Jäger und Hund von ihrem Wege ab. Die jungen Thiere besitzen viel weniger List, als die alten. Blos die Kenntniß mancherlei versuchter Vorfälle bringt bei diesen jene hurtigen und richtigen Empfindungen hervor, aus welchen diese vielfältigen Handlungen entstehen.

List, Scharfsinn und Empfindung sind eine Folge von der Kenntniß solcher Begebenheiten, welche die Nothdurft dem Gedächtniß eingepräget hat. Solche Thiere also, welche mit genugsamer Stärke und Ver-

theidigungswaffen ausgerüstet sind, bewei=
sen sich nie so erfindungsreich, als die an=
dern. Wir sehen dieses am Wolf. Er ist
eines der stärksten Thiere unsrer Gegenden;
aber eben deswegen am wenigsten verschla=
gen. Sein Nase, diese getraue Führerin,
macht ihn gegen Überfälle vorsichtig. Übri=
gens ist er nur darauf bedacht, sich zu ent=
fernen, und durch Hilfe seiner Kräfte und
seines guten Athems, der Gefahr sich zu
entziehen. Seine Flucht ist nicht so ver=
wickelt, nicht so ausstudiret, wie bei furcht=
samen Thieren.

Das wilde Schwein hat Waffen genug
zu seiner Vertheidigung. Es verläßt sich
auf seine Hauer, ohne in der List eine Zu=
flucht zu suchen. Sieht es auf der Flucht
sich in Gefahr, so steht es still und rüstet
sich zum Streite. Zornig erwartet es den
Feind, und setzet, durch Drohungen und
wütende Anfälle, seine Verfolger in Schre=
cken. Um sich die Vertheidigung leichter und
die Rache gewisser zu machen, sucht es in
dicken Gesträuchen eine vortheilhafte Stel=
lung, in welcher es allemal nur von vorne,
wo es am stärksten bewafnet ist, angegrif=
fen werden kann. Mit wildem Auge und
empor gerichteten Borsten, verbreitet es
Furcht unter Menschen und Hunden, zeich-
net

net sie oft mit schmerzhaften Wunden, und eröfnet sich zur Flucht einen neuen Ausgang.

Die mehrere oder geringere Lebhaftigkeit der Bedürfnisse giebt den thierischen Kenntnissen eine größere oder geringere Ausbreitung. Ihre Kenntnisse vermehren sich nach dem Maße der Hindernisse, welche sie zu überwinden haben. Das Vermögen, welches die Thiere fähig macht, vollkommner zu werden, macht alle Vorstellungen vom bloßen Mechanismus gänzlich zu nichte, die nur aus dem Mangel an Kenntniß der Begebenheiten entstehen können. Man lasse einen Jäger mit Schlingen in ein Land kommen, wo diese Fallstricke den Thieren gänzlich noch unbekannt sind: er wird sie mit größter Leichtigkeit fangen, und, selbst die sonst schlauen Füchse hier einfältig finden; sobald aber die Erfahrung sie unterrichtet hat, wird er an der Zunahme dieser Kenntnisse merken, daß er, um sie zu hintergehen, auf seiner Seite neue Kenntnisse und neue Mittel anwenden, und ihnen seine Lockspeisen in sehr unterschiedenen Gestalten vorlegen müsse. Das eine Thier wird die Zufluchtsörter vermeiden, die sonst seiner Gattung gewöhnlich sind, und dem Jäger Ausflüchte zeigen,

die

die ihm bis hieher fremd waren. Ein anderes wird die Kunst besitzen, ihm behende seine Lockspeise zu rauben, ohne in die Schlinge zu gerathen. Ein Fuchs, der in seinen Bau eingeschlossen ist, wird eher darin Hunger leiden, als sich durch einen gefährlichen Ausgang wagen. Wenn die Festigkeit des Erdreiches ihn hindert, eine neue Röhre zu öfnen, so wird seine Geduld gewiß die Gedult des Jägers ermüden, und ihn auf die Gedanken bringen, daß er in seiner Vermuthnung geirret habe. Es ist kein mechanische, sondern eine kluge und überlegte Furcht, die alsdann das Thier in seinem Bau zurücke hält. Sollte zufälligerweise ein Kaninchen, das sich in eben dem Bau befände, aus Dummheit hervorkommen, und die Schlinge losspannen, so wird gewiß der wachsame Fuchs sich diesen glücklichen Augenblick zu Nutze machen, um zu entfliehen, und ohne Bedenken neben dem gefangenen Kaninchen und der eingezognen Schlinge vorbeigehen.

Der Begriff von Zahlen ist unter den mancherlei Begriffen, welche den Thieren die Nothwendigkeit begreiflich macht, nicht zu vergessen. Es ist gewiß, daß die Thiere zählen. Ihre Rechenkunst ist zwar sehr ein-

ge=

geschränkt; vielleicht ist sie aber einer grö=
ßern Ausdehnung fähig. In den Ländern,
wo man das Federwild mit Sorgfalt zu
schonen sucht, haben die Elstern viele Nach=
stellungen zu dulden, weil sie durch den
Raub der Eier die Hoffnung der künftigen
Bruten zerstören. Man suchet daher ge=
nau die Nester dieser räuberischen Vögel,
und bemüht sich, um dies fleischfressende
Geschlecht mit einmal zu vertilgen, die Mut=
ter während der Brutzeit zu tödten. Eini=
ge dieser Mütter sind so unruhig, daß sie
ihr Nest verlassen, ehe man sich ihnen nä=
hert. Man macht alsdann unten an dem
Baume, worauf das Nest ist, einen be=
deckten Hinterhalt, in welchem sich ein Mensch
verbirgt, um die Zurückkunft des brüten=
den Vogels zu erwarten; allein man war=
tet vergeblich, wenn die Elster einmal weiß,
daß aus dieser Höhle, in welche sie einen
Menschen hinein gehen sah, ein Schuß ge=
schehen kann. Die mütterliche Zärtlichkeit
hält zwar ihren Blick immer auf das Nest
geheftet; die Furcht entfernt die Mutter
davon, bis sie, unter dem Schutze der Nacht,
vor dem Jäger sicher zu seyn glaubet. Um
diesen unruhigen Vogel zu hintergehen, ist
man auf den Einfall gekommen, zween Men=
schen nach dieser Höhle zu schicken, wo=

von einer sich hinstellt, der andere aber vorbei geht. Allein die Elster zählt und bleibt immer entfernt. Den dritten Tag gehen drei dahin, und die Elster merkt noch, daß sich nur zween weiter verfügen. Am Ende müssen ihrer fünfe bis sechse auf einmal sich hinbegeben, und diese Menge verwirrt ihre Rechnung. Die Elster vermuthet, daß diese Anzahl von Menschen von ohngefähr vorbei gegangen, und kehrt ruhig nach ihrer Brut zurück. Diese so oft versuchte Erscheinung gehört allerdings unter die gewöhnlichsten Merkmale von der Klugheit und Vorsicht der Thiere.

Da es nun gewiß ist, daß die Thiere das Andenken der Begebenheiten, die ihnen bemerkenswürdig waren, beibehalten, und daß die Folgen, welche sie daraus gezogen, durch das Nachdenken zu Grundsätzen werden, die selbige in ihren Handlungen leiten; so folgt daraus, daß sie vollkommner werden können. Bis zu welchem Grade? — Das wissen wir nicht. Selbst die Vollkommenheit, deren die Thiere fähig sind, ist für uns gewissermaßen etwas Fremdes. Mit einem Geruche, wie der unsrige ist, können wir niemals zu der Verschiedenheit von Beziehungen und Begriffen kommen, die eine feine und geübte Nase einem Wolf

oder

oder Hunde verschaft. Mit Hilfe der besondern Feinheit dieses Sinnes lernen sie einige Eigenschaften der Körper und Begriffe von dem Verhältniß kennen, das zwischen diesen Eigenschaften und dem gegenwärtigen Zustand ihrer Maschine sich befindet. Unsern stumpfen Sinnen entwischen alle diese Begriffe und Beziehungen.

Warum werden aber die Thiere nicht immer vollkommner? Warum nehmen wir bei den unterschiedenen Gattungen derselben nicht einen merklichen Fortgang wahr? Wofern Gott den himmlischen Geistern nicht den Vorzug ertheilt hat, die ganze Tiefe der menschlichen Natur zu erforschen; wenn sie nicht mit Einem Blicke dieses sonderbare Gemische von Unwissenheit und Fähigkeiten, von Stolz und von Niedrigkeit übersehen; so können sie ebenfalls fragen: Warum hat das menschliche Geschlecht, bei so vielen Hilfsmitteln, sich vollkommner zu machen, in den wesentlichen Kenntnissen erst so wenige Schritte gethan? Warum hat sich die größere Hälfte derselben durch den Aberglauben so nahe zu den Thieren herabgesetzt? Warum beschäftigen sich selbst diejenigen, denen sich Gott so deutlich offenbaret hat, noch damit, daß sie einander aufreiben, anstatt daß sie einander behilflich seyn sollten,

ten, der Früchte der Erde und des himm=
lischen Thaues in Ruhe zu genießen?

Es ist zuverläßig, daß die Thiere in ih=
ren Fähigkeiten zunehmen können: allein es
widersetzen sich ihnen tausend Hindernisse,
und dann giebt es auch offenbar eine
Grenze, welche sie niemals überschreiten
werden.

Die Erinnerungskraft behält die Spuren
der Empfindungen und der daraus hergelei=
teten Urtheile nur insofern, als jene den
Grad der Stärke hatten, der erfodert wird,
eine lebhafte Aufmerksamkeit hervorzubrin=
gen. Die Thiere haben ihre nöthige Be=
deckungen schon aus der milden Hand der
Natur empfangen. Sie werden also blos
durch die Bedürfnisse des Hungers, des
Durstes und des Triebes zur Fortpflanzung
aufmerksam gemacht. Von den eingebilde=
ten Bedürfnißen, welche der Müssiggang
und die lange Weile, Stolz und Uibermuth
eingeführt, ist ihnen gar nichts bewußt.
Die Nothwendigkeit, die Seele immer mit
etwas zu beschäftigen, fühlen wir im Zu=
stande des Wachens beständig, sie erzeugt
in uns die unruhige Neugier, welche die
Mutter unserer Kenntnisse ist. Die Thiere
wissen davon gar nichts. Wenn einige Ar=
ten mehr, als andere, der langen Weile
un=

unterworfen sind, wie z. B. der Marder, den seine Biegsamkeit und Hurtigkeit unterscheiden; so ist dies vielleicht nicht ihr gewöhnlicher Zustand. Die Nothwendigkeit, Nahrung zu suchen, erhält fast allzeit ihre Unruhe in Uibung. Ist ihre Jagd glücklich, und ihr Hunger wird zeitig befriedigt, so verleitet sie die Nothwendigkeit, sich zu bewegen, zu einer Menge unnützer Mordthaten. Der gewöhnliche Zustand dieser empfindenden Wesen ist aber doch nur ein Schlummer, in welchem die freiwillige Uibung der Einbildungskraft ihnen blos undeutliche Bilder vorstellt, welche im Gedächtniß keine tiefe Spuren zurück lassen.

Man betrachte einmal die rohen Menschen, die den ganzen Tag für die nothwendigsten Bedürfnisse sorgen müssen. Bleiben sie nicht in einem Grade der Dummheit, der beinahe dem Zustande der Thiere gleicht? Es giebt Leute, die niemals eine solche Anzahl von Begriffen gehabt haben, als zu dem System der Kenntnisse eines Fuchses gehört. Wofern nicht Muße, Gesellschaft und Sprache dem Vermögen vollkommner zu werden, zu Hilfe kommen, so wird dieses immer unfruchtbar bleiben. Den Thieren fehlt es allerdings an Muße. Unaufhörlich damit beschäftiget, wie sie für ih-

ihre Bedürfniſſe ſorgen und ſich gegen andere Thiere oder den Menſchen vertheidigen wollen, können ſie keine andere Begriffe ſammlen, als die ſich auf jene Umſtände beziehen. Uiberdies lebt der größte Theil von ihnen einſam, oder doch in einer kurzdauernden Geſellſchaft, welche ſich auf die Vermehrung des Geſchlechts und die Anführung ihrer Jungen gründet. Diejenigen, die länger in Truppen leben, ſind blos durch das Gefühl der Furcht zuſammen vereiniget. Nur furchtſame Thiergattungen befinden ſich in dieſem Falle Die einzige Empfindung, die ſie zur Geſelligkeit antreibet, und ſie beſchäftiget, iſt die Furcht. Zu dieſer Art gehört das Geſchlecht der Hirſche, unter welchen die Hirſchkühe ſich blos abſondern, um ihre Jungen zu werfen, und die Hirſche, um ihr Geweih abzuwerfen und zu erneuern.

Von den Geſchlechtern, die beſſer bewafnet und muthiger ſind, wie z. B. die wilden Schweine, bleiben die Weibchen, als der ſchwächere Theil, in einer Heerde mit den jungen Männchen. Sobald dieſe drei Jahre alt, und mit den Vertheidigungsmitteln verſehen ſind, welche ihnen Sicherheit verſchaffen, verlaſſen ſie den Trupp, und ſuchen ihre Sicherheit in der Einſamkeit.

kelt. Es giebt daher unter den Thieren kein eigentliches gesellschaftliches Leben. Das Gefühl der Furcht und die Bedürfnisse einer wechselsweisen Vertheidigung können, allein genommen, ihnen unmöglich sehr viele Kenntnisse verschaffen. Sie sind nicht darnach gebaut, mancherlei Mittel zu versuchen, oder etwas zu den allzeit fertigen Waffen hinzuzufügen, welche ihnen von der Natur verliehen worden. Wer weiß, wie weit der Gebrauch der Hände die Affen bringen würde, wenn sie eben soviel Muße, als Vermögen zum Erfinden hätten, oder wenn ihre beständige Furcht für den Verfolgungen der Menschen, sie nicht in ihrer viehischen Dummheit erhielte.

Die Sprache *) scheint bei den Thieren allerdings sehr eingeschränkt zu seyn. Bei ihrer gewöhnlichen Lebensart ist nichts natürlicher, als dieses. Giebt es doch wilde Menschen, mit Bogen und Pfeilen gerüstet, deren ganze Sprache kaum dreihundert Wörter enthält. So eingeschränkt indessen die Sprache der Thiere seyn mag,
so

---

*) Von der Sprache der Thiere lese man Bonnets Betracht. 2te Ausgabe p. 504 — 517. it. Hr. Pr. Titius Wittemb. Wochenbl. 1769. p. 421 — 425. &c.

so haben sie doch wirklich eine, und man
kann behaupten, daß sie viel reicher sey,
als man von Geschöpfen vermuthet, die
eine lange Schnauze oder einen Schnabel
haben. Die Sprache setzt eine Folge von
Begriffen und das Vermögen zu artikuliren voraus. Wenn auch der größte Theil
von Menschen, welche Worte artikuliren,
nicht diese Folge von Ideen hat; so muß
sie doch in dem Verstande derer gegenwärtig gewesen seyn, die zuerst diese Worte
mit einander verbanden. Wir haben gesehen, daß die Thiere, in Absicht auf zusammenhängende Begriffe, alles besitzen,
was zu Anordnung der Worte nöthig ist*).
Die Begriffe bei ihren Fertigkeiten können
sich nicht anders gebildet haben, als durch
Schlußfolgen oder Induktionen, die das
Nachdenken unter einander verband, und
die

---

*) Hr. Prof. Titius beweiset am a. O. daß ein
Thier durch alle mögliche Kultur niemals zu
einer Sprache fähig sey, und erkläret hier zugleich, wie der Unterschied, welchen Hr. Bonnet zwischen der natürlichen und künstlichen
Sprache machte, zu verstehen sey? Es ist
außer Streit, daß die Verfasser dieses Arti-
kels in der Encyklopädie vom Instinkte, den
Thieren allzugroße Fähigkeiten eingeräumet
haben.

die alle Wirkungen des Verstandes voraussetzen. Dennoch merken wir in ihrem Geschrei keine merkliche Artikulazion. Diese
scheinbare Einförmigkeit läßt uns muth-
massen, daß sie in der That nicht artikuliren. Gleichwohl ist es außer Streit,
daß die Thiere einer jeden Art sehr deutlich
diejenigen Töne von einander unterscheiden,
die uns hingegen sehr verworren vorkommen. Fast niemals entsteht unter ihnen ein
Mißverstand. Nie verwechseln sie das Geschrei der Furcht mit dem Seufzen der Liebe. Sie drücken nicht allein diese ganz von
einander unterschiedene Verfassungen aus,
sondern sie müssen auch die unterschiedenen
Schattirungen derselben kennbar machen.
Die Töne einer Alten, welche ihren Jungen befiehlt, sich zu verbergen, um sich
dem Anblick des Feindes zu entziehen, können sicher nicht mit denen übereinkommen,
welche sie zu Beschleunigung ihrer Flucht
annahm. Die Umstände bestimmen die Nothwendigkeit einer verschiedenen Handlung,
und dieser Unterschied muß in der Sprache, welche die Handlung ankündiget, mit
ausgedruckt werden. Die ernsthaften und
dennoch schmeichlerischen Ausdrücke, welche
dem Männchen das Weibchen unterwürfig
machen, ohne jenem die Hofnung zu be-

nehmen, können mit denen nicht einerlei seyn, die dem Männchen verkündigen, daß es nun seinen Begierden alles erlauben dürfte, und daß der Augenblick des Genusses da sey.

Die Sprache durch Handlungen ist allerdings den Thieren sehr geläufig, und öfters zureichend, sich wechselsweise das meiste von dem, was in ihnen vorgeht, zu verstehen zu geben. Sie bedienen sich also ihrer Sprache nicht häufig. Ihre Erziehung wird, wie die unsrige, größtentheils durch die Nachahmung vollendet. Alle einzelne Empfindungen des einen Thieres können von dem andern an den äußerlichen Bewegungen, welche jene Empfindungen bezeichnen, erkannt werden. Ob aber gleich diese Sprache durch Handlungen vieles auszudrucken vermag, so ist sie doch nicht in allen Fällen zureichend. Es ist ausgemacht, daß in den Ländern, wo man Schlingen legt, die jungen Füchse, wenn sie aus dem Bau gehen, vielmehr Behutsamkeit zeigen, als die Alten in solchen Ländern, wo sie keine Nachstellungen zu befürchten haben. Diese Kenntniß von Regeln der Behutsamkeit, welche so viele Muthmaßungen und entfernte Induktionen voraussetzt, läßt sich im Bau des Fuchses,

ses, vermöge der Sprache durch Handlun-
lungen, allein unmöglich erlernen, und die
Erziehung eines Fuchses kann ohne Worte nie zur Vollständigkeit gebracht werden *).
Durch welchen Mechanismus werden Thiere,
die zusammen auf den Raub ausgehen, unter sich einig, sich einander zu erwarten,
wieder zu suchen, und beizustehen? Ohne
gewisse Verabredungen, deren Genauigkeit
bis auf die kleinsten Umstände nicht anders,
als vermittelst einer artikulirten Sprache
zu erreichen ist, würden alle diese Handlungen gewiß nicht geschehen können. Die
Einförmigkeit der Laute oder die Monoto-
nie täuschet uns, weil es uns an Uibung
und Nachdenken darüber fehlet. Wenn wir
Leute in einer uns fremden Sprache mit
einander sprechen hören, unterscheiden wir
keine merkliche Artikulazion. Wir glauben
eine beständige Wiederholung der nämlichen
Töne zu hören. Die Sprache der Thiere,
so mannigfaltig sie auch vielleicht seyn mag,
muß uns noch viel einförmiger vorkommen,
weil sie uns noch unendlich fremder ist. Sie
sey indessen beschaffen wie sie wolle, so
kann sie doch zu der innern mehrern Voll-
kom-

P 2

(* Das läugnen mit Recht alle heutige Weltweisen.

kommenheit, deren die Thiere fähig sind, nicht sonderlich viel beitragen. Ohne die Kunst zu schreiben, die nur den Menschen eigen ist, würde jeder einzelne Mensch, blos auf seine eigne Erfahrung eingeschränkt, genöthigt seyn, eben die Bahn wieder anzufangen, die sein Vorgänger durchgelaufen wäre, und die Geschichte eines Menschen würde beinahe die Geschichte aller menschlichen Kenntnisse seyn.

Fragt man, sagt Hr. Bonnet, ob die Thiere eine Sprache haben, so muß man zweierlei Arten von Sprache, die natürliche und künstliche, sorgfältig unterscheiden. Unter die erste kommen alle Zeichen zu stehen, wodurch die Thiere dasjenige, was in ihnen vorgehet, zu erkennen geben. Bleiben wir aber bei den bloßen Schallen stehen, so ist die natürliche Sprache nichts anders, als eine Menge von unsylbigen Lauten, die bei allen einzelnen Thieren der nämlichen Art ganz einförmig und mit den Empfindungen, welche sie ausdrucken, dergestalt verknüpfet sind, daß einerlei Laut niemals zwo entgegengesetzte Empfindungen vorstellet. Die künstliche Sprache bestehet hingegen in einer Menge sylbiger und willkührlicher Laute, deren Verbindung mit den Begriffen, welche sie vorstellen, lediglich

lich aus dem Gebrauch und aus dem Unterricht herkömmt, und worin folglich einerlei Laut sehr unterschiedene und oft entgegengesetzte Begriffe anzeigen kann.

Diese künstliche Sprache ist eigentlich das, was man reden nennet und wodurch der Mensch allein über alle Thiere die Herrschaft vorzüglich behauptet. Das Thier hat blos die natürliche Sprache (oder eine Sprache im weitläuftigsten Verstande). Es weiß von weiter nichts, als von seinen Bedürfnissen, und von den Mitteln, sie zu befriedigen. Diese verschiedene Bedürfnisse haben indessen eine Menge von Empfindungen, deren fast jegliche sich durch ihr natürliches Zeichen zu erkennen giebt. Die Art dieser Zeichen, ihre Anzahl, Gebrauch und Ordnung, ihre mancherlei Veränderungen und Verbindungen, machen das Wesentliche der Sprache bei den unterschiedenen Thieren aus, und sind für den Naturforscher eine unerschöpfliche Quelle der artigsten Anmerkungen, feinsten Untersuchungen und wichtigsten Entdeckungen. Wir wollen, fährt er fort, diese Sprache nicht blos auf die Laute einschränken, sondern vielmehr alle Zeichen dazu nehmen, wodurch ein Thier ausdrücket, was es empfindet.

Man begebe sich nur auf unsre Höfe,
um unsre Hausthiere in dieser Absicht als
Lehrmeister anzunehmen! Hier ist eine Henne mit ihren Hühnchen. Hat sie Etwas
gefunden, so locket sie diese herzu. Sie
verstehen es und sind augenblicklich um ihre Mutter versammlet. Verlieren sie diese
getreue Mutter aus den Augen, so beweiset ihr Klagegeschrei genugsam ihre Beküm-
merniß und ihr Verlangen. Jetzt merke
man einmal auf das unterschiedene Geschrei
des Hahnes, wenn ein fremder Mensch
oder ein Hund in den Hof tritt; oder
wenn er den Sperber oder sonst etwas
furchtbares ins Gesicht bekömmt, oder auch
wenn er seine Hüner lockt und ihnen antwortet! Was will der ängstliche Laut jener Truthenne sagen? Sehet! wie sich ihre Jungen augenblicklich verbergen und
starr auf die Erde legen! Man sollte sie
für todt halten. Die Alte sieht gen Him-
mel und verdoppelt ihr Seufzen. Was erblickt sie da? Einen schwarzen Punkt, den
wir kaum unterscheiden können — einen
Raubvogel, welcher der Wachsamkeit und
Scharfsichtigkeit dieser durch die Natur un-
terrichteten Mutter nicht entwischen konnte.
Dieser furchtbare Feind verschwindet. Gleich
erhebt sie ein lautes Freudengeschrei. Die
Jun-

Jungen hören es, vergessen die Unruhe und versammlen sich wieder fröhlich um die lockende Mutter.

Man sehe doch einmal den Enten zu, wenn sie aufs Wasser gehen wollen! Scheint es nicht, als ob sie sich, durch wiederholte Zeichen mit dem Kopfe, dazu beredeten? Eben so, wie wir es machen, wenn wir etwas genehmigen. Der Kater giebt, durch sein unterschiedliches Mauen, dem Herrn sein Anliegen, der Gattin seine Liebe, dem Nebenbuhler seinen Zorn zu erkennen. Man höre, wie jene Katz ihre Jungen vom Dachboden, wo sie aufgezogen worden, herunter locket und sie zu Befolgung ihrer Pflichten anführet! Wie sie da mit ihnen spielet! Eben hat sie eine Maus gefangen. Sie ruft ihre Jungen, welche sogleich herbei laufen. Sie läßt ihre Beute lebendig vor ihnen hinlaufen und lehret sie, damit zu spielen. Wie viel Eintracht findet sich in ihren Scherzen, wie viel Abwechslung und Lebhaftigkeit in ihren Bewegungen! wie viel Bedeutendes in ihren Geberden, in ihren Stellungen und Wendungen!

Die Sprache des Hundes, die bedeutendste unter allen, ist so mannigfaltig, so fruchtbar, so reich, daß sie allein ein großes Wörterbuch füllen könnte, (wenn sie durch

P 4   Wor-

Worte ſich äußerte). Wer könnte unempfindlich bleiben, wenn der getreue Haushund ſeine Freude über die Wiederkunft ſeines Herrn an den Tag leget! Was für Stellungen, was für Laute, was für eine Verſchiedenheit von fröhlichen Bewegungen! Wie verſchieden iſt aber ſein jetziger Ton von demjenigen, womit er ſich des Nachts hören läßt, wenn er, als eine muntre Schildwache, an der Thüre einen Dieb verſpüret! Wie verſchieden auch dieſer Ton von demjenigen, den er beim Anblick eines Wolfes annimmt! Nun folge man einem Hund auf die Jagd, und wie ſehr er ſich durch alle ſeine Bewegungen, vornämlich mit dem Schwanze, zu verſtehen giebt! Welcher Eifer, welche Verſchlagenheit, welche Übereinſtimmung mit dem Jäger! Was für Kunſt gebraucht er, ſich zu erkennen zu geben, ſeinen Gang geſchickt zu nehmen und ſeine Anzeigen den Entdeckungen gemäß zu machen! Der Haſe iſt aufgetrieben, der Hund ſchlägt an, und wer iſt vermögend, bei dem alsdann wiederholten Anſchlagen ſich zu irren?

Ich patzire neben einem Gehölze und höre zween Vögel, die ſich einander antworten. Ich ſehe ſie allmählig näher kommen und erblicke in ihnen zween Zeiſige. Sie haben eine Zeitlang auf den Aeſten he-

rum

rum gehüpfet, setzen sich neben einander. Sie verdoppeln ihre verliebte Scherze und endlich erfolgt die erwünschte Begattung, schnäbeln sich und liebkosen einander. Das Männchen zwitschert ganz leise. Das Weibchen höret und antwortet. Beide sind von jetzo an unzertrennlich und arbeiten gemeinschaftlich an ihrem Neste, wo sie die Frucht ihrer Liebe hinlegen wollen. Sie haben es zu Stande gebracht. Das Weibchen hat geleget und brütet. Das Hänchen bleibt bei ihr und suchet, durch seine Schmeicheleien, ihr den Verdruß des Brütens zu mildern. Die Jungen kriechen aus. Vater und Mutter sorgen wechselsweise für ihre Nahrung und Erziehung. Ich höre, wie die Jungen ihr Futter fordern. Sie bekommen es und sind stille. — Ich gehe auf den Vogelfang und habe einen Schuhu bei mir. Eine Schwalbe wird ihn gewahr, fliegt einigemal mit einem Geschrei um den Todtenvogel und verschwindet. Nach Verlauf einer Viertelstunde kommen ganze Schwadronen von Schwalben herzugeflogen und nöthigen mich, den Vogelfang aufzugeben. Ein Beweis, daß die erste Schwalbe gleichsam Lärm geschrien und die andern zur Vertheidigung aufgefordert hatte!

Was ist indessen wohl sicherer zu glauben, als daß es die Thiere niemals sehr hoch bringen werden, wenn sie auch in Ansehung gewisser Geschicklichkeiten wirklich ziemlich weit gekommen wären? Die Baukunst der Biber könnte verschönert, die Gestalt der Schwalbennester verbessert oder zierlicher geworden seyn, ohne daß wir es bemerkt hätten. Die Hindernisse aber, die sich dem Fortgange der thierischen Gattungen widersetzen, sind überhaupt sehr schwer zu überwinden. Uiberdies pflegen auch einzelne Thiere nicht von der Stärke einer herrschenden Leidenschaft diejenige anhaltende Thätigkeit zu entlehnen, wodurch ein Mensch, vermöge seines Genie, sich über andere seines Gleichen erhebt. Gleichwohl haben die Thiere sowohl natürliche, als auch solche Leidenschaften, die man angenommene nennen, und dem Nachdenken zuschreiben könnte. Zur ersten Art rechnen wir die Eindrücke des Hungers, die heftigen Begierden zur Vermehrung des Geschlechts, die mütterliche Zärtlichkeit; zur andern: die Furcht von dem Mangel, den Geitz und die Eifersucht, welche zur Rache leitet.

Der

Der Geitz ist eine Folge des vorher empfundenen Hungers. Das Nachdenken über dies Bedürfniß erregt in allen Thieren, welche öfters dem Mangel ausgesetzt sind, eine gewisse Vorsorge. Die fleischfressenden verbergen die Uiberbleibsel ihrer Beute, um selbige im Fall der Noth wieder zu finden. Unter denen, die von Früchten leben, sammlen sich diejenigen, welche vermöge ihres dazu schicklichen Baues, ihre Nahrung forttragen können, einen Vorrath, den sie nur im Nothfall anrühren. Von der letztern Art sind die Feldratzen, die Hamster, u. s. w. Indessen ist die Leidenschaft des Geitzes bei ihnen eben nicht erfinderisch an Kunstgriffen. Ihre Ausübung erstreckt sich blos aufs Sammlen und Sparen.

Die Eifersucht ist eine Tochter der Liebe. Unter denjenigen Gattungen, wo das Männchen ohne Unterschied sich mit allen Weibchen paaret, wird sie nur durch den Mangel an gnugsamen Weibchen rege gemacht. Da alle Männchen zu gleicher Zeit das lebhafte Bedürfniß der Forpflangsbegierde empfinden; so entstehet daraus nothwendig eine wechselsweise und allgemeine Nebenbuhlerschaft. Oft geschieht es, daß diejenigen Thiere, welche von dieser blinden Leidenschaft

schaft am stärksten hingerissen werden, ihre Absicht gänzlich verfehlen. Unterdessen daß die alte Hirsche wütend mit einander kämpfen, nähert sich ein Spießhirsch schüchtern der Hündin, befriedigt geschwinde seine Begierden, und macht sich eilig davon. Bei den Arten die paarweise leben, ist die Eifersucht inniger und überlegter. Die Bewegungsgründe, worauf sich die wechselsweise Wahl zweier einzelner Thiere gründet, mögen seyn, welche sie wollen; so ist doch so viel gewiß, daß die Wahl wirklich geschieht, und der Begriff des wechselsweisen Eigenthums sich festsetzt. Von diesem Zeitpunkt an, mischt sich das Sittliche in den Affekt der Liebe. Die Weibchen selbst werden der Eifersucht fähig. Diese Vereinigung, die dem Triebe ihren Anfang und dem Vergnügen ihre Fortdauer zu danken hat, wird durch die gemeinschaftliche Sorgen, welche die Erziehung der Jungen erfordert, noch enger geknüpft; ist aber erst diese Absicht erfüllt, so hat die Vereinigung wieder ein Ende. Der Frühling, der diesen Thieren eine neue Brunst einflößet, verändert zu gleicher Zeit ihren Geschmack. Indessen getrauen wir uns nicht zu entscheiden, ob den Turteltauben ihr erworbener Ruhm der Beständigkeit mit Recht zukomme, oder nicht.

Soll=

Sollten sie auch in der That beständig seyn; so ist es doch gewiß, daß sie nicht eben so getreu sind. Man hat mehrere gesehen, die auf dem nämlichen Zweige, gleich nacheinander, sich zween Tauben überlassen haben. Ist etwan ihre Beständigkeit nur insofern sicher, als sie einander die Untreu erlauben?

Ohne hier etwas zu entscheiden, kann man überhaupt sagen; die Begierde zur Fortpflanzung sey bei den Thieren nur ein vorübergehende Bedürfniß. Diese Leidenschaft mit allen dazu gehörigen Kleinigkeiten, beschäftigt sie höchstens nur den vierten Theil des Jahres; sie kann also die einzelnen Thiere nicht zu einem merklichen Fortgang erheben. Die Zeit der Gleichgültigkeit muß alle die Begriffe wieder in Vergessenheit bringen, welche durch die Reitzung der Begierden hervorgebracht wurden. Man beobachtet nur, daß die Mütter durch Erfahrungen in denjenigen Dingen klüger gemacht werden, die zum Wohl ihres Geschlechts gehören. In einem höhern Alter ziehen sie Lehren für sich aus den Fehlern und der Unerfahrenheit der Jungen. Ein Rebhuhn von drei oder vier Jahren sucht zu seinem Neste schon einen weit vortheilhaftern Platz aus, als ein junges. Es setzt sich an einem etwas höhern Orte, mit seiner künftigen Brut, vor Überschwemmungen in Sicherheit, und siehet darauf, daß durch Dornen und Strauchwerk der Zugang zu ihrem Neste beschwerlich gemacht werde. Wenn das Rebhuhn, um Futter zu suchen, das Nest verlassen muß, unterläßt es nicht, die Eier zu verbergen und mit Blättern zu bedecken.

Geschieht es zuweilen, daß die mütterliche Zärtlichkeit *) tiefe Eindrücke in dem Gedächtniß gewisser Thiere zurück läßt; so kömmt es daher, daß die Uibung derselben lange gedauert hat. Die mütterliche Zärtlichkeit ist überdies eine von den Leidenschaften, welche diese empfindlichen Geschöpfe in einem lebhaften Grade fühlen. Sie erregt in ihnen eine unruhige und anhaltende Geschäftigkeit, eine mühsame Geduld, und, wenn die Jungen von einer Gefahr bedroht werden, eine herzhafte Vertheidigung, die einer Aufopferung seiner selbst nicht unähnlich ist; denn gänzlich opfert man sich nicht leicht auf. Das Ich läßt sich in dem äußersten Augenblick nur allzudeutlich em=

---

*) Man lese hiervon den Hrn. Reimarus l. c. §. 40 — 43. p. 65 — 70 und §. 96. 97. p. 169 — 172: Derhams Physikoth. p. 354 ɾc.

empfinden. Einen Beweis dieser Wahrheit findet man darin, daß bei den unterschiedenen Gattungen die anscheinende Verwegenheit der Mutter allemal mit den Mitteln in einem Verhältniß steht, welche diese in ihrer Gewalt hat, um der Gefahr, der sie Trotz zu biethen scheinet, zu entgehen. Die Wölfin und die wilde Sau werden fürchterlich, wenn sie ihre Jungen zu vertheidigen haben. Selbst die Hindin (Hirschkuh) sucht die Gefahr auf; ihre Schwäche wird aber bald an ihrem Muthe zur Verrätherin. Sie wird, ihrer zärtlichen Unruhe ohngeachtet, leicht zur Flucht genöthigt. Das Rebhuhn und die wilde Ente, welche in der Geschwindigkeit ihrer Flügel ein sicheres Rettungsmittel haben, scheinen sich zur Vertheidigung ihrer Jungen, weit mehrern Gefahren blos zu stellen, als das Fasanhuhn. Der schwere Flug des letztern würde dasselbe zu einem sichern Opfer einer zu muthigen Liebe machen. Diese dem Scheine nach, so großmüthige Liebe bringt eine Eifersucht hervor, welche in den Gattungen, wo sie aufs höchste steigt, bis zur Grausamkeit gehet. Das Rebhuhn verfolgt und tödtet, ohne Mitleiden, alle Jungen seiner Art, die nicht zu seiner Familie gehören; das Fasanhuhn hingegen, das

seine

seine eigne Jungen leichter verläßt, besitzt eine allgemeine Zuneigung zu allen Jungen von seiner Art. Alle mutterlose Fasanen haben die Erlaubniß, dieser gutwilligen Mutter zu folgen.

Zur natürlichen Sorgfalt der Thiere für ihre Jungen, wovon auch die Beutelratzen und Seehunde sehr merkwürdige Beispiele geben, weil zur Zeit eines Sturmes oder einer andern Gefahr, die ersten ihre Jungen in eine besondere Tasche, welche sie zu beiden Seiten unter dem Bauche tragen, die andern aber ihre Jungen, unter gleichen Umständen, im Rachen oder Bauche verbergen *), ist auch noch eine gewisse Art von Dankbarkeit zu rechnen, welche die Jungen gegen die alten, wenn man den angeführten Schriftstellern glauben darf, zu beweisen scheinen. Plinius a) schreibt von den Ratten, sie pflegten ihre Alten, wenn sie vom Alter entkräftet wären, zum Beweis ihrer Zuneigung, sorgfältig zu nähren, welches er auch b) den Kranichen ausdrücklich nachrühmet. Wenn der alte Kranich, sagt
Olaus

---

*) S. Reimarus l. c. p. 171 Derham l. c. p. 356.
a) Hist. Nat. L. VIII. c. 57.
b) Ibid. Lib. X. c. 13.

Olaus Magnus *), unvermögend und vor Alter von Federn entblösset worden, so setzen sich die Jungen um ihn herum, wärmen ihn mit ihren Federn und bringen Speise zusammen, ihn zu nähren. Manchmal, fährt er fort, suchen sie auch den Mangel der Natur wieder zu ersetzen. Sie nehmen den Alten, unterstützen ihn mit ihren Flügeln, führen ihn in die Höhe, damit sie ihn zum Fliegen, die entwöhnten Glieder aber wieder in die Uibung bringen. Daher auch dieser Vogel Pia genennet wird **).

Von den merkwürdigen Arten des Instinktes bei den Fischen und Vögeln kann der berühmte Bonnet in seinen Betrachtungen der Natur S. 494 — 499. und Reimarus im Anh. §. 25. p. 55. &c. nachgelesen werden.

Noch einmal! Was ist also der Instinkt? Wir sehen, daß die Thiere empfinden, verglei-

---

*) In Hist. Libr. XIX. c. 14.
**) S. Derham l. c. Wir gestehen gern, daß diese Nachrichten einer Fabel ähnlicher klingen, als einer durch Erfahrungen bestätigten Wahrheit. Besonders da die neuern Schriftsteller nichts davon gedenken.

Buffons allg. Nat. 7. B.

gleichen, urtheilen, nachdenken, wählen, und in allem, was sie unternehmen, durch ein Gefühl von Selbstliebe geleitet werden, welches die Erfahrung mehr oder weniger aufkläret. Mit diesen Fähigkeiten dienen sie der Welt zur Zierde, uns aber zum Nutzen, und erfüllen sowohl die Absichten der Natur, als den uns unbekannten Willen, den der Schöpfer bei ihrer Hervorbringung gehabt hat.

Allgemeine kurze Betrachtungen über den Instinkt der Insekten.

Wenn man die Thiere als belebte und lebendige Körper betrachtet, die mit geschickten und zu ihrer Erhaltung nöthigen Gliedmaßen, und andern Theilen versehen sind, so können sie eben so gut, wie die Menschen, als Meisterstücke der Natur betrachtet werden. Es scheint sogar, weil der Schöpfer ihnen den eigentlichen Verstand versagt, daß er sie deshalb durch den Trieb einigermaßen habe schadlos halten wollen, der ihnen statt der Vernunft dienet, und bei ihnen zuweilen mehr ausrichtet, als oft bei dem Menschen das herrlichere Geschenk, die Vernunft zu thun vermag.

mag. Die mehrere Zärtlichkeit und Geschmeidigkeit ihres ganzen Körpers und ihrer Gliedmaßen; die außerordentliche Feinheit ihrer sinnlichen Werkzeuge, und andere körperliche Vortheile, geben den Thieren überdies noch gewisse Vorzüge, deren sich die Menschen, durch ihre Vernunft entschädigt, nicht zu rühmen haben.

Das reitzendste Vergnügen, das ein Weltweiser, der die Natur untersucht und ihren Urheber verehrt, gedenken kann, ist die unaussprechliche Mannigfaltigkeit, welche sein forschender Geist in den unterschiedenen Geschlechtern und Gattungen der Landthiere, der Wasserthiere, der Amphibien, der kriechenden und fliegenden Thiere wahrnimmt, und die Fruchtbarkeit der Natur, welche so viele unterschiedene Arten und Geschlechter durch die unbegreiflichsten Abwechselungen der äußern Gestalten, der Farben, Eigenschaften und Neigungen so deutlich zu unterscheiden wußte. Um des daraus zu erwartenden Vergnügens willen haben auch die Weltweisen von jeher diesen Theil der Naturgeschichte mit besonderm Fleiß getrieben. Keine Bemühung konnte ihnen eine reitzendere Erholung von den strengeren Untersuchungen der Weltweisheit und

sicht-

sichtbarere Erheiterung gewähren, als eben die=
se Untersuchungen der Fähigkeiten der Thiere.

In allen Theilen der Weltweisheit ist
dieses gerade derjenige, worin die Bemü=
hungen und Untersuchungen der Alten am
glücklichsten gewesen. Aristoteles, Plinius
und viel andere nach ihnen, haben über die=
se Materie soviel schöne Anmerkungen ge=
macht, daß sie selbige beinahe erschöpft und
ihren Nachfolgern nur wenig übrig gelassen
zu haben scheinen, wenn wir die Beobach=
tungen einiger Thiere in fremden Ländern
ausnehmen, die den Alten unbekannt ge=
blieben waren. Was aber den Alten vor=
züglich entwischt ist, und uns noch zu viel
seltenen Anmerkungen Gelegenheit geben
kann, das sind besonders die Insekten.

Viele Leute machen den Philosophen,
welche sich mit Untersuchungen und Kennt=
niß derselben abgeben, den unüberlegten
Vorwurf, daß sie sich bei allzukleinen und
nichts bedeutenden Gegenständen verweilten.
Wie leicht fällt es aber nicht den Naturkun=
digen, sich wegen dieses Vorwurfs zu recht=
fertigen! Die Insekten scheinen blos denen
verächtlich, welche sie gar nicht kennen,
und weder ihre Bewunderung, noch ihre
Verachtung, am rechten Ort anzubringen
wissen. Was kann man wohl für Gründe

ihrer Geringschätzung anführen? Haben sie nicht mit allen übrigen Geschöpfen einerlei Urheber? Sind sie nicht eben so wohl zu weisen Absichten, nach den Regeln der allweisesten Baukunst und mit den bewunderungswürdigsten Fähigkeiten geschaffen? Ihre Kleinheit thut ihnen in der Vorstellung, die sich der gemeine Mann von ihnen zu machen pflegt, den größten Eintrag, weil er die Gegenstände nur nach dem Verhältniß ihrer Größe zu bewundern pflegt. In den Augen des Weltweisen ist ihre Kleinheit gerade dasjenige, was seine Bewunderung am meisten rege macht. Er erstaunt bei der geringsten Untersuchung, wie die Natur in einem so kleinen, oft kaum sichtbaren Theil von Materie, eine so unbeschreiblich große Zurüstung mechanischer Kunstwerke einschließen können? Die Insekten haben bei ihrer Kleinheit, dennoch alle zu den thierischen Verrichtungen erforderliche Gliedmaßen. Da diese bei den großen Geschöpfen so zärtlich und gelenk sind, welche unbegreifliche Feinheit müssen sie nicht bei den kleinsten Insekten haben, die zum Theil unsern Augen nicht eher sichtbar werden, bis sie uns unter besonders dazu erfundnen Gläsern erst viele Tausendmal vergrössert er-
schei=

scheinen? Kann der Verächter der Insekten dieses lesen, ohne sich vor sich selbst und vor der Gleichgültigkeit zu schämen, mit welcher er über die wunderbaresten Geschöpfe hinweg sieht?

Ein anderer Grund der Verachtung oder Gleichgültigkeit gegen die Insekten, ist die Vermuthung, daß nur die andern Thiere eine gewisse Kenntniß haben, sie mag seyn, was es für eine wolle, und welche Benennung man ihr auch beizulegen gut fände. Es ist gewiß, daß der materialische Verstand, den ihnen die Schulen beizulegen pflegen, einen offenbaren Widerspruch in sich schließet. Wir sehen und haben es schon vorher bewiesen, daß sie Empfindungen, Neigungen, Abscheu, Zärtlichkeit, Erinnerungs- und Vergleichungsvermögen, mit einem Wort, fast alle Leidenschaften haben, die wir an uns bemerken. Diese Aehnlichkeit und das Verhältniß, das wir zwischen ihnen und uns wahrnehmen, erlaubet uns nicht, gegen die Thiere gleichgültig zu seyn, und macht, daß wir ihre Handlungen mit eben der Wißbegierde beobachten, als wir die unterrichtende Beschreibungen der Sitten barbarischer Völker lesen, weil wir sie heimlich mit den unsrigen vergleichen.

Q 4   Eben

Eben so verhält es sich mit den Insekten. Viele Arten derselben sind zwar giftig und schädlich; die meisten scheinen uns, dem ersten Anblicke nach, unsauber und widerlich. Alles dieses flößt uns eine Art des Abscheues ein. Giebt es aber nicht unzählige Familien von Insekten, die dem menschlichen Geschlecht zum offenbaresten Nutzen dienen? und wie viel Vortheile könnten wir nicht noch von einer Menge anderer Geschlechter ziehen, wenn wir uns sorgfältiger um ihre Lebensart und natürliche Beschaffenheit bekümmerten? — Die Kenntniß der Insekten? — Was berechtiget uns, ihnen diese abzuleugnen? Hat nicht schon eine Spinne, so verachtet und eckel sie vielen vorkömmt, bei ihrer Lebensart hundertmal mehr Geschicklichkeit, List, Vorsicht und Muth nöthig, als viele große Thiere? Wer getrauet sich, der Fliege einen Theil dieser Eigenschaften abzusprechen? Der Biene gehört in dieser Absicht unstreitig noch ein größerer Vorzug. Die Unterschiedlichkeit der Bedürfnisse bestimmt hier, wie bei andern Thieren, das kleinere oder größere Maß ihrer Kenntnisse. Da wir aus den Handlungen der Thiere auf ihre Kenntnisse schließen, so können wir nicht abstehen, warum eben dieser Schluß nicht bei

al-

allen, auch den kleinsten Insekten, gelten
sollte? Wir sind unserer Seits überzeugt,
wenn der Elephant einige Kenntniß und
Empfindung hat, daß solche der Ameise mit
gleichem Recht müsse zugestanden werden.

Wenn wir, (sagt Herr Bonnet l. c. p.
509) einige Zeit bei den Insekten stehen
bleiben, so finden wir unter ihnen einige,
die nicht ganz ungeschickt sind, ihre kleine
Leidenschaften zu erkennen zu geben, und
ihr Vergnügen sowohl, als ihre Bedürf=
nisse, auszudrucken. Die verliebten Be=
zeugungen der Spinnen, der Jungfern,
der Schmetterlinge ꝛc. würden uns viele
Züge darstellen, die uns keinen Zweifel
übrig ließen, daß Männchen und Weib=
chen sich auf eine sehr verständliche Art aus=
drucken. Ihr geschicktes Betragen, ihre
mancherlei Wendungen, ihre kleine listige
Streiche würden uns lehren, daß auch die=
se Insekten in einer gewissen Art von Spra=
che keine Fremdlinge sind, in einer Spra=
che, die allen empfindenden Geschöpfen in
einem höhern oder geringern Grade zu=
kömmt und welche sich durch gar keine zwei=
deutige Zeichen zu verrathen scheinet. Wir
würden sehen, wie das Männchen, ver=
mittelst seiner Scherze, seiner Liebkosungen,
seiner Beständigkeit, eine gute Zeitlang das

Weib=

Weibchen zu Gunstbezeugungen reizet, welche ihm von diesem anfangs nur darum abgeschlagen zu werden scheinen, damit es desto hitziger würde.

Die Insekten mögen demnach giftig oder eßbar, häßlich oder schön, groß oder klein seyn, so kann uns dieses nicht hindern, in Betrachtung derselben ein Vergnügen zu empfinden, insofern sie uns nicht gefährlich werden können. Wir gestehen, daß einige derselben, wegen ihres besondern Ansehens oder ihrer Unsauberkeit, unsere Zärtlichkeit zurückscheuchen; das kömmt aber daher, weil unsere Zärtlichkeit zuweilen allzuhoch getrieben, und bisweilen gar unvernünftig ist. Indessen sind nur die wenigsten von dieser Art, und man kann sogar behaupten, daß von allen Geschöpfen die schönsten unter den Insekten, angetroffen werden. Wir wünschen, daß unsere Leser sich einmal das Vergnügen machen möchten, eine Republik von Bienen oder Ameisen, eine Spinne, einen Seidenwurm oder andere Insekten nach ihrer ganzen Haushaltung und Lebensart, genau zu beobachten. Erstaunt über die Menge unerwarteter und überlegter Handlungen, über die feinste List und Vorsicht, über die tiefsten Überlegungen zu ihrer Sicherheit, über die

hef=

heftigen Affekten und vielfältigen Empfindungen dieser Geschöpfe, würden sie ausrufen: Herr wie sind deine Werke so groß und viel, du hast sie alle weislich geordnet, und die Erde ist voll deiner Güte! Die Ehre des Herrn ist ewig, der Herr hat Wohlgefallen an seinen Werken *).

*) Wenn man unter den bisher angeführten Meinungen unterschiedener Schriftsteller, von den Fähigkeiten oder Naturtrieben der Thiere jede besonders und mit Aufmerksamkeit untersuchet; so wird man finden, daß Herr von Buffon, welcher sie zu bloßen Maschinen machet, ihnen allzuviel Abbruch thut, daß aber die Verfasser der Encyklopädie, welche sie beinahe zu verständigen Wesen machen, ihnen zuviel einräumen, und daß es eine Mittelstraße geben müsse, auf welcher man der Wahrheit am nächsten kommen würde. Diese Mittelstraße haben, meines Erachtens, die angeführte Herren Bonnet und Reimarus am nächsten berühret, und verdienen also hierbei ganz und mit reifer Überlegung vorzüglich nachgelesen zu werden

Ende des VIIten und letzten Bandes der allgemeinen Geschichte der Natur.

I. Register.

der merkwürdigsten Sachen, welche in des Herrn von Buffon allgemeinen Naturgeschichte und in den Anmerkungen dazu vorkommen.

NB. Die erste, von der andern durch ein Komma getrennte Zahl, bedeutet den Band, die andere die Seitenzahl daselbst, die beigesetzten Sternchen die Anmerkung auf derselben Seite und f. ferner.

A.

                                             Band. S.

Aälchen im Kleister   4, 256 *
Abajour   2, 103 *
Abgründe zwischen den Klippen und auf den Gipfeln der Berge   2, 147
Abscheu, ist eine Leidenschaft, die der Mensch mit den Thieren gemein hat   7, 137
Abyssinier   6, 98. 204
Acacia foliis Scorpioidis leguminosa; Acacia vera veterum, siehe Schotendorn.
Achaja in Griechenland, siehe Livadien.
Achem, Beschaffenheit der Völker daselbst   6, 48

Acr

Band. S.

Acridophagi 6, 412 ***
Adansons Nachricht von der Hitze auf Senegal
    6, 269 *
Adelsberg, berühmte Höhle daselbst 3, 80
Ader, (große Hohl=) 4, 380
— — (große Schlag=) Aorta ebendf.
Adler, werden von einigen Völkern gegessen
    6, 408 ****
Aechzen 5, 195
Aegypten, Beschaffenheit der Witterung daselbst
    2, 422 f.
Aegypter, Beschaffenheit dieser Völker 6, 95. 103 f.
Aegyptisches Frauenzimmer 6, 188
Aehnlichkeit, welche Thiere und Pflanzen gemein
    haben 3, 208
   der Kinder mit ihren Eltern 3, 309
Aethiopier, Beschaffenheit dieser Völker 6, 141. f.
    203
Aetna, ein feuerspeiender Berg in Sicilien 3, 9 f.
    54 f.
Affen, tragen Schaleygehäuse vom Seestrande nach
   den Bergen 2, 87
   man kann ihnen den geringsten Grad im Den=
   ken nicht einräumen 5, 25
   thun vieles, was den mechanischen Handlungen
   der Menschen gleich kommt 5, 439
   deren Geschicklichkeit in Nachahmung menschli=
   cher Handlungen 7, 150 f.
   ihr Fleisch wird von einigen Völkern gegessen
    6, 403
— kurzgeschwänzte 6, 58 **
Afrika 1, 54. 369
   die größten Ströme daselbst 2, 208
   merkwürdige Seen 2, 320. 323. 329
   feuerspeiende Berge 3, 17
   Beschaffenheit dessen Völker 6, 139 f. 267 f.
Afrikanerinnen 6, 98
Afrikanische Landesspitze 2, 301
Agaricus mineralis, s. Steinlerchenschwamm.
Agate noir d'Anderson 6, 237 *

Aga-

Band. S.

Agathyrſi 6, 342 f. *
Aguti, ſ. Kaninchen (Ferkel-)
Akridophagen, ſ. Heuſchreckenfreſſer.
Albinos 6, 298
Albours, ein feuerſpeiender Berg in Aſien 3, 14
A.ana, Alcanna 6, 124 **
Aldrovandus, Urtheil von deſſen Werken über die
    Naturgeſchichte 1, 44 f.
  deſſen mit den Hühnereiern angeſtellte Beobach-
    tungen 3, 363 f.
Alhenna 6, 124 **
Alkanna, die unbewaffnete lawſoniſche Pflanze
    6, 124 **
Allantois, ſ. Tunica allantois.
Alpen 2, 151. 168
  auf denſelben wird ein Schiff mit ſeinen Ankern
    in einer Erzgrube gefunden 3, 153
  Beſchaffenheit deren Bewohner 6, 306
  ſiehe auch ſchweizeriſche Gebirge.
Alte Perſonen werden gemeiniglich mehr in hoch-
    liegenden Gegenden und Ländern beobachtet,
    als in niedrigen 5, 269
  Urſachen, warum die erſten Menſchen ſehr alt
    geworden ebendſ.
Alte feſte Land, ſ. Land.
Alter und Tod 5, 245 f.
Altin, ein See 2, 206 *
Amazonen 6, 196. 245. 340
Amazonenfluß 2, 208. 210. 299
Amazonenland 6, 260
Ambre noir des boutiques 6, 237 *
Ameiſen, deren Vorherſehung 7, 181. 249
  werden von einigen Völkern gegeſſen 6, 411 **
Ameiſenfreſſer, wird von einigen Völkern gegeſſen
    6, 405
Amerika, Seen daſelbſt 2, 321. 324. 330 f.
  feuerſpeiende Berge 3, 18
— — iſt in allen ſeinen Ebenen gleichſam ein ein-
    ziger zuſammenhangender Moraſt 3, 126

das

Band. E.

daselbst scheint seit kurzem das Meer von einem
 großen Stück des hervorstehenden Landes und
 der Inseln zurückgewichen zu seyn 3, 156
wie man daselbst mit neugebornen Kindern verfährt 5, 64
warum in den unterschiedenen Himmelsstrichen
 der neuen Welt ein geringerer Unterschied in
 der Witterung, als in der alten, herrschet
 6, 260
Amerikaner, sind neue Völker 6, 258 f.
Amerikanische Erdenge, Beschaffenheit der Einwohner daselbst 6, 237
Amerikanische (Süd-) Landesspitze 2, 300
Amerikanische Völker, mancherlei, deren Beschaffenheit 6, 210 f.
Amiant 3, 110
Ammanns Mittel, Taub- und Stummgeborne re-
 den zu lehren 5, 421*
Ammen, deren Wahl trägt zur Gesundheit neuge-
 borner Kinder sehr viel bei 5, 88
Ammonshörner 2, 106. 124
Amnios, s. Schafhäutchen
Amphibien, werden von einigen Völkern gegessen
 6, 409
Amur, ein Fluß in der östlichen Tartarei 2, 206. 218
— — eine Insel 2, 262
Anabon, eine Insel, Beschaffenheit der Einwoh-
 ner daselbst 6, 172
Andamans, Inseln 2, 271
Andes, Gebirge in Peru 2, 154
Andry, dessen Beobachtungen über die männlichen
 Samenthierchen 3, 444
Angara, ein Fluß 2, 205*
Angolische Mohren 6, 44. 133
Anotta 6, 229*
Anthropophagi, s. Menschenfresser.
Antillische Inseln 2, 296. 3, 156
 Nachricht von den Wilden daselbst 6, 227.
Antiochien, Erdbeben daselbst 3, 25

An-

                                            Band. S.
Antiparos, berühmte Höhle daselbst   3, 81
Anziehende Kraft, wechselseitige, aller Theile der
    Materie   1, 270
Aorta, s. Ader (große Schlag-)
Apalachiten, ein an Florida grenzendes Volk
                                            6, 226
Aphis   3, 286 *
Apulien, Erdbeben daselbst   3, 25
Aquapendente (Fabricius ab) s. Fabricius.
Araber, Beschaffenheit dieser Völker . 6, 90. 96.
                                            100. 142.
Arabische Meer   2, 272
Arabischer Gummi, s. Gummi.
Arachneophagi   6, 413 b)
Arada, eine Küste, Beschaffenheit der Mohren da-
    selbst   6, 173. 178
Aral, ein See   1, 184. 2, 177. 314
Ararat, ein Berg   3, 21
    hat eine Menge Höhlen   3, 84
Arbeitsamkeit gewisser Thiere   7, 156
Arbeitsbienen, s. Bienen.
Arbor Chibou, s. Schotendorn.
— — farinifera, palmam referens, s. Sagou.
— — Mexicana, fructu castaneæ, coccifera, s.
    Orlean.
— — venenata, Mancinello dicta   7, 62 *
— — Zagoe amboin.   6, 395 ***
Arbre à pain   6, 396 *
Archipelagus des mittelländischen Meeres   2, 288
  dessen Inseln sind reichlich mit Höhlen versehen
                                            3, 78. 84.
    Beschaffenheit der Einwohner der Inseln des
        Archipelagus   6, 128. 273
Arequipa, in Amerika, feuerspeiender Berg daselbst
                                            3, 18
Argensola Nachricht von den Papus   6, 68
Argilla, s. Lehm.
Argiß   6, 409 a)
Argun, ein Fluß   2, 206. * 328 **

                                            Ari-

Band. S.

Aristoteles, deſſen Gedanken und Bemerkungen von
    der Erzeugung   3, 330 f. 381 f. 443
    er hat Unrecht, wenn er die weibliche Samen=
    feuchtigkeit als eine für sich unfruchtbare Ma=
    terie betrachtet   4, 192
    irret, wenn er behauptet, der Krokodill bewege
    seinen obern Kinnbacken   5, 193
Aristotelische Naturgeschichte der Thiere   1, 87 f.
Armadillen, s. Schweine (Kürassier=)
Armanson, ein Strom   2, 76
Arme   5, 221
Arnotta   6, 229 *
Arrasen, ein Volk in Guiana   6, 246
Arruagen   6, 233
Ascarides, s. Darmwürmer.
Aschenberg   3, 40. 72
Aſien, die größten Ströme darin   2, 205
    Seen daselbst   2, 320 f. 322
    feuerspeiende Berge daselbst   3, 14
    die berühmtesten Moräste und Sümpfe   3, 126
— — (Klein=) Beschaffenheit der Völker daselbst
                                                    6, 120 f.
Asphalt, Judenharz   2, 333
Asphaltischer See   ebendſ.
Aſſinibalier, Aſſiniboils, Aſſinipolier, gewiſſe Völ=
    ker   2, 303. 6, 212
Asterix columnates   2, 102 **
Astroite Cerveau   2, 102 *
Athanatus, deſſen außerordentliche Stärke 5, 236
Athemholen, ist neugebornen Thieren nicht so un=
    entbehrlich, als erwachsenen   5, 45
Atlantis, eine Insel   2, 307. 3, 176
Atlantische Meer   1, 174. 2, 378
Atlas, der große und kleine; Gebirge in Afrika
                                      2, 151. 6, 107. 268
Atollon   2, 40
Atomen   3, 239 **
Atramentstein rother   6, 122 *

R   Auf=

                                                           Band. S.
Aufenthalt des Menschen   6, 393
Aufwallung des Wassers auf dem Meere   3, 72
Auge, scheint unter allen äußern Sinnen die dauerhaftesten Erschütterungen anzunehmen   7, 53
   läßt sich gar wohl als eine Fortsetzung des innern Sinnes und als einen wirksamen Sinn
   betrachten   ebendf.
   ob es natürlicher Weise verkehrt sehe   5, 347
   siehe auch Gesicht.
Augen, bleiben bei den meisten Thieren auch noch
   einige Tage nach der Geburt verschlossen 5, 47
   sind bei neugebornen Kindern mit einem natürlichen Fell oder Häutchen verschlossen   5, 48
   sind Verräther der größten Geheimnisse unsers
   Herzens   5, 179
   deren Beschaffenheit, Farbe, Bewegung.   5, 181
   was für Wirkungen die Leidenschaften auf dieselben hervorbringen   5, 199
   deren Beschaffenheit bei der Leibesfrucht und einem neugebornen Kinde   5, 343 f.
   große, schwarze, weit offenstehende, mit dem
   Kopf gleich erhabne, werden von den orienta-
   lischen Frauenzimmern für eine Schönheit gehalten   6, 101. 125. 128
   in den Augen lieset man deutlich den Ausdruck
   der innern Empfindungen   7, 54
Augenbraunen   5, 186
   dieselben färben sich die Frauenzimmer in verschiedenen Ländern   6, 109. 121
   werden von den Völkern in Kleinasien wegge-
   beizt   6, 122
Augenkrankheiten, herrschen vornämlich in Aegypten   6, 105
Augenlieder, deren Haut ist bei den Morgenlän-
   dern ungleich länger, als bei andern Völkern
                                                 5, 106
   ihre Bewegung und ihr Nutzen   5, 187
   dieselben pflegen die Einwohner der Küste von
   Neuholland halb geschlossen zu halten   6, 72
Augenstern, s. Stern im Auge.

	Band. S.
Augenwimpern	5, 186
Augustin (St.) ein Meerbusen, Beschaffenheit der Einwohner daselbst	6, 199
Aura seminalis, s. Saamengeist.	
Auresische Gebirge, Beschaffenheit der Bewohner derselben	6, 207
Ausbrüten der Eier, s. Hühnereier.	
Ausdehnung, eine Eigenschaft der Materie	3, 230
Ausdünstung der Kieselsteine, s. Kiesel.	
— — — von der Oberfläche des Meers, s. Meer.	
Ausser sich selbst seyn, was darunter zu verstehen?	7, 98
Austern	3, 202
werden gegessen	6, 414
Austerschalen versteinerte	2, 118 f.
Austerwasser, dessen mikroskopische Beobachtung	4, 83
Auswickelung, s. Entwickelung.	
Aba, ein Vorgebirge	2, 266
Aveiron, ein Fluß	2, 187
Averno, ein See	2, 334
Averroes,] dessen Gedanken von der Erzeugung	
Avicenna,]	3, 332
Azorische Inseln, Schwefelberge daselbst	3, 20
Erdbeben	3, 20

B.

Baart, s. Bart.	
Babelmandel, eine Meerenge	6, 146
Babylonischer Thurm, eine Schnecke	2, 103
Backen, Grübchen in demselben	5, 197
Backenzähne, s. Zähne.	
Backöfen, darin werden zu Großkairo Eier ausgebrütet	3, 370
Bad, oder das Mutterwasser	4, 371
— — neugeborner Kinder	5, 54
Bären, auf der Insel von Großbrittannien	3, 148

R 2

Band.

Ihr Fleisch wird von einigen Völkern gegessen 6, 402
Bären (See-) s. Seebären.
Bärtige Weiber auf der Insel Formosa 6, 61
Bäume, unterirdische 3, 125
Baffinsbai 2, 292
Bajador, ein Vorgebirge 2, 287
Baikal, ein See 2, 205. 327
Baker, dessen Beobachtungen über die Thierchen in der an den Zähnen sich ansetzenden Materie 4, 185
Balanus marinus 2, 97 *
Balascia, Beschaffenheit der Einwohner daselbst 6, 89
Baltische Meer 2, 237. 250. 3, 160
Balv, Beschaffenheit der Einwohner daselbst 6, 56
Bambarer, Beschaffenheit dieser Mohren in Afrika 6, 178
Bananier, s. Paradiesfeige.
Banda, eine Insel, hat einen feuerspeienden Berg 3, 17. 84
— Beschaffenheit der Einwohner daselbst 6, 56
Bandwurm, Tænia 4, 218 f. 423
Banianen, Nachricht von diesen Völkern 6, 78
Baraba, eine Landschaft und kein See 2, 327 *
Barbados, eine Insel 2, 225
Barbarei, Beschaffenheit der Einwohner daselbst 6, 95. 110. 142. 267
Barbarische Pferde, s. Pferde.
Barents (Wilh.) dessen Reise nach Norden 1, 364
Baroche, ein Fluß 2, 273
Barometer, zeigt die Höhe der Berge an 2, 139
Barrere, dessen Abhandlung vom Ursprung der figurirten Steine 3, 161
— dessen Meinung von der Ursache der Schwärze der Mohren 6, 280
Bart, dessen Hervorkeimen ist ein Zeichen der Mannbarkeit 5, 123
— unterschiedene Arten, wie die Menschen denselben zu ordnen pflegen 5, 208 f.

die

Band. S.
die Männer in Mogol haben nur einen kleinen
              6, 75
Bascia, Beschaffenheit der Einwohner daselbst 6, 89
Barx, s. Paradiesfeige.
Batate   6, 398. 417 **
Bauch   5, 221
Bauchwärmer   4, 218
Baumannshöhle   3, 79
Baumfrüchte, s. Früchte.
Baumläuse, s. Blattläuse.
Bai aller Heiligen   2, 299 f.
Bebe, ein Zwerg des Königs Stanislaus in Poh-
  len   6, 309 f.
Bedas, eine Art von Wilden auf der Insel Zey-
  lon   6, 82. 240
Beduinen, ein Volk unter den Arabern 5, 146. 394
Bedürfnisse, die natürlichen, sind innere Bewe-
  gungen   7, 46
Beerdigungen übereilte, deren Schädlichkeit 5, 293 f.
Begierde nach dem Genusse, ist eine Leidenschaft,
  welche Thiere mit dem Menschen gemein ha-
  ben   7, 137
— — zur Fortpflanzung bei den Thieren 7, 237
Begriffe, kommen den Thieren nicht zu   7, 99
Beine dicke, bei den Einwohnern in Kalikut 6, 81
Belosero, eine Provinz   2, 219
Bengalen, Beschaffenheit dieser Völker   6, 77
Bengalische Meerbusen   2, 272
Beni-Guazeval, eine feuerspeiende Höhle in Afrika
                3, 18
Benin, ein Fluß, bei den Einwohnern daselbst
  werden alle Mädchen beschnitten   5, 107
Beraubung der Mannheit, s. Entmannung.
Berg, dessen Entstehung auf dem Grunde des Mee-
  res durch die Bewegung und den Bodensatz
  der Gewässer   1, 156
  deren Ursprung   1, 171
  dessen Entstehung nach Scheuchzers Meinung
               1, 333
  nach Ray's Hypothese   1, 336. 3, 20

Band. S.

die alterhöchsten befinden sich um die Gegend des
    Aequators   2, 8
deren Schichten und Steinlagen   2, 30
deren Höhe ist durch Hilfe des Barometers aus-
    zumessen   2, 139 f.
die höchsten   2, 140
sie sind in Ansehung der Höhe sehr von einan-
    der unterschieden   2, 143
auch in Ansehung der Gestalt   ebends.
deren Abgründe   2, 144 f.
Berge und Unebenheiten auf dem Grunde des
    Meeres   2, 358 f.
Ursache von den zusammenpassenden Winkeln der
    Berge und Hügel   2, 374
Berge werden durch ein Erdbeben gespalten
                                            3, 86
deren Umkehrungen   3, 87
sie werden durch den die Erde herunterspühlen-
    den Regen immer niedriger   3, 177
siehe auch Hügel.
Berge brennende oder feuerspeiende, s. Feuerspeiend.
Berghörner, Spitzberge, s. Pico.
Bergkrystall, s. Krystall.
Bergwerke, deren große Höhlen und tiefe Gruben
                                          2, 149
Bertrams Versuche mit Vipern   7, 208
Beschneidung der Knaben   5, 105 f.
der Mädchen   5, 107
Betel, Betele, Betre, Tembout, Piper Betele
                        6, 32 f. 50. 63. 69. 86
Beurtheilungskraft der Thiere, s. Urtheil.
Beutelratze   7, 240
Bewegung fortschreitende der Thiere und Pflanzen
                               3, 202. 7, 39 f.
Bewegungen innere   7, 46
Bewußtseyn des gegenwärtigen aber nicht des ver-
    gangenen Daseyns wird man an den Thieren
    gewahr   7, 93 f.
Bidassoa, ein Fluß in Spanien   6, 131
Bieber bauen künstliche Wohnungen   5, 28

wer-

                                                          Band. S.
werden von einigen Völkern gegessen   6, 405
Biene, deren Fruchtbarkeit   4, 224
    Verwandlung   4, 247*
    ihr künstlicher Bau der Zellen   5, 28. 7, 170
    Verstand und Naturgaben   7, 157 f. 248
    Tiefsinnigkeit   7, 177
    daß sie mehr Wachs und Honig eintragen, als
       zu ihrem Unterhalt erfordert wird, ist ein Be=
       weis, daß sie bloße Empfindung, und nichts
       weniger als Vernunft besitzen   7, 182 f.
    werden von einigen Völkern gegessen 6, 411
Bienen (Arbeits=)   3, 216
Bier, ein Getränk der Menschen   6, 417
Biervilles (Innigo de) Nachricht von den Chine=
    sern   6, 34
Bildung der Leibesfrucht, s. Leibesfrucht.
Bimstein   2, 354
Birkensaft, darin werden Thierchen gefunden
                                         4, 111
Bisamkatze, s. Muskusthier.
Bischofsmütze   6, 229*
Biskajische Meerbusen   2, 248
Bisons, s. Ochsen wilde.
Bistorta alpina   6, 399*
Bitume de Judée   2, 333*
Bixa orellana, s. Orlean.
Bläschen auf dem Wirbel des Kopfes der Kinder
                                         5, 53
Blätter, deren Abdrücke auf Steinen   2, 130
Blakfisch, wird von einigen Völkern gegessen 6, 414
Blank (Maria Angelika Memmie se) eine Wilde
                                         6, 371 f.
Blasen (Wasser=) s. Wasserblasen.
Blasenband, Urachus   4, 376
Blaßwerden   5, 198
Blattläuse   3, 209. 286 f. 4, 180 f. 237 f. 245 f.
Bled de Turquie, d'Inde ou d'Espagne, s. Mays.
Blinde werden in Aegypten häufig gefunden 6, 105
Blindgeborne   5, 347

Banb. G.

Beobachtungen in Ansehung des Sehens eines Blindgebornen, dem der Staar gestochen worden 5, 259 f.
Beispiele gewisser Geschicklichkeiten der Blindgebornen, besonders ihres zarten Gefühls 5, 363 f.
Blindheit, eine der vorzüglichsten Ursachen derselben ist ein allzustarkes Licht 5, 390
Blinzhäutchen 6, 301
Blöder Verstand 7, 105. 114
Blut, darin werden Thierchen beobachtet 3, 445
 dessen Erzeugung 4, 311 f.
 dessen Kreislauf in der Leibesfrucht 4, 379
 ist nach des D. Towns Versicherung in den Mohren viel schwärzer, als bei andern Menschen 6, 280
— monatliches, s. monatliches Blut.
— vergossenes, ist ein sehr zweideutiges Merkmal der Jungferschaft 5, 137
Blutes, Einlassung eines fremden, Transfusio sanguinis 5, 265
Blutlose Thiere 3, 338
Bois, s. Holz.
Bologna, Erdbeben daselbst 3, 28
Bononischer Stein 2, 84
Borandier, Beschaffenheit dieser Völker 6, 7 f.
Borneo, Beschaffenheit der Einwohner daselbst 6, 56. 272
Bornebelt, eine Insel 2, 266
Borstige Engelländer, s. stachlichte Mensch.
Bos Indicus, s. Buckelochs.
Bosphorus, eine Meerenge 2, 288. 306
Bostonbai 2, 295
Botanik, s. Kräuterwissenschaft.
Botanische Methoden 3, 210
Bothnische Meerbusen 2, 237
Bourguets Lehrgebäude von der Erde 1, 327
 dessen Entdeckungen in Ansehung der Gebirge 2, 155
 angestellte Beobachtungen über den Samen eines Kastnichen 3, 443 f.

Bo-

Band. S.

Bovinus (Juvenis) Bambergensis Linn. 6, 351 *
Brandkorn, s. Mutterkorn.
Brasilien, daselbst pflanzen sich ganze Völkerschaften fort, ohne daß ein einziges Weib unter denselben jemals einen monatlichen Blutfluß verspüret - 5, 160
   Beschaffenheit der Witterung daselbst 6, 261
Brasilische Sklaven 6, 233
— — Wilden 6, 250
Bratskische Tartarn, s. Tartarn.
Braune Menschen in Afrika 6, 273. 287
   deren weiße Kinder 6, 298
Breed - Fruit - Tree 6, 396 *
Brei ist neugebornen Kindern nicht dienlich 5, 69
Brennende Berge, s. feuerspeiend.
Bretagne, Sandflut auf den Küsten daselbst 3, 178 f.
Bright (Ed.) ein außerordentlich dicker und schwerer Engelländer 6, 338
Brillen, sind kein nothwendiges Bedürfniß des mittlern Alters 4, 211 *
Brittannien (Groß-) diese Insel hat vordem einen Theil des festen Landes ausgemacht 3, 143
Brittanier gemalte, s. Pikten.
Brod, statt dessen bedienen sich die Araber einer Art wilder Samenkörner 6, 97
Brodbaum indianischer, s. Sagou.
Brodfrucht 6, 396
Bruch, vom allzustarken und anhaltenden Geschrei der Kinder 5, 80
Brücken, wie deren Einsturz vorzubauen 2, 198
Brügge, in Flandern, daselbst sind viele unterirdische Bäume 3, 126
Brüste - 5, 219 f.
— — bei neugebornen Kindern 5, 53
   bei Frauenzimmern, deren merklicheres Wachsthum ist ein Merkmal der Mannbarkeit 5, 123
Brüten der Eier, s. Hühnereier.
Brunnen, wo dergleichen nicht zu graben sind 3, 124

Brust 5, 219 f.

Band. S.

deren vorderer Theil ist bei Frauenspersonen jer-
  habner, als bei Mannspersonen   5, 231
nur Eine haben die Amazonen   6, 257
Buchstaben, welche die Kinder am leichtesten aussprechen lernen   5, 90
Buckelochs (afrikanische) Bos Indicus   6, 307
von Buffon, seine Rangordnung der Thiere ist nur
  willkührlich   1, 68*
er tadelt die linnäische Eintheilung der Thiere
  mit Unrecht   1, 73** 77* 79*
dessen Meinung, daß das schwarze Meer und die
  kaspische See vormals durch ein Gewässer mit
  einander vereinigt gewesen, ist ungegründet
                                          1, 182**
drückt sich über den Unterhalt der Gewächse nicht
  bestimmt genug aus   3, 205*
seine Begriffe von den innerlichen und äusserlichen Formen sind eben so wenig bestimmt
                                          3, 257*
die Folge, die er macht, daß die Natur zum
  Steinmachen nicht geneigt sey, weil wir Steine
  zu machen nicht vermögend sind, ist zweifel-
  haft   3, 260*
dessen Erfahrungen über die Erzeugung   4, 5 f.
Vergleichung der buffonischen Beobachtungen mit
  den leeuwenhöckischen   4, 99 f.
Beobachtungen über die vorhergehenden Erfahrungen   4, 139 f.
hat in Ansehung der Verwandlung der Baumläuse eine irrige Meinung   4, 252
drückt sich in Ansehung des Zustandes der Seele
  nach dem Tode etwas undeutlich aus 5, 16**
legt den thierischen Handlungen allzuviel mecha-
  nisches bei   5, 34*
dessen Meinung von der Verhärtung der Ner-
  venenden beruhet auf einem seichten Grunde
                                          5, 215*
dessen Irrthum in Ansehung des Gesichts der
  Kinder   5, 386*

legt

Band, S.
legt den Thieren allzuwenig geistige Vorzüge bei 7, 48
Sätze aus der von buffonischen Geschichte der Natur, welche der Pariser theologischen Fakultät anstößig vorgekommen sind 6, 425 f.
Bunium Bulbocastanum Linn. 6, 898
Burgauschnecken, Burgau la Veuve, deren Bewohner werden von den Wilden gegessen 6, 231
Burnets Theorie der Erde 1, 127. 307 f.
Busen, ausgegrabene, beugen den Wirkungen des wütenden Wassers vor 7, 198

C.

Cabéliau 3, 462
Cactus 6, 396
Calchitis, s. Chalcitis.
Calmar 3, 316. 463
Canicula Rondel. 7, 171
Capra Gazella Linn, 6, 101
Capsicum Linn. 6, 69
Caribou, s. Karibu.
Catulus major, minor & saxatilis 7, 171
Carten von der alten und neuen Welt, s. Vaugondy.
Cenis, ein Berg 2, 174
Cerebrites 2, 102
Cerveau de Mer, de Neptune ebendſ.
Ceylon, eine Insel 2, 272. 422
ist durch einen Einbruch des Weltmeeres von der Halbinsel Indien getrennt worden 3, 143. 155
Chakrelas, ein Volk auf der Insel Java 6, 54. 83. 249
Chalazæ 3, 369. 381
Chalcitis, Calcitis 6, 122
Chama 2, 106
Changi (Meerbusen von) 2, 271
Chanons, ein Volk 6, 327
Chardins Nachricht von den Tartarn 6, 36

Char=

Band, S.

Charlevoir nimmt einen Zusammenhang des festen
   Landes der alten und neuen Welt in Norden
   für ausgemacht an   1, 377
— dessen Beschreibung des Wasserfalls des Stromes
   Niagara   2, 231
Charybdis   2, 436
Chasse (à la) f. Nierenweise.
Chatanga, Chotanga, ein Fluß   2, 257
Chaters von Ispahan, sind Läufer von Profession
    5, 234
Chelonophagi   6, 410 a)
Chesimur, eine Landschaft in Persien; Beschaffen=
   heit der Einwohner daselbst   6, 89
Chibugumimi, f. Gummi, (arabischer)
Chili, Beschaffenheit der Einwohner daselbst
    6, 253. 394
Chineser   6, 29 f. 33. 42. 287. 340
Chinesisches Holz, f. Holz.
Chinesische Meer   2, 263. 270
Chio (Terre del) f. Erde von Schio.
Chorion, eine derer Fruchthüllen   4, 371. 374
Christiansmeer   2, 292
Chylus, f. Nahrungssaft.
Cicuta aquatica, f. virosa, Cigue aquatique
    7, 63 *
Coffea Arabica, f. Kaffe.
Coiter (Volcher) dessen Beobachtungen mit Hüh=
   nereiern   3, 363
Colcothar fossile   6, 123 *
Columnites   2, 102 *
Comet, f. Komet.
Conchylien, f. Konchylien.
Convolvulus Batatus Linn.   6, 398 **
Coquillages, Coquilles   2, 83 *
Corail de jardin   6, 69 **
Cossi Saguarii   6, 413 ****
Culex pipiens, f. Mücken.
Curculio Palmarum   6, 413 **
Curruca fylveftris, f. Luscinioka   7, 171 *
Cuscuta, f. Flachsseide.

Cyclis

Cyclas orientalis. f. Eagou.
Cynofurus coracanus Linn.   Band. S.
                                6, 400*
Cyprus   6, 124**

D.

Dachs, wird von einigen Völkern gegessen 6, 405
Dänen, Beschaffenheit dieser Völker   6, 133
Dagestanische Tartarn, f. Tartarn.
Dails   3, 218*
Dalai, ein See   2, 206**
Dalempatius, dessen Untersuchung der männlichen
    Samenfeuchtigkeit   3, 449
Dalin (von) Nachricht von den Kakerlacken 6, 301
Damietta, eine Stadt   3, 172
Dampier entdeckt Neubretagne   2, 264
Dankbarkeit bei den Thieren   7, 243
Dara, ein Fluß; Beschaffenheit der Einwohner
    längs demselben   6, 110 f.
Darby, eine englische Provinz, daselbst findet sich
    eine sehr große Höhle   3, 79
Darmwürmer, Ascarides   4, 423. 5, 81*
Dartre (Pater du) dessen Meinung von den Spitz-
    bergen   2, 170
Dattelbaum, dessen Frucht dient einigen Völkern
    zur Nahrung   6, 395
Datteln (Stein-)   3, 218*
Dauer des Lebens, f. Leben.
Davis (Straße) eine Meerenge   2, 292
    Beschaffenheit der Einwohner daselbst 6, 211. 266
Dekan, ein Königreich, daselbst werden die Kinder
    sehr frühzeitig verheurathet   6, 76
Delos, eine Insel   3, 64
Delta, eine Insel   3, 171
Demokritus gedenkt der Samenthierchen   3, 443
Deskartes, dessen Lehrgebäude von der Erzeugung
                                         3, 351
Deutsche Meer   2, 249. 3, 160

Deutsch-

Band. S.
Deutschland, das südliche, Beschaffenheit der Völker daselbst 6, 289
Develshohle, s. Teufelsloch.
Diableret, ein Berg in Valesien, ein Theil davon stürzt plötzlich herunter 3, 87
Diamant 3, 110
Dichtheit der Planeten 1, 241
Dickbeinichte Menschen 6, 81
Dicke (unförmlich) und schwere Menschen 6, 337
Dieberei, wird in Mingrelien als eine Wissenschaft getrieben 6, 118
Diebesinseln, s. marianische Inseln.
Dintenfisch 3, 316. ** 463. 4, 86. 170. 239. 258. 7, 209
 wird von einigen Völkern gegessen 6, 414
Dintengummi, s. Gummi (arabischer)
Dioskorische Pflanze, Dioscorea, Igname, Inhamé 6, 167. * 397
Dnieper, ein Strom 2, 204. 218
Domingo (St.) eine Insel, Beschaffenheit der Einwohner daselbst 6, 227
Don, ein Strom 2, 204. 305 f.
Donau 2, 204. 216. 218
Dondos 6, 298. 303
Donez, Donjeck, ein Strom 2, 305
Dorf versteinertes 2, 93
Drake (Franz) dessen Reise um die Welt 1, 356
 er entdecket die auf der nördlichen Seite von Kalifornien gelegene Landschaft 2, 302
Drehende Bewegung der Planeten um sich selbst 1, 261 f.
Drüsichte Körper an den Hoden der Frauenspersonen 4, 7. 5, 159
Duina, ein Strom 2, 204. 218
Dünen 2, 349. 359. 3, 129. 162 f.
Düngen unfruchtbarer Länder mit Muschelschalen 2, 65
Duverney entdeckt den drüsenartigen Körper an den Hoden - 3, 469
Dummköpfe 7, 96

Dupre

Band. S.

Dupre von St. Maur, dessen Beobachtungen von
  der Dauer des Lebens der Kinder   5, 84
  dessen Tabellen von 12 Dorfgemeinden und 3
  Pariser Kirchspielen, wornach man die Wahrscheinlichkeit vom Leben der Menschen überhaupt mit einiger Zuverläßigkeit berechnen
  kann   5, 300—336
Durrah   6, 399

E.

Ebbe und Flut   2, 7
  wird in einigen Meerengen und mittelländischen
    Meeren wahrgenommen   2, 292. 336 f.
  bringt regelmäßige Winde hervor   2, 395
Ebenen, deren giebt es zweierlei Gattungen 2, 145
Echinus marinus   2, 97*
Echo   5, 408
Edelsteine   2, 80. 3, 110
Egypten, s. Aegypten.
Ehestand   5, 148
Ehrgeiz, besitzen ebenfalls die Thiere 7, 141. 149
Eiche, wenn dieselbe erstirbt   5, 262
Eicheln, dienen verschiedenen Völkern zur Nahrung
    6, 397
Eichhörnchen, wird von einigen Völkern gegessen
    6, 405
Eider   3, 343
  werden von den Wilden gegessen   6, 131. 409
Eideren (Kamm-) Iguana   6, 409
Eifersucht der Männer, wird bei gewissen Völkern
    bis zur Ausschweifung getrieben   6, 18
  herrscht insonderheit unter den Arabern   6, 102
  in Mingrelien   6, 119
— — davon scheinen auch die Thiere etwas an
    sich zu haben   7, 144. 235
Einbildungskraft der Schwangern und deren Wir-
    kung auf die Frucht.   4, 385 f.

Ein-

Band. S.

Einbildungskraft ist eine Fähigkeit oder ein Vermögen der Seele 7, 120
— — — insofern dieselbe den Thieren zukommt 7, 121. 197*
Einfach und zusammengesetzt, was darunter zu verstehen 3, 230
Einschlafen 7, 24
Einstürzungen ganzer eingesunkener und verschlungener Stücken Landes 1, 196
Einwickeln der Kinder, s. Wickeln
Eis der mitternächtlichen Meere 1, 360
Triebeis in der Nordsee ebendf.
fürchterliche Eisklumpen im Meere 2, 236
Eisgebirge in den nordischen Ländern, Beschaffenheit der Einwohner daselbst 6, 305
Eismeer, Beschaffenheit der an demselben wohnenden Völker ebendf.
Elendthier amerikanisches, s. Orignal.
Elephanten, deren Waffen oder Hauer 5, 79
deren Kenntniß und Empfindung 7, 249
ihr Fleisch wird von gewissen Völkern gegessen 6, 198. 401
Elster, äußert Klugheit und Vorsicht 7, 217 f.
Empfängniß, nach dem ordentlichen Laufe der Natur 5, 161
deren Zeichen 5, 163
Empfindliche Pflanze 3, 204
Empfindung innere 5, 10. 7, 36
Empfindungen, worin deren Unterschied beruhet 5, 434
Empfindungsvermögen der Thiere 3, 204. 7, 78 f. 197
die Thiere sind mit einer sogar noch bessern Empfindungskraft, als wir, begabet 7, 78. 93
Endursachen 3, 327
Engelland und Frankreich haben ehemals einen zusammenhängenden Strich Landes ausgemacht 2, 41
Englische Krankheit, s. Krankheit
Entbindung 4, 366

                                                   Band. S.

wird den Weibern in Mogol gar nicht sauer
                                                   6, 76

Ente   7, 231
— wilde   7, 239
Entmannung   5, 111 f.
Entrochus columnaris   2, 102 **
Entstellte Menschen (durch Kunst)   6, 339 f.
Entwickelung, Auswickelung   3, 267
— — — der Leibesfrucht, s. Leibesfrucht.

Eperlan   3, 463 *
Epilobium angustifolium   6, 419 *
Erblassen der Wangen   5, 198
Erdbeben   1, 200 f.
    auf dem Gebirge Kordillera   3, 20
    zu Lima   3, 21
    in Peru   3, 22
    in verschiedenen Ländern und Gegenden 3, 22 f.
    bei dem zu Bologna im Jahr 1695 verspürten
      waren den Tag vorher alle Wässer trübe ge-
      worden   3, 28
    gewisse Erdbeben lassen sich auf dem Meere weit
      von fern spüren   3, 36
    bei Eröfnung eines neuen feuerspeienden Berges
      lassen die Erdbeben völlig nach   3, 39
    ob die Erdbeben der Ursprung der Berge seyn
                                        3, 40 f.
    es giebt zweierlei Arten von Erdbeben 3, 46 f.
    sie kommen in Gegenden, die feuerspeiende Ber-
      ge tragen, am allerhäufigsten vor   3, 54
    sie spalten Berge   3, 86
Erdbeschreibung   1, 345 f.
Erdbirnen   6, 398
Erde, Abhandlung von deren Historie und Theorie
                                        1, 125 f.
    Beweise von deren Theorie   1, 288 f.
    ihre allgemeine Eintheilung überhaupt 1, 345
    deren Umschiffung   1, 356
    fruchtbare und unfruchtbare   2, 11 f. 24

Band. S.

ihre Bewegung um ihre Are soll die Hauptursache des zwischen den Wendezirkeln herrschenden beständigen Oſtwindes ſeyn 2, 399

die meiſten auf der Oberfläche der Erde ſichtbaren Höhen ſind im Meere ſelbſt gebildet worden 3, 168

Erde und Luft haben einen großen Einfluß in die Geſtalt der Menſchen, Thiere und Pflanzen 6, 290

— von Schio, ſelinuſiſche Erde, Terre de Chio ou Selinuſienne, Terra Chia vel Selinuſia 6, 121

Erdenge bei Suez 2, 275
Erdfälle 3, 87
Erdfrüchte, ſ. Früchte.
Erdkugel, deren Größe, Entfernung von der Sonne, umdrehende Bewegung, Figur 1, 224 f.

von derſelben war den Alten nur ein ſehr kleiner Theil bekannt 1, 355

die Anordnung aller Materien, woraus dieſelbe zuſammengeſetzt iſt, rührt lediglich von den Bewegungen des Waſſers her 2, 127

Unebenheiten auf ihrer Oberfläche 2, 135
Erdlagen, ſ. Erdſchichten.
Erdnuß 6, 398
Erdſchichten und Erdlagen, deren Bildung durch die Bewegung und durch den Bodenſatz der Gewäſſer 1, 148 f.

deren Urſprung 2, 3 f.
Anzeige von verſchiedenen, welche ſich zu Marly=la=Ville bis zu 100 Fuß tief in der Erde befinden 2, 13

ſie haben ſich nicht nach der Ordnung ihrer eigenthümlichen Schwere über einander geſetzt 2, 44

woraus dieſelben zuſammengeſetzt ſeyn 2, 74
ſenkrechte Spalten in denſelben, ſ. Spalten.
Erdtuffeln 6, 398
Erfahrung 3, 326

Erin=

Band. S.
Erinnerung, ist von dem Gedächtniß unterschieden
7, 107
Erinnerungskraft der Thiere   7, 197
Ernährung   3, 67
  der menschlichen Frucht   5, 57
Erniedrigungen der Berge vom Regen, s. Berg.
Erröthen der Wangen   5, 198
Erscheinungen der Gespenster, s. Gespenster.
Erschütterung vom Licht und Schall im Auge und
  Ohr, s. Licht. Schall.
Erwachen   7, 24
Erzeugung und Fortpflanzung der Wesen   2, 48
  der Thiere   2, 286 f.
    Anzeige der unterschiedenen Lehrgebäude von der
      Erzeugung   3, 319 f.
    des Herrn von Buffon Erfahrungen darüber
                                                4, 5 f.
Esel, dessen Fleisch wird von einigen Völkern ge=
  gessen   6, 405
Essig, ein Getränk der Menschen   6, 418
Eulen, deren Scharfsinnigkeit   7, 177
Euphemia (St.) eine Stadt versinket durch ein
  Erdbeben   3, 26
Euphrat   2, 178. 207. 218
Euripus, ein Meerstrudel   2, 436
Europa, die größten Ströme darin   2, 203
  die merkwürdigsten Seen   2, 322 f.
  die berühmtesten feuerspeienden Berge   3, 9
  die berühmtesten Moräste und Sümpfe   3, 125
Eier, sind nur gewissen Thieren eigen, welchen die
  Natur die Gebährmutter versagt hat   4, 195
— — (Hühner=) s. Hühner.
— — ohne Henne auszubrüten   3, 370
Eierlegende Thiere   3, 231. 4, 225
Eierstücke oder weibliche Hoden 3, 404. 427 f.
                                                4, 196 f.
  in denselben kann sich zuweilen eine Frucht bilden
                                                4, 317 f.

S 2   Fabri=

F.

            Band. S.

Fabricius ab Aquapendente, dessen Beobachtungen und Erfahrungen über die Befruchtung und Entwickelung der Hühnereier   3, 360
Fabrik (Völker-) s. Völkerfabrik.
Fabry   2, 184. 6, 216
Fäulniß, aus derselben entspringende Thiere 3, 340
Fagus Castanea sativa Linn.   6, 397 **
— — Graecorum & esculus C. B.   ebendf.
Falken, werden von einigen Völkern gegessen 6, 408
Falten und Runzeln im Gesicht, s. Runzeln.
Falun, Falunieres   2, 67
Farbe der Völker, Unterschied darin   6, 9
  davon ist der Himmelsstrich die vornehmste und beinahe die einzige Ursache   6, 290
  ob es möglich sey, daß Eltern von einerlei Farbe Kinder von unterschiedener Farbe zeugen können   6, 295
Farelli, hat die Entzündungen des Berges Aetna am ausführlichsten beschrieben   3, 10
Farrenkräuter, in Steinen eingedrückt   2, 132
Fasanhuhn   7, 239
Fauvette de bois   7, 171 *
Fehler des Gesichts, s. Gesicht.
Feige (Paradies-) s. Paradiesfeige.
Feige (Pharaons-) s. Pharaonsfeige.
Feigen, dienen verschiedenen Völkern zur Nahrung   6, 396
Feldmaus, s. Maus.
Feldratze   7, 235
Felibien (Herrn) Nachricht von einem Tauben, der in einem Alter von 24 Jahren plötzlich zum erstenmal seines Gehörs mächtig wurde 5, 416 f.
Felsen, mitten im Meere   2, 138
  deren Umstürzungen   3, 87
  deren Trennungen, s. Spalten.

Band. S.

sie werden durch Regenwasser angegriffen, und
   ganze Stücke davon in die Thäler hinabge-
   führt   3, 119
Felsenhöhlen, darin wohnt ein Theil der Araber
                                              6, 393 ****
Ferkelkaninchen, s. Kaninchen.
Fernando, eine Insel   2, 286
Ferngläser   5, 377. 414
Ferolisches Holz, s. marmorirtes Holz.
Fese   5, 223
Fett, dessen Entstehung und Beschwerlichkeit 5, 246
Feuchtigkeit, welche die Frauenspersonen, wenn sie
   zur Lust gereizet werden, häufig von sich zu
   geben pflegen   4, 207 f.
Feuer, von der Oberfläche des Wassers aufsteigen-
   des   3, 73
— — unterirdisches, ist vermögend, große Erdfälle, Umstürzungen der Felsen, und ganze Umkehrungen der Berge zu bewirken   3, 86
Feuerland   6, 326
Feuerlilie, s. Lilie.
Feuerschlünde unterseeische   3, 71. 74
Feuerspeiende Berge   1, 196 f.
   was dieselben seyn   3, 5 f.
   wie ihre Wirkungen nachzumachen   3, 8 f.
   die berühmtesten in Europa   3, 9
   in Asien   3, 14
   in Afrika   3, 17
   in Amerika   3, 18
   bei Eröfnung eines neuen feuerspeienden Berges
   lassen die Erdbeben völlig nach   3, 39
   deren Ausbrüche verursachen Erdbeben 3, 46 f.
   bei ihren Ausbrüchen wird oft siedendes Wasser
      ausgespien   3, 56
   die aus ihnen ausgeworfene Materien fließen in
      Gestalt ganzer Ströme geschmolzner Mineralien
      heraus, und überschwemmen die umliegenden
      Gegenden des Berges   3, 57
   warum das Feuerspeien allemal nur auf hohen
      Bergen geschiehet   3, 59 f.

Band. S.
ihr Unterschied von den unter dem Wasser ver-
 borgenen Feuerschlünden 3, 71
Fiallagras der Isländer, s. Gras.
Ficus Carica Linn. Ficus communis. 6, 396 **
— — Indica fructu racemoso, s. Paradiesfeige.
— — Pharaonis, s. Pharaonsfeige.
— — Sycomorus Linn. 6, 397 *
Figuier d'Adam, s. Paradiesfeige.
Figur der Erde 1, 265 f.
Finger 5, 457 f.
Finnen, Beschaffenheit dieser Völker 6, 131
Finnländische Meerbusen 2, 250
Fische, ihre erstaunliche Vermehrung und Frucht-
 barkeit 3, 215 *
 deren Milch mikroskopisch untersucht 4, 85
 ihre Lebensdauer 4, 228 f. 5, 264
 Paarung 4, 233
 Gaum 5, 215
 die mit Schuppen bedeckte sind unter allen Thie-
  ren die dummsten 5, 110
 sind fast die einzige Nahrung einiger Völker
  6, 409
 verdorbene und versaurte Fische werden von den
  Arakanern und Jakuten ohne Widerwillen ge-
  gessen 6, 48
 Arten des Instinkts bei den Fischen 7, 241
 — — versteinerte 2, 87
Fischottern werden von einigen Völkern gegessen
  6, 409
Fischroggen 4, 157
Fischzähne versteinerte 2, 108
Flachsseide, Cuscuta 3, 175
Flechte isländische 6, 400
Fledermaus, der fliegende Hund 7, 179
Fledermäuse werden von einigen Völkern gegessen
  6, 406
Fleisch, dessen Veränderung mit zunehmendem Al-
 ter, s. Muffeln.
— — krafter, auch sogar bergstäter Thiere wird
 von einigen Völkern gegessen 6, 415 ** 416

Fleisch-

Band. S.

Fleischfressende Thiere, s. Thiere.
Fliege, deren Witz   7, 160 f. 172. 248
Flöhe werden von einigen Völkern gegessen   6, 412
Florida, Beschaffenheit der Wilden daselbst   6, 226
Flüsse, deren Ursprung   2, 144
 Lauf oder Richtung   2, 174
 Wirbel   2, 189
 woran ein bevorstehendes starkes Aufschwellen der
  Flüsse vorher zu empfinden   2, 192
 ihre Geschwindigkeit richtet sich nach dem Ver-
  hältniß der Abschüßigkeit   2, 193
 wie den Wirkungen des wütenden Wassers vor-
  zubeugen   2, 197
Aufschwellen der Ströme und Uiberschwemmungen
                                        2, 198
 die Theorie von der Bewegung der fließenden
  Wasser ist noch vielen Schwierigkeiten und
  Dunkelheiten unterworfen   2, 202
 die größten Ströme in Europa   2, 203
 in Asien   2, 205
 in Afrika   2, 208
 in Amerika   ebends.
 welche Ströme am abschüßigsten sind   2, 217
 alle Ströme nehmen auf dem ganzen Wege ihres
  Zuges noch andere Flüsse in sich   2, 218
 einige scheinen im Sand oder im Eingeweide der
  Erdkugel sich zu verlieren   2, 235
Flüßiger Körper   5, 434
Flut, s. Ebbe.
Foah, eine Stadt   3, 172
Formen innerliche und äusserliche   3, 252 f.
Formosa, ein Vorgebirge   2, 288
Formosa, eine Insel, Beschaffenheit der Einwoh-
 ner daselbst   6, 61 f. 74. 317
Fortpflanzung, s. Erzeugung.
 Begierde zur Fortpflanzung bei den Thieren
                                        7, 237
Fortschreitende Bewegung, s. Bewegung.
Fossilien sind etwas Organisches   3, 260 *
Fotok, eine Art von Seeläusen   6, 413 *

Band. S.

Frankreich, Beschaffenheit der Völker daselbst 6, 289
— — — und Engelland haben ehemals einen zusammenhängenden Strich Landes ausgemacht 2, 39
Frauenzimmer gelangen früher zur Mannbarkeit, als die Mannspersonen 5, 124 f. 176
    bei ihnen hat man den Grund einer zweideutigen Unfruchtbarkeit viel öfters, als bei den Männern, zu suchen 5, 158
Freßzangen bei den Insekten 5, 215
Freundschaft, eine Art davon besitzen ebenfalls die Thiere 7, 144
    sie gehört blos für die Menschen 7, 147
Friesland, eine Insel 2, 240
    große Uiberschwemmung daselbst 3, 178
Frosch, in der Feuchtigkeit aus den Hoden eines männlichen entdeckt Leeuwenhoek bewegte Körperchen 4, 163
    die Frösche werden von einigen Völkern gegessen 6, 410
Frost, dessen Wirkung auf Steine und versteinerte Schalen 2, 125
Fruchtbarkeit der ägyptischen Frauenzimmer und Thiere 6, 104
    der schwedischen Weiber 6, 131
Fruchthäutchen, Fruchthüllen, s. Chorion. Schafhäutchen.
Fruchtkeim 3, 213
    Berechnung dessen, was ein einziger Fruchtkeim, dessen Zeugungskraft man völlig nützte, zusammengenommen hervorbringen könnte 3, 261
Früchte, in deren Genuß sind die Perser wahre Schwelger 6, 93
— — (Baum= und Erd=) sind die natürlichste Nahrung des Menschen 6, 394
— — versteinerte 2, 97
Frumentum indicum, Mays dictum, s. Mays.
Fucus saccharinus Linn. 6, 400 ****
Fuchs 7, 216 f.

Füchse,

Band. S.

Füchse, deren Vorsichtigkeit, List, Geduld und Geschicklichkeit 7, 177. 204 f.
 ihr Fleisch wird von einigen Völkern gegessen 6, 406
Füße, deren erzwungene Zierathen bei den Chineserinnen 6, 39
Fulen, eine Art Menschen in Afrika 6, 154
Fuogo (del) eine Insel in Afrika, ist ein feuerspeiendes Gebirge 3, 18
Furcht, ist eine Leidenschaft, die der Mensch mit den Thieren gemein hat 7, 137. 140
 eine kluge und überlegte äußert der Fuchs 7, 216
Furor uterinus, s. Mutterwut.
Fußblatt ebendas.

G.

Gähnen 5, 193
Gährung 4, 221
Gaeta, in Italien, daselbst ist ein Berg durch ein Erdbeben gespaltet worden 3, 86
Gagath, Gagates 2, 78. 6, 237
Galle, ist bei den Mohren brauner, als bei den Weißen 6, 282
Galleninsekten 3, 202
Ganges, ein Fluß in Asien 2, 207. 218
Gardafu, ein Vorgebirge 6, 146
Garreat-Denys, eine Insel 6, 71
Gate, ein hohes Kettengebirge 2, 153. 272
Gattungen, deren Anzahl ist im Thierreich viel beträchtlicher, als im Pflanzenreiche 3, 210
——— unterschiedene im Geschlechte der Menschen 6, 5 f.
Gaum der Fische 5, 215
Gauren, Guébres, Beschaffenheit dieser Völker 6, 91 f.
Gazellenaugen 6, 101
Gebährmutter einiger Thiere, mikroskopisch betrachtet 4, 55

Band. S.

ihre Stelle ersetzen bei gewissen Thieren die Eier 4, 195
deren Beschaffenheit während einer Schwanger-
schaft 4, 261. 315 f.
verschlossene ist eine Ursache der Unfruchtbarkeit 5, 155
Gebirge, Betrachtungen darüber 1, 139
   Anzeige der bekanntesten 2, 151
Geblüt, s. Blut.
Geburt, deren Ursachen 4, 400
Geburten frühzeitige und verspätete 4, 396. 408
   unzeitige 4, 398. 408
   Größe und Gewicht zeitiger menschlicher Geburten 5, 52
Geburtsarbeit, Geburtswehen 4, 413 f.
Gedächtniß der Thiere 7, 100 f. 197
   woraus dasselbe bei uns Menschen entstehet 7, 100
Gefleckte oder schäckichte Menschen 6, 285 **
Gefrierender Stein. 2, 125
Gefühl 5, 431. 435 f.
   dessen Hindernisse 5, 441
   blos durch dasselbe können wir zu vollständigen
und wirklichen Kenntnissen gelangen 5, 444
   ist bei dem Menschen in einem weit vollkomm-
nern Grade, als bei den Thieren 7, 60
— — zartes der Blindgebornen 5, 363 f.
Gehirn, ist ein wesentlicher Theil der thierischen
Einrichtung 7, 35 f.
   in dem Gehirn bei den Mohren hat man deutli-
che Spuren der Schwärze gefunden 6, 284
Gehirnstein 2, 102 *
Gehör, dessen Sinn 5, 395 f.
   siehe auch Ohr.
Geistige Theil des Menschen 7, 124
Geiz der Thiere 7, 235
Gelächter unmäßiges 5, 197
Geläute der Glocken, s. Glocken.
Gelbe oder rothe Negern, s. Mohren (gelbe oder
rothe)

Ge-

Band. S.

Gelehrte Kinder 5, 94
Gelisse 2, 125
Gemalte Brittannier, s. Pikten.
Genfersee, Nachricht von einer auf demselben er‑
 schienenen Wassersäule 2, 457
Gentil, dessen Beschreibung der Wasserhosen 2, 481
 Erzählung von einem Erdbeben, wobei er selbst
 zugegen gewesen 3, 37
 Nachrichten von den Chinesern 6, 31
Georgianer, Beschaffenheit dieser Völker 6, 91.
 113. 289
Geruch 5, 430
 ist bei den Thieren in unbeschreiblich viel größe‑
 rer Vollkommenheit, als bei den Menschen,
 anzutreffen 7, 60. 92 f. 218
Geschichte der Erde, s. Erde.
— — der Natur, s. Naturgeschichte.
Geschlecht 4, 294
— — der Menschen, unterschiedene Gattungen darin
 6, 5 f. 292
Geschmack 5, 430
 hat bei den Thieren mehr Zuverläßigkeit und
 Vollkommenheit als bei den Menschen 7, 61
Geschrei der Kinder, ein allzustarkes und anhalten‑
 des verursacht leicht einen Bruch 5, 80
Geschwänzte Menschen 6, 58. 62
Gesellschaft, es giebt unter gewissen Thieren eine
 Art von Gesellschaft, welche sich auf die Wahl
 derer, aus denen sie bestehet, zu gründen scheint
 7, 161
 bei den Menschen gründet sich dieselbe sowohl
 auf physische Uibereinstimmungen, als auf sitt‑
 liche Beziehungen 7, 165 f.
Gesellschaftliches Leben (ein eigentlich) giebt es un‑
 ter den Thieren nicht 7, 223
Gesicht leidet bei den Leidenschaften unterschiedene
 Veränderungen 5, 200 f.
 dessen Runzeln und Falten im Alter 5, 259
 Sinn desselben 5, 343 f.

dessen

Band. S.

dessen Fehler und die dadurch veranlaßten Irrthümer 5, 366 f.
dessen Natur, Eigenschaften und Umfang 5, 371 f.
kurzes 5, 381 f.
klares und deutliches 5, 388 f.
der Sinn des Gesichts hat seiner Natur nach mehr Uibereinstimmung, als irgend ein andrer, mit der Natur des innern Sinnes 7, 53
ist bei den Thieren unvollkommner, als bei den Menschen 7, 61
Gesichter nennt man nach dem Ausdruck der Künstler, die 10 Abtheilungen der ganzen Länge des Körpers 5, 226
Gesichtsbeurtheilung, s. Physiognomik.
Gesner, dessen Methode in der Botanik 1, 27
Gespenster, woher deren Erscheinungen rühren 5, 367
Gesundheit eines Menschen ist schwächer und wankender, als die Gesundheit irgend eines Thieres 7, 88
Getränke der Menschen 6, 416 f.
Geve 6, 231 *
Gewächse, Vergleichung zwischen ihnen und Thieren 3, 191
Geier werden von einigen Völkern gegessen 6, 408
Gibraltar, Meerenge daselbst 2, 287
Gienmuscheln 2, 106 *
Giftpfeile, s. Pfeile.
Gili (Bernh.) ein großer Riese 6, 335
Gimpel, ein hochrother, bekommt vom Genuß des Hanfsamens schwärzliche Federn 6, 205
Glasartige Materien 3, 106
Glasrath 3, 103 *
Gleichartigkeit der Erdkugel 1, 273
Glockenläuten zur Vertreibung der Donner= und Hagelwolken 2, 441
Glossopetræ 2, 108
Glückseligkeit irdische, worin dieselbe bestehet 7, 127
Goa 2, 426
Beschaffenheit der Indianer daselbst 6, 86

Gold=

Band. S.

Goldsee in Guiana 2, 324
Gomme, s. Gummi.
Gonsalvez, ein Vorgebirg 2, 285
Goodwin, ehemals ein Gut eines Herrn dieses Namens, ist aber blos eine vom Meer überzogene Sandebene 3, 152
Gorea, eine Insel, Beschaffenheit der Einwohner daselbst 6, 174
Gothen, Beschaffenheit dieser Völker 6, 131
Gotthardsberg 2, 219
Goulden, dessen Reise nach Grönland 1, 365
Gounapi, ein feuerspeiender Berg 3, 17
Graaf, dessen Beobachtungen an Kaninchen 3, 395 f.
— dessen Gedanken und Irrthümer von den weiblichen Hoden 4, 201 f.
Gramen dactylon ægyptiacum 6, 400
Gras (Fialla-) der Isländer 6, 400
— — (korakanisches Kamm-) ebendf.
— — (zuckersüßes Meer-) ebendf.
Grasemücke 7, 171
Greise merkwürdige 5, 266
deren eigenthümliche Schwachheiten 5, 172
abgelebte sind zuweilen noch Väter geworden 5, 276
Griechen, Beschaffenheit dieser Völker 6, 127 f.
Grönland 2, 290. 6, 266
Beschaffenheit der Völker daselbst 6, 7. 9. 14. 20. 288. 305
Grönländische Landesspitze 2, 301
Größe des Menschen, wie lange dieselbe einer merklichen Zunahme fähig ist 5, 263
von der unterschiedenen Größe der Menschen 6, 305 f.
Großbrittannien, s. Brittannien.
Großkairo, s. Kairo.
Gruben unter der Erde, darin wohnen die Kamtschatkalen 6, 393
Grübchen in Backen 5, 197
Grünes Vorgebirge 2, 286
Grund zureichender 3, 328
Guadalupa, Schwefelberge daselbst 3, 20

der

Band. S.

der daselbst in der Erde befindliche Kalk 3, 155
Guaden, Beschaffenheit der Einwohner daselbst
6, 111
Guam, eine Insel, Beschaffenheit deren Einwohner
6, 66
Guébres, s. Gauren.
Guiara 2, 299
 Beschaffenheit der Einwohner daselbst 6, 244
Guinea (Neu=) s. Neuguinea.
Guineische Einwohner 6, 148. 178
— — Küste 2, 432. 6, 271
Guineischer Pfeffer, s. Pfeffer.
Günthers Meinung von der anomalisch=weißen
 Farbe mancher Vögel, und anderer Thiere
6, 208*
Gummi (arabischer) Chiogummi, Dintergummi
 Gummi arabicum &c. Gomme arabique &c.
6, 151**
Gummibaum, s. Schotendorn.
Gummi, s. Senegal.
Gujarate, Beschaffenheit der Einwohner daselbst
6, 87

H.

Haare, was die Steinmetzen also nennen 3, 114
— — bei Kindern 5, 79 f.
 im männlichen Alter 5, 188 f.
 unterschiedene Arten, wie die Menschen dieselben
  zu ordnen pflegen 5, 208 f.
— — haben die Weiber in Mogol von Natur auf
 keinem einzigen Theile des Leibes 6, 76
kohlschwarze, wie auch vorzüglich lange und
 dicke, werden von den maldivischen Wei=
 bern unter ihre Schönheiten gerechnet
6, 85
rothe stehen bei den Weibern des Königreichs
 Tripoli in großer Achtung 6, 108

über=

Band. S.

überflüßige werden durch Rusma vertilget
6, 123

deren Beschaffenheit hängt von der Beschaffenheit
der Haut ab 6, 207

auf deren Farbe haben der Himmelsstrich, Frost
und Hitze, sowohl bei Menschen als Vieh, den
stärksten Einfluß ebends.

Häßliche Menschen finden sich mehr auf dem Lan=
de, als unter den Bewohnern der Städte
6, 290

Häute, deren Veränderung mit zunehmendem Alter
5, 257

Hahn, dessen Same mikroskopisch betrachtet 4, 182
dessen unterschiedenes Geschrei 7, 230

Halbthiere 7, 35

Halley, dessen Berechnung der Meeresausdünstun=
gen 2, 215
Meinung von der Salzigkeit des Meeres 2, 221

Hals 5, 218

Hamster 7, 176 * 235

Hand 5, 436 f.
deren freien Gebrauch sollte man billig einem
Kinde gleich, nach der Geburt verstatten
5, 443 f.

Hanffsamen, dessen Genuß verändert die Farbe der
Vögel 6, 205 *

Hanno, dessen Reise von Gades bis nach dem ara=
bischen Meer 1, 370

Harthörige Personen 5, 414

Hartsoeker, dessen Beobachtungen über die Samen=
thierchen 3, 432 f. 4, 112

Harvey, dessen Lehrgebäude und Erfahrungen von
Erzeugung der Thiere 3, 310. 364 f.
Urtheil über dessen Erfahrungen 3, 393 f.
dessen Irrthümer werden angezeigt 6, 198 f.

Hase, dessen List, wenn er gejagt wird 7, 212 f.

Hasen auf dem flachen Feld und in wässerigen Ge=
genden haben ein viel weiteres Wildpret, als
die auf den Bergen oder auf dem trocknen
Lande 6, 202

schei=

Band. S.

scheinen das einfältigste Thier zu seyn 7, 211
Hauer oder Waffen der Elephanten und wilden
 Schweine, s. Schwein (wildes)
Haut eines zur Welt kommenden Kindes 5, 52
 deren Veränderung mit zunehmendem Alter
  5, 259
 Beschaffenheit 5, 429
dieselbe machen sich die Weiber in Dekan schäckig
  6, 77
 harte und rauhe, wie eine Warze, bei den Ein-
  wohnern in Kalikut 6, 81
Haifischzähne 2, 108*
Hedysarum alpinum Linn. 6, 398 a)
Hekla, ein feuerspeiender Berg in Island 3, 9 f.
Helena (Meerbusen von St.) 6, 185
Heliciten 2, 94*
Henna Arabum 6, 124**
Henne, deren Sprache mit ihren Hühnchen 7, 230
— — (Trut-) ebendf.
Heracleum Spondilium Linn. 6, 418*
Heraklea, eine unter dem Schutt des entzündeten
 Vesubs vergrabene, und in den neuern Zeiten
 wieder entdeckte Stadt 3, 12
Hermaphrodismus der Schalenthiere 3, 339*
Herskenkleen-Koral 2, 102*
Hervorbringung seines gleichen, eine Eigenschaft,
 welche den Thieren sowohl als Pflanzen zu-
 kommt 3, 223
Herz, ob sich dasselbe zuerst bildet 4, 307
 eirundes Loch in dessen Scheidewand 4, 380.
  5, 42
 das Herz ist der Mittelpunkt in der thierischen
  Maschine 7, 31
Herzmuscheln versteinerte 2, 124
Heuschrecken, ihr ökonomischer und medizinischer
 Gebrauch 6, 144**
Heuschreckenfresser, Akridophagen, ein Volk auf den
 Grenzen der äthiopischen Wüsteneien 6, 144 f.
  412

Hiera

Band. S.

Hiera, eine Insel 3, 65
Himmelsstrich hat einen merklichen Einfluß auf die Farbe, Leibesgestalt und Gesichtszüge der mancherlei Völker 6, 139. 272 f. 290
ingleichen in die Bildung der Thiere 6, 291
Hindin, s. Hirsche.
Hinterbacken 5, 222
Hippokrates, dessen Gedanken von der Erzeugung 3, 353
ihm scheinen die Samenthierchen nicht unbekannt gewesen zu seyn 3, 443
seine Meinung, daß der Same aus zweierlei Feuchtigkeiten bestehe, ist ein bloßer willkührlicher Einfall 4, 192
Hippomane mancinella 6, 146 ** 7, 62 *
Hirsche, Hirschkühe, Hindin 7, 222. 236. 239
Hirsen (großer und kleiner guineischer) 6, 399
Hitze in Senegal 6, 269 f. 286
— — des Erdstriches ist die vornehmste Ursache der schwarzen Farbe der Mohren 6, 285
Hoanho, ein Strom in China 2, 205. 218
Hochmuth besitzen ebenfalls die Thiere 7, 144
Hoden männliche, in deren Behältniß hat man die Figur eines in seinen Häuten verborgen liegenden Kindes angetroffen 4, 321
in der Kindheit wird man zuweilen nur eine, zuweilen gar keine, im Hodenbeutel gewahr 5, 109
Erwachsene, deren Hoden im Unterleibe zurückgeblieben, sind gemeiniglich sehr wollüstig 5, 110 *
Mannspersonen, die nur eine Hode besitzen 5, 111
einzelne Mannspersonen mit 3 Hoden ebendf.
die Hoden tragen bei Thieren sehr viel zur Vermehrung der Stärke und des Muthes bei ebendf.
vor Zeiten bemühete man sich, das Wachsthum der Hoden zu verhindern 5, 113
deren Abschneidung, s. Entmannung.

T Ho-

Band. E.

Hoden weibliche, f. Eierſtöcke.
Höhlen unterirdiſche   3, 46
    man hat ſie hauptſächlich in den Bergen zu ſuchen   3, 78
    ſie entſtehen entweder durchs Einſenken der Felſen, oder durch die Wirkung des Feuers   ebendſ.
    die berühmteſten   ebendſ.
    mit dergleichen Höhlen ſind alle feuerſpeiende Grüfte, alle ſchwefelreiche Landſchaften, und alle dem Erdbeben ausgeſetzte Gegenden verſehen   3, 84
Hohlader große, f. Ader.
Hohngelächter   5, 201
Holcus bicolor Linn.   6, 399 ****
Holdwith-Hope, ein Vorgebirge   2, 289
Holland hat das Anſehen eines neuen Landes   3, 150
Hollmann will Thierchen im Blute geſehen haben   3, 445 *
Holz guianiſches   3, 159 *
— — marmorirtes, Bois marbré, ferolifches Holz   3, 158
— — violettes, Bois violet, Bois de Palixandre   ebendſ.
Holzröhren, ausgehöhlte, am Flieder werden mit der Entſtehung eines hohlen Knochens verglichen   5, 249 f.
Homme (L') Porc-epic, f. ſtachlichte Menſchen.
Homo caudatus   6, 58 **
Horn, ein Vorgebirge   2, 300
Hornsinfel   6, 317 ***
Hoſpitäler (Kinder-)   5, 89 f.
Hottentotten   5, 234. 6, 75. 149. 183 f. 272. 339
    ſind in ihrem Appetit unter allen Menſchen am wenigſten von den Schweinen zu unterſcheiden   6, 416
Hudſonsbai   2, 292
    Beſchaffenheit der Einwohner daſelbſt   6, 212

Band. S.
Hugens, dessen mikroskopische Beobachtungen
               4, 111 f.
Hüften haben die Frauenspersonen stärker, als die
 Mannspersonen   5, 231
Hügel, in Hügeln, die durch ein Thal von einan-
 der getrennet werden, trift man in gleicher
 Höhe einerlei Lagen und Materien an   2, 37
 auch ist fast durchgängig einer so hoch, als der
 andere   2, 41
 Hügel sinken ohne Erdbeben ein   3, 88
Hündinnen, daran angestellte Beobachtungen
           3, 423 f. 4, 55 f.
Hühner werden gegessen   6, 408
Hühnereier, deren Befruchtung und Entwickelung
       3, 360 f. 4, 154 f. 346 f.
 deren Beobachtung vor und nach der Brütung
               4, 308 f.
Hühnerhund, s. Hund.
Hund lernt unterschiedene Wörter aussprechen
               5, 26*
 dessen Zuneigung gegen die Person seines Herrn
               7, 145
 dessen Sprache   7, 231
— — (fliegender) eine Art von Fledermäusen
               7, 170 *
— — (Hühner-)   7, 198
— — (Meer-)   7, 170 f.
 siehe auch Seehunde.
Hunde, deren Same mikroskopisch betrachtet
               4, 34 f.
 wenn sie zur völligen Länge und Stärke ihres
 Körpers gelangen   5, 263
 bellen im Schlafe   7, 109
Hundefleisch wird von gewissen Völkern vorzüglich
 geliebt   6, 173. 402
Hundehöhle in Italien   3, 79
Hundezähne, s. Zähne.
Hydatides, s. Wasserblasen.

Hymen, ſ. Jungferhäutchen. Band. S.
Hyſterolithi   2, 99

J.

Jaloffen   6, 156. 163*
Japaner   6, 38 f.
Japon   2, 265 f.
    iſt reich an feuerſpeienden Bergen   3, 16
Jaskuzk, die Einwohner daſelbſt halten die früh-
    zeitige und Nachgeburten der Thiere für Le-
    ckerbiſſen   6, 416
Jatropha Manihot Linn. ſ. Kaſſaba.
Java, eine Inſel, hat einen feuerſpeienden Berg
                                         3, 17
    Beſchaffenheit der Einwohner daſelbſt 6, 51 f. 74
Javet, Jays   6, 237*
Jedſo, ein nordwärs von Japan gelegenes Land
                                         6, 42
Jelmorland   2, 256
Jeneſei, Fluß   1, 362** 2, 205. 218
Jeniska, Jeniska, Fluß   1, 362** 2, 205
Jeſſo, Yeſo, ein Land   2, 264
Igel werden von einigen Völkern gegeſſen 6, 406
Igname, ſ. dioskoriſche Pflanze.
Iguana, ſ. Eidexen (Kamm-)
Indianer amazoniſche und guianiſche   6, 248*
    peruaniſche   6, 244
Indien (Spitze der Halbinſel von)   2, 301
    in Indien giebt es viele angelegte Teiche und
    Waſſerbehältniſſe, die wol 2 bis 3 Meilen in
    der Fläche halten   2, 333
    feuerſpeiende Berge daſelbſt   3, 17
Indiſche Archipelagus   2, 270
Indiſcher Nil   2, 223
Indus, ein Fluß in Aſien   2, 207. 216
— — eine Halbinſel, Beſchaffenheit der Völker da-
    ſelbſt   6, 75
Inſibulatio, ſ. Neſtelknüpfen.

Ju-

Band. S.

Ingermannländer, Beschaffenheit dieser Völker 6, 136
Inhame, s. Dioskorische Pflanze
Innerliche Formen, s. Formen.
Insekten, ihre erstaunliche Vermehrung, 3, 216
                                                4, 227*
    deren Verwandlung   3, 458
    Freßzangen   5, 216
    Rang im Thierreiche   7, 175
    deren Instinkt   7, 243 f.
    einige werden von manchen Völkern gegessen 6, 411
Inseln, die bloße Gipfel von Bergen sind 2, 142
    deren Entstehungsart   3, 169
— — neue   3, 63 f.
Instinkt, der Thiere   7, 191 f.
    der Insekten   7, 243 f.
Joannes Leodicensis Linn.   6, 388**
Jordan, ein Strom   2, 215
Iris, s. Regenbogen.
Irrland, gefährliche Uiberschwemmung daselbst 3, 89
Irtisch, ein Strom in Sibirien   2, 216
Isländische Flechte, s. Flechte.
Isle Royale, eine Insel   2, 294
Italien, Erdbeben daselbst   3, 32
    Beschaffenheit der Völker daselbst 6, 289
Juda, eine Küste, Beschaffenheit der Mohren das.
                                                 6, 173
Juden, Beschaffenheit dieser Völker   6, 126
Judenharz, s. Asphalt.
Judennadeln   2, 96**
Judensteine   2, 98
von Jussieu   2, 130. 133
Jukatan, eine Provinz   3, 154
Jungferhäutchen, Hymen   5, 131 f.
Jungfern, Insekten, deren verliebte Bezeugungen
                                                 7, 249
Jungferschaft   5, 131 f.
    wird bei gewissen Völkern entweder den Götzen=
    priestern überlassen, oder den Götzenbildern selbst
    als ein gefälliges Opfer dargebracht 5, 145

T 3   Jung=

Band. S.

Jungferschaft, bei andern den Vorgesetzten, Regenten und Herren aufgeopfert 5, 146
 oder überhaupt Fremden überlassen 5, 147
Jupiter 1, 250
Juvenis bovinus Bambergensis Linn. 6, 351 ***
— — Hannoveranus Linn. 6, 351 **
— — lupinus Hessensis Linn. 6, 348 *
— — ovinus Hibernus Linn. 6, 350 ***
— — ursinus Lithuanus Linn. 6, 349 **

K.

Kabardinski, ein gewisses Volk unter den Tartarn 6, 28
Kabeljau, Kabliau 2, 294. 3, 462 * 4, 96. 164. 176. f.
Kachemira, Beschaffenheit der Einwohner daselbst 6, 112
Kälte, empfinden kleine Kinder nicht so stark, als in den übrigen Perioden ihres Leben 5, 82
— — des Meeres, s. Meer.
Kaffe, Coffea Arabica, 6, 419
Kaffern 6, 68. 148. 183. 272
Kaffrische Mädchen von Mosambike 6, 88
Kahle Platten, wo sich dieselben am ersten zu zeigen pflegen 5, 189
Kahlköpfe, werden bei den alten Schriftstellern die Einwohner von Mykon genennet 5, 190
Kairo, (Groß-) daselbst werden Eier ohne Henne ausgebrütet 3, 370*
Kakerlaken 6, 285 * 298. 302
Kalabrien, Erdbeben daselbst 3, 25
Kalekut 3, 153 6, 80
Kalifornien, eine Halbinsel 2, 303
Kalk, befindet sich in dem Lande Guadaloupe durchgängig in der Erde 3, 156
Kalkartige Materien 3, 106
Kallanos, (Inseln von) 2, 266
Kallao, ein Hafen; Erdbeben daselbst 3, 21

Kali

Band. S.

Kalmucken 6, 18. 22. 24. 394
Kambaia, (Meerbusen von) 2, 272
Kambaia, Beschaffenheit der Einwohner daselbst 6, 86
Kameelfleisch, wird von einigen Völkern gegessen 6, 406
Kamm-Eidexen, s. Eidexen.
Kamtschatka 2, 261. 264
Kamtschatkalen, wohnen in Gruben unter der Erde 6, 393****
Kanadensische Wilden 5, 68. 6, 19. 214. 340
Kanäle, halb zirkelförmige, im Ohr 5, 410
Kanal, wodurch der Nil und das mittelländische Meer mit dem rothen Meere verbunden sind 2, 277
Kanariner, Beschaffenheit dieser Völker 6, 86
Kanarische Inseln 2, 287
 Beschaffenheit der Einwohner daselbst 6, 151
Kandia, eine Insel, berühmtes Labyrinth daselbst 3, 85
Kaninchen, an ihnen werden Beobachtungen angestellt 3, 396. f. 443. 4, 42 f. 80. 107
 werden von einigen Völkern gegessen 6, 406
— — (Ferkel) Aguti, wird von einigen Völkern gegessen 6, 404
Kapez, eine Stadt im Königreich Tunis, Beschaffenheit der Einwohner daselbst 6, 110
Karabé de Salome 2, 333*
Karaiben, oder Wilden auf den antillischen Inseln 6, 227 f. 340
Karaibische Weiber 6, 234
Karakan, Karakanisches Kamngras 6, 400
Karappa, in Amerika, daselbst ist ein feuerspeiender Berg 3, 19
Karelier, Beschaffenheit dieser Völker 6, 136
Karibu, Caribou, amerikanisches Rennthier 6, 213
Karmel, Berg 2, 97
Karpfen, werden sehr alt 4, 228
Kartheusergebirge 2, 171
Karunkeln, myrtenförmige 5, 135

T 4   Kase

Band. S.

Kaspische Meer 1, 182. 184. 186. 2, 177. 313
Kassavabrod, Kassabastaude 5, 268 * 6, 231 ***
    397. 417 ***
Kastanien, dienen verschiedenen Völkern zur Nahrung 6, 397
— — (Meer=) 2, 110
Kastelli, (Pater) hat von den Uiberschwemmungen sehr gründlich geschrieben 2, 202
Katanea, eine Stadt in Sicilien, wird durch einen Ausbruch des feuerspeienden Berges Aetna verwüstet 3, 11
Kater, Katze 7, 231
Katze, (Bisam=) s. Muskusthier.
— — (See=) 3, 316. 463
Katzenfleisch, wird von einigen Völkern gegessen 6, 402
Kaukasus, Gebirge in Asien 2, 151
Kaunahues, ein Riesenvolk 6, 327
Kava, (Anton) eine Insel 6, 317 **
Kavendish, (Tho.) dessen Reise um die Welt 1, 356
Kaziken 6, 227
Keill widerlegt das whistonische System 1, 307
Keim, s. Fruchtkeim.
Kem, ein Fluß 2, 205 *
Kenntnisse, dazu können wir blos durch den Weg der Vergleichung gelangen 5, 8
Kent, eine Provinz in England, daselbst sind alle Hügel ohne Erdbeben eingesunken 3, 88
    ein Seehafen wird verstopft 3, 151
Kergißische Tartarn, s. Tartarn.
Kerton, ein Fluß 2, 206 **
Kettengebirge 2, 151 f.
Kies 3, 106
Kiesel 2, 54
Kieselsteine in großen Brüchen, und einzelne 2, 77
    3, 109
    zu welcher Art Materien der Kieselstein zu rechnen 3, 106
    hat seine Ausdünstungen 3, 110

Säul=

Band. S.
Saulmons Anmerkungen über die in unterschiedenen Gegenden vorkommende kleine Kieselsteine 3, 167
Kila, ein See 2, 205
Kimos werden die kleinen Madagaskaner genannt 6, 306
Kinder, deren Aehnlichkeit mit ihren Eltern 3, 309
 werden im Königreiche Dekan sehr frühzeitig verheurathet 6, 76
— — neugeborne werden gebadet 5, 54
 mit gezuckertem Wein gestärkt 5, 58
 gewickelt 5, 59
 schlafen viel 5, 62
 werden gewieget 5, 66
 sollten vor dem Ende des ersten Monats keine andere Nahrungsmittel, als die Mutter= oder Ammenmilch bekommen 5, 68
 die Muttermilch ist ihnen angemessener und gesünder, als Ammenmilch 5, 88
 welche Buchstaben sie am leichtesten aussprechen lernen 5, 93
Beschaffenheit des Gesichts bei Kindern 5, 325 f.
— — gelehrte 5, 94
Kinderhospitäler 5, 89 f.
Kinderwärterinnen und Ammen, deren Gewohnheit das Essen vorher zu käuen, und es ihren Kindern hernach verschlucken zu lassen 5, 71 f.
Kindespech, Meconium 4, 385. 402. 5, 56
Kindheit des Menschen 3, 292. 5, 39 f.
 in derselben sind alle obern Theile des Körpers größer, als die untern 5, 230
Kinn 5, 198
Kinnbacken 5, 192
Kiprei 6, 419
Kirgisen, ein Volk in Asien 6, 394
Kitai, ein See 2, 157
Klagegeschrei 5, 195
Kleisterälchen 4, 256
Klippen blinde 2, 359
Klippfisch 2, 94. 3, 462

T 5

Klipp=

Band. 6.

Knaben neun-zehn-oder eilfjähr'ge zeugen schon
    zuweilen Kinter   5, 162
Knäbchen   3, 295. 4, 266
Knochen, deren Entstehungsart und Wachsthum,
    und zwar sowohl in die Länge als Stärke
                                                 5, 248 f.
    Dichtheit und Schwere   5, 256
— — gegrabene   2, 126
Knorpel   5, 256
Knoten im Sandstein und Quarzfels   2, 164
Koanza, ein Strom in Afrika   2, 208
Kochinchineser   6, 43
Köpings Nachricht von den Kakerlacken auf Am-
    boina und Ternate   6, 301
Körper menschlicher, an dessen ganzen Länge macht
    man 10 Abtheilungen   5, 226
    dessen völlige Höhe ist merklichen Abänderungen
    unterworfen   5, 231
    stirbt gleichsam allmählig und stückweise 5, 261
Vergleich zwischen dem Körper eines Menschen und
    Thieres   7, 28 f.
Kohlen (Stein-) s. Steinkohlen.
Kohlenerde   2, 78
Kokarikobaum   6, 246 **
Kokusbaum, Kokusnuß   3, 155
Kolbens Nachricht von der sonderbaren Wolke auf
    dem Vorgebirge der guten Hofnung 2, 427 f.
Kolumbus (Cph.) dessen Reisen nach der neuen
    Welt   1, 379 f.
Kolumnie   2, 102 **
Kolyma, ein Fluß   2, 258
Kometen, ihre Bewegung hängt von der anziehen-
    den Kraft der Sonne ab   1, 232
    es müssen zuweilen einige auf die Sonne fallen
                                            1, 237 f.
    sie sind aus einer sehr dichten und festen Mate-
    rie zusammengesetzt   1, 240
    Erklärung ihres Schweifs nach Whistons System
                                            1, 299
Kompaß   1, 378

Band. S.

Konchylien, was darunter zu verstehen 2, 82
    im rothen und mittelländischen Meere 2, 92
    große Seekonchylien 2, 106
Kongo, Beschaffenheit der Einwohner daselbst 6, 173
Kopa, ein Fluß 2, 310
Kopf neugeborner Kinder 5, 52
— — nimmt bei den Leidenschaften unterschiedene
    Stellungen und Bewegungen an 5, 199
    worin der Kopf des Menschen von den Köpfen
    der vierfüßigen Thiere unterschieden ist 5, 214
Korten, Beschaffenheit dieser Völker 6, 106
Korallen im rothen Meer 2, 282
    werden von Insekten verfertiget 3, 221
Korallenschwamm labyrinthischer 2, 102
Korallenstauden 2, 97
Kordillera, ein Gebirge in Amerika 2, 114. 151.
    159. VI, 244. 262. 331
    feuerspeiende Berge daselbst 3, 20
    Höhlen daselbst 3, 84
Korea 2, 262
Koriander, in dessen Aufguß findet man Thierchen 4, 111
Korn (türkisches) s. Mays.
— — (Welsch-) 6, 400
Koromandel 2, 153
    Beschaffenheit der Einwohner daselbst 6, 77
Korrbinna, s. Kowina.
Korsika, Beschaffenheit der Einwohner daselbst 6, 129
Koth, Unflat, in demselben sind Thierchen wahrzunehmen 4, 188 f.
Kotopaxi, ein feuerspeiender Berg in Peru 3, 19
Kottenbergisches Bergwerk 2, 149
Kowima, Korrbinna, ein Strom 2, 260
Krabben werden von den Wilden gegessen 6, 231
Kräfte, wie eine Vergleichung zwischen den thierischen und menschlichen zu treffen 5, 233

Kräu-

Band. S.

Kräuterwissenschaft oder Botanik, Prüfung der Grundsäze aller Methoden, welche wir bisher von den Kräuterkennern erhalten 1, 2 f.
Kraniche, Dankbarkeit der Jungen gegen die Alten 7, 240
    werden von einigen Völkern gegessen 6, 408
    Krankheit englische 4, 393
Krebe werden gegessen 6, 414
Kreide 2, 73
— — weiche 2, 91
Kreolische Mohren 6, 179
Krimmische Tartarn, s. Tartarn.
Kröten, werden von einigen Völkern gegessen 6, 410
Krokodill, an demselben ist, so wie bei den Menschen, blos der untere Kinnbacken beweglich 5, 193
    dessen Fleisch und Eier werden von manchen Völkern gegessen 6, 410
Kuama, ein Strom in Afrika 2, 208
Kuba, eine Insel, Beschaffenheit der Einwohner daselbst 6, 227
Kuban, ein Fluß 2, 510*
Kubanische Tartarn, s. Tartarn.
Kuh, deren Gebährmutter mikroskopisch beobachtet 4, 67 f.
— — (See-) s. Seekühe.
Küchlein im Ei, s. Hünereier.
Kühns Preisschrift vom Ursprunge der Brunnen, enthält viele Irrthümer 2, 194*
Küsten des neuen festen Landes 2, 298
— — (See-) s. Seeküsten.
Kumberland, eine Meerenge 2, 292
Kupferfarbige Mohren, s. Mohren.
Kurden, ein Volk in Asien 6, 394
Kurzsichtige Personen, kurzes Gesicht 5, 180. 381. f.

La-

L.

Laberdan	2, 294* 3, 462
Labrador, eine Landschaft	2, 293
Beschaffenheit der Einwohner daselbst	6, 214
Labyrinth zu Kandia	3, 85
Lac lunæ, s. Steinmark.	
Lacerta	3, 343*
Lachen	5, 51. 196. s. 201
Lächeln, freundliches und boshaftes	5, 197
Länder, gewisse, sind bisweilen gänzlich, zuweilen gar nicht mit Wasser bedeckt	3, 159
— — neue, können von dem Meer gebildet werden	3, 145
Läufer, merkwürdige	5, 234
Läuse, werden von einigen Völkern gegessen	6, 413
Laichzeit	3, 316
Lallen der Kinder	5, 90
Lambry, ein Königreich, Beschaffenheit der Einwohner daselbst	6, 62
Lamiodontes	2, 108*
Land, das alte feste	1, 345. 2, 260
das neue	1, 348 2, 289
Verwandlung des Landes in Meer	3, 134
Landwinde, s. Winde.	
Langhaarige Weiber in Griechenland	6, 128
Langly (Wilh.) dessen Beobachtungen über bebrütete Eier	3, 384 4, 308*
Lanos, Ebenen in Peru	2, 151
Laos, Beschaffenheit der Einwohner daselbst	6, 44 f.
Laphao, ein Meerbusen, Beschaffenheit der Einwohner daselbst	6, 57
Lappen, in den mitternächtlichen Gegenden von Amerika	6, 211
Lappland, Beschaffenheit der Menschen daselbst	6, 6. 10. 17. s. 110 288. s. 305
Lappländer, lassen ihre neugebornen Kinder eine Zeitlang im Schnee liegen	5, 54

	Band. S.
Lastträger, merkwürdige	5, 232
Lathyrus tuberosus, Linn.	6, 398 2
Laufzeit	3, 316
Laufen, besondere Fertigkeit darin	5, 234
Laune, Vapeurs	7, 126. 132
Laus, s. Läuse.	
Lava	7, 165
Lawsonische Pflanze, Lawsonia inermis	6, 92
Leben, dessen Dauer bei Kindern	5, 83
wie die ganze Dauer desselben zu berechnen und auszumessen	5, 263
der Unterscheid bei der Dauer desselben scheint sich vorzüglich auf die unterschiedene Beschaffenheit der Luft einzuschränken	5, 269
die Lebensdauer der Menschen hat allmählig abgenommen	5, 272
dessen Verlängerung	5, 265
Stufen von der Wahrscheinlichkeit desselben	5, 434
Tafel der Wahrscheinlichkeiten von der Dauer desselben	5, 336
lange Dauer des Lebens der Schweden	6, 133
Leeuwenhoek, dessen Beobachtungen über die Saamenthierchen	3, 433 f.
über die Thierchen im Blut und in andern Feuchtigkeiten des Körpers	3, 445
Nachricht von dessen Vergrösserungsgläsern	4, 12
Vergleichung der leeuwenhockischen Beobachtungen mit den buffonischen	4, 99 f.
er hat in Ansehung des Ursprungs der Thierchen in der an den Zähnen sich ansetzenden Materie, eine irrige Meinung	4, 186
Lefzen	5, 191 f.
Lehm	2, 52 f. 76. 3, 106
Lehrarten, oder Methoden, die man zu bequemer Erlernung der Naturgeschichte erfunden hat	1, 13
—— botanische	1, 21 f.
Lehrgebäude, unterschiedene, von der Erzeugung	3, 319 f.

Lei

                                                Band. S.
Leibesfrucht, deren Bildung   4, 260 f.
   Entwickelung und Wachsthum   4, 333 f.
Leibesgestalt, ansehnliche   5, 228
   eine außerordentlich lange, wird von den Wei-
      bern des Königreichs Tripoli für eine vorzügli-
      che Schönheit gehalten   6, 108
Leibniz, (des Herrn von) Meinung, daß die Plane-
      ten und die Erde vormals wirkliche Sonnen
      gewesen   1, 235
   dessen Lehrgebäude von der Erde   1, 330
Leidenschaften, haben in die Bewegung des Mun-
      des und der Lefzen den stärksten Einfluß 5, 191 f.
   überschreien die Vernunft   7, 84
   ununterbrochene, und unterbrochene heftige   7, 86
   sie haben einen großen Einfluß auf unsere Gesund-
      heit und auf die Verderbniß der Hauptquelle
      unsers Lebens   7, 89
Leidenschaften, welche blos dem Menschen eigen
      sind, und Leidenschaften, die er mit den Thie-
      ren gemein hat   7, 136
   in den Leidenschaften des Menschen muß das Phy-
      sikalische von dem Sittlichen wohl unterschie-
      den werden   7, 137
   die Thiere haben sowohl natürliche, als auch
      angenommene Leidenschaften   7, 234
Len, Lena, ein Fluß   2, 258
Lenden   5, 232
Leopardenfleisch, wird von einigen Völkern gegessen
                                                 6, 403
Lerchen, werden von vielem Hanfe schwarzbraun
                                                 6, 205*
Lerchenschwamm, [Stein=] s. Steinlerchenschwamm.
Lianes   3, 175*
Libanon, Berg   2, 9;
Lichen islandicus   6, 400***
Licht, Einfluß der Stärke desselben auf unser Ge-
      sicht   5, 377
   ein allzustarkes ist jedem Auge höchst schädlich,
      und vielleicht eine der vorzüglichsten Ursachen
      der Blindheit   5, 390
                                                      die

Band. S.
die Erschütterung davon im Auge dauret ungleich länger, als die Erschütterung im Ohr vom Schalle 7, 50
Liebe, ist eine Leidenschaft, die der Mensch mit den Thieren gemein hat 7, 137. 141 f.
Liefländische Meerbusen 2, 250
Ligustrum ægyptiacum 6, 124**
Lilie, [Feuer-] Pomponische Lilie, Lilium bulbiferum, pomponium 6, 398 a]
Lima, ein entsetzliches Erdbeben daselbst 3, 21
Linchidolin, ein Meerbusen 2, 259
Linkoln, eine englische Provinz; daselbst sind große Moräste 3, 126
Linneisches Lehrgebäude von der Kräuterwissenschaft 1, 31
Linneische Eintheilung der Thiere 1, 72
Linse, [Meer-] s. Meerlinse.
Linsenförmige Steine 2, 90. 94
Lippen, s. Lefzen.
List der Thiere 7, 202. 213
Listers Meinung von der Ursache des Ostwindes, welcher das ganze Jahr hindurch zwischen den Wendezirkeln herrschet 2, 398
Lithophyta, s. Steinpflanzen.
Littre, dessen Entdeckungen über die in weiblichen Hoden befindliche Bläschen 3, 470
Zergliederung eines Mohren 6, 277
Livadien in Griechenland, vormals Achaja genannt, eine berühmte Höhle daselbst 3, 83
Loch, eirundes, in der Scheidewand des Herzens 4, 380
Löwen, [See-] s. Seelöwen.
Löwenfleisch, wird von einigen Völkern gegessen 6, 403
Loligo 3, 316 *
Lowango 6, 174
Luchs, wird von einigen Völkern gegessen 6, 406
Lucifer 6, 58 **
Luft, äußere, wider alle Zugänge derselben ist die Leibesfrucht gedeckt 4, 377

Em-

Band. S.

Empfindung, welche deren Eindruck in einem neugebornen Kinde hervorbringt 5, 47
auf deren unterschiedene Beschaffenheit scheint sich vorzüglich der Unterschied bei der Dauer des Lebens einzuschränken 5, 269
Luft und Erde haben einen großen Einfluß in die Gestalt der Menschen, Thiere und Pflanzen 6, 290
Luftwirbel, s. Windwirbel.
Lücken am Boden der Gebährmutter 4, 375
Lukayische Inseln 6, 215. 227
Lungenproben 4, 377
Lupinus (Juvenis) Hessensis Linn. 6, 348
Lusciniola 7, 171 *
Lust und Schmerz haben die Thiere, wie die Menschen 7, 78
Lybien, daselbst werden 100 Städte durch ein Erdbeben verschüttet 3, 25
Lyonnet macht Einwürfe wider das Lehrgebäude der Samenthierchen 3, 450 *
Lysimachia Chamænerion dicta latifolia C. B. 6, 419 *

M.

Machian, eine Insel, Erdbeben daselbst 3, 31
Madagaskar, Beschaffenheit der Einwohner daselbst 6, 147 f. 197 f. 306
Madera, ein Fluß in Amerika 2, 210
Madrepora labyrintiformis 2, 102 *
Mæandrites 2, 102 *
Mädchen 3, 295. 4, 266
eilen langsamer zur Geburt, als die Knäbchen 4, 399
sieben = acht = oder neunjährige haben schon zuweilen empfangen 5, 162
zum Vergnügen reisender Mannspersonen bestimmte, ohne sich dafür bezahlen lassen zu dürfen 6, 103

U

Band. S.

Mäler (Mutter-) s. Muttermäler.
Männliches Alter   5, 175 f.
Mäotische Pfütze, mäotischer Sumpf   2, 305.
   3, 126
Mäuse werden von einigen Völkern gegessen
   6, 48. 406
Magellan (Ferd.) dessen Reise um die Welt
   1, 356. 6, 320
Magellanica Terra   6, 320
Magellanische Meerenge   2, 39. 300. 345
   Beschaffenheit der Einwohner daselbst 6, 253 f.
   330
Maire (la) eine Meerenge   2, 300
— — (le) dessen Nachricht von den Parus 6, 68
Malabar   2, 153
   Beschaffenheit der Einwohner daselbst   6, 78
Malacka, eine Halbinsel, Beschaffenheit der Ein-
   wohner daselbst   6, 49 f. 60. 74
Malahallo, in Amerika, daselbst ist ein feuerspeien-
   der Berg   3, 19
Malaja, eine Halbinsel   2, 271
Maldivier, Beschaffenheit dieser Völker   6, 84
Maldivische Inseln   2, 40. 272. 380. 3, 143. 154.
   6, 27
Malebranche, dessen Gedanken von der Erzeugung
   3, 323
Malmistra, ein Strom in Cilicien   2, 217
Malpighi, dessen Beobachtungen über bebrütete
   Eier   3, 385 f.
   über Hoden von weiblichen Thieren   3, 412 f.
   dessen Irrthum dabei   4, 204
Malus americana laurocerasi folio, venenata
   7, 62*
Mamelus   3, 311* 6, 236*
Man, eine Insel, daselbst giebt es viel unterirdi-
   sche Bäume   3, 128
Manchineelbaum   6, 246** 7, 62
Mangeurs de Tortues   6, 410 a)
Mangianer   6, 58
Manihot   6, 231. 397

Band. S.

Manilla, Erdbeben daselbst 3, 30
  Beschaffenheit der dortigen Einwohner 6, 57
Mannbarkeit 3, 293. 5, 103 f.
Mannheit, deren Beraubung, s. Entmannung.
Mannigfaltigkeit, daran fehlt es den Werken der Thiere 5, 30 *
Mannspersonen unbärtige 5, 123
— — welchen die Keuschheit nur wenig Mühe kostet 5, 152
— — zeugen zuweilen noch im 80sten oder 90sten Jahre Kinder 5, 162
— — dem äußerlichen Ansehen nach schwächere genießen ein längeres Leben, als die viel stärker und dauerhafter scheinenden 5, 262
Marder 7, 221
Mare purpureum, Mare Vermejo 2, 302 *
Marsa rosacea fistulosa 2, 80
Marianische oder Diebesinseln 6, 66. 74. 265. 317
Marignons, Maringuoin, s. Mücken.
Markasit 3, 293
Marmor 2, 33. 37
  afrikanischer und ägyptischer 2, 110
  der italienischen Küsten 2, 359
  wo dergleichen vermuthlich anzutreffen 3, 99
Marmora (Meer von) 2, 304 f.
Marmorirtes Holz, s. Holz.
Marocko, ein Königreich 6, 110
Maronen 6, 397 *
Marsilli, dessen im Bosphorus angestellte Erfahrungen 2, 289
Martagon 6, 398 a)
Martinique 3, 156
Martinssommer, s. Sommer.
Mastrichter Steinbruch 3, 85
Materialischer innerer Sinn, s. Sinne (innere)
Materie lebende und abgestorbene 3, 264
  was unter den Eigenschaften derselben zu verstehen 5, 19 *
Mathematik, deren Vereinigung mit der Naturlehre 1, 112

                                                  Band. S.
Mathematische Lehrart   1, 120
— — — Wissenschaft   1, 105
Matreit   6, 418*
Maulesel   3, 211
Maulwurf wird von einigen Völkern gegessen
                                                   6, 407
Mauren, Nachricht von diesen Völkern   6, 96.
                                              139 f. 151
Maurische Weiber   6, 108
Mauritiusinseln, eine derselben hat einen feuer-
    speienden Berg   3, 16
Maus (die große Feld-)   7, 119*
    ihre Löcher   7, 184
    s. auch Mäuse.
Mays, türkisches Korn, türkischer Weizen, Zea,
    Frumentum indicum, Bled de Turquie, d'In-
    de ou d'Espagne, Mavs   6, 194** 399. 400
Meagh, ein versteinernder See in Irrland   2, 335
Mechanik   1, 116
Mechanische Grundsätze   3, 281 f.
Meconium, s. Kindespech.
Medulla saxi, s. Steinmark
Meer, Betrachtungen darüber und über den Mee-
    resgrund   1, 135
    s. auch Weltmeer.
— — ungeheure Menge des Wassers darin   1, 359
    hat vor. Zeiten den ganzen Erdboden bedeckt
                                                   2, 133
    dessen Tiefe   1, 137 f.
    das Meer hat ehemals die Berge bedeckt und
    aufgeführt   2, 145
    Menge des Wassers, welche das Meer von allen
        Strömen erhält, die sich darein ergießen
                                                2, 210 f.
    Ausdünstung von der Oberfläche desselben
                                              2, 214. 311
        Salzigkeit desselben   2, 221. 331
        dessen Kälte   2, 223
        dessen pecharige Quellen   2, 225

                                                       des

Band, S.
des Meeres Wasser enthält Materien von sehr
  mannigfaltiger Art   2, 226
dessen fürchterliche Eisklumpen   2, 236
mittelländische Meere   2, 247
daß die Meere nicht in allen ihren Theilen gleich
  hoch sind, wird von Varenius bewiesen
                                              2, 276
Bewegung des Meeres, s. Ebbe und Flut.
Unebenheiten im Grunde des Meeres 2, 358 f.
Aufwallungen des Wassers auf demselben 3, 72
auf dem Grunde des Meeres giebt es eben solche
  Feuerklüfte, wie auf dem Lande   3, 73
Verwandlung des Meeres in Land   3, 134
das Meer kann durchs Zuschwemmen eines Vorrathes von Sand, Erde und Schlamm neue
  Länder bilden   3, 145
es weichet an vielen Stellen von der Küste zurück   3, 149
führet in großen Stürmen eine ungeheure Menge Sandes auf die Küsten   3, 150
tritt auf manche Striche vom festen Lande über,
  und bedecket sie mit Wasser   3, 152
auf was vor Art dasselbe Hügel und Berge hervorbringen kann   3, 162
Meerbusen   2, 248
Meereicheln   2, 97
Meerenge von Gibraltar   2, 287
Meerengen, bei denselben sind die Erdschichten auf
  beiden Seiten von einerlei Beschaffenheit
                                           2, 38
die Richtung aller Meerengen, wodurch die Mee-
  re verbunden werden, zielet von Morgen gegen
  Abend   3, 138
Meeresstillen, s. Tornaden.
Meergras, s. Gras.
Meerhund   7, 170 f.
Meerigel werden von einigen Völkern gegessen
                                           6, 414
— — versteinerte   2, 119
Meerigelstachel   2, 96

U 3   Meer-

	Band. S.
Meerkastanien	2, 97* 110
Meerkatze, Simia caudata	6, 248*
Meerinseln, deren Ausdünstung soll den Ostwind hervorbringen	2, 398
Meersalz, f. Salz.	
Meerschlünde	2, 438
Meerstrom, f. Seestrom.	
Meerstrudel	2, 435
siehe auch Wasserstrudel.	
Mehl (Manihot-)	6, 231
Mehlthau	3, 286* 4, 237*
Mehltragende Palmbaum, f. Sagou.	
Melinde, eine Küste	6, 147
Beschaffenheit der Einwohner daselbst	6, 204
Melonen, davon kann ein Perser auf einmal 12, ja wohl 36 bis 48 Pfund verzehren	6, 93
— — vom Berge Karmel	2, 98***
Menamkom, ein Strom	2, 207
Mendiop, im Herzogthum Wallis, berühmte Höhlen und Grotten daselbst	3, 80
Mensch, dessen Naturgeschichte	5, 5 f.
Vergleichung mit den Thieren	5, 22 f.
der innere doppelte	7, 123
vom Aufenthalt und von der Nahrung des Menschen	6, 393 f.
Menschen, unterschiedene Gattungen in dem Geschlecht derselben	6, 5 f.
durch Kunst entstellte	6, 339 f.
Beispiele einiger in der Wildniß aufgewachsenen	6, 347 f.
Menschenfresser	6, 403
Menschlicher Körper, f. Körper.	
Menschliche Leibesfrucht, deren Bildung, f. Leibesfrucht.	
Menschliches Stachelschwein, f. stachlichte Mensch.	
Mergel	2, 21. 3, 107
Mery setzt dem Lehrgebäude von den Eiern einige Schwierigkeiten entgegen	3, 467 f.
Mestizos, Mestizen	3, 213* 6, 236
Metallkörner	3, 75

Band. S.

Methode, f. Lehrart.
Metis   3, 311* 6, 236*
Metzi, ein Fluß   2, 273
Mexiko, feuerspeiende Berge daselbst   3, 20
    Beschaffenheit der Einwohner daselbst   6, 224.
                                              235. 257. 260
Michael (Sankt) eine Insel, Erdbeben daselbst
                                                  3, 28 f.
    neue Klippen daselbst   3, 67 f.
Milch als ein Getränk gebraucht, f Molken.
— — von Fischen, mikroskopisch untersucht 4, 85 f.
— — (Frauen-)   5, 69
— — in männlichen Brüsten   5, 219
— — (Mutter-) ist Kindern viel angemessener,
    als Ammenmilch   5, 88
— — (Stuten-) f. Stutenmilch.
— — (thierische) kann im Nothfall zur Nahrung
    neugeborner Kinder anstatt der Frauenmilch ge-
    braucht werden   5, 69
Milchweiße Menschen   6, 300 f.
Milium arundinaceum femine plano & albo Bauh.
                                              6, 399***
Mimer, eine Art Mohren   6, 179
Mimosa Senegal, f. Schotendorn.
Mindanao, eine Insel, Beschaffenheit der dortigen
    Einwohner   6, 59 70
Mindoro, eine Insel, Beschaffenheit der Einwoh-
    ner daselbst   6, 58
Mingrelier, Beschaffenheit dieser Völker   6, 117
Mississippi, ein Strom in Amerika   2, 209. 219.
                                       3, 173 f. 6, 215
    Beschaffenheit der Wilden daselbst   6, 225
Mißgeburt.   4, 306
    entstehen oft, wenn junge Personen an abgelebte
    ungestaltete Greise verheurathet werden 5, 276
Mitella americana tinctoria maxima   6, 229*
Mittägliche Länder, in diesen sind die höchsten Ber-
    ge   2, 150
Mittelländische Meer   1, 179. 2, 104. 176. 247

U 4   aus

Band. S.

aus dessen Grunde sind zu gleicher Zeit 13 neue
   Inseln empor gestiegen   3, 64
Mobby, ein aus den Batatenwurzeln bereiteter
   Trank   6, 298 **
Modena, daselbst ist viel unterirdisches Wasser
                                            3, 131
Mogoln, Beschaffenheit dieser Völker   6, 75
Mohr, Zergliederung desselben   6, 277
   in welchem Theile der Haut sich ihre schwarze
      Farbe eigentlich befinde   6, 279
   Meinung einiger neuern Aerzte über die Entste-
      hung und über den Sitz der schwarzen Farbe
                                            6, 283 *
   Veränderung bei Mohren in gewissen Krankhei-
      ten und im Alter   6, 304
Mohren in Afrika   6, 88. 272
— — angolische   6, 58. 177
— — von Arada   6, 178
— — in Gambia   6, 177
— — auf der Insel Gorea und auf der Küste
   des grünen Vorgebirges   6, 164
— — in Guinea   6, 73. 178 f.
— — jaloffische, s. Jaloffen.
— — in Kongo   6, 173 f. 179
— — kreolische   6, 179
— — auf der Küste Juba und Arada 6, 173
— — kupferfarbige   6, 155
— — von Senegal und Nubien 6, 140. 156 f.
                                         177 f. 268
— — in Sierra-Liona   6, 166
— — der Insel St. Thomas und Anabon
                                            6, 174
— — bei dem grünen Vorgebirge   6, 177
— — gelbe oder rothe   6, 302
— — weiße   6, 241. 285 * 298
Mohrenkinder neugeborne   6, 276
   mit weißen Streifen   6, 285 *
Molimbar, eine Landschaft in Afrika   6, 174
Molken, der wässerige Theil der Milch, ein ge-
   wöhnliches Getränk der Isländer   6, 417

Mol-

Band. S.
Mollusca 6, 414
Moluckische Inseln haben feuerfreiende Berge 3, 16
Erdbeben daselbst 3, 37
scheinen auf lauter Gewölben und Höhlen zu ruhen 3, 84
Beschaffenheit der Einwohner daselbst 6, 55. 74
Moluc 3, 462 *
Mombaza 6, 271
Monatliches Blut, monatliche Reinigung, ist bei der Zeugung eine blos zufällige Materie 5, 160
dessen Ausbruch ist ein Merkmal der Mannbarkeit 5, 123. 138
dessen Zwischenzeit und Menge 5, 126 f.
Mond, die Berge und Unebenheiten auf dessen Oberfläche sind durch die Wirkung der Ebbe und Flut entstanden 1, 286
wie derselbe die Ebbe und Flut hervorbringet 2, 340 f.
Mondgebirge in Afrika 2, 151
Mondkälber bei Nonnen 4, 324
Mondmilch, s. Steinmark.
Mondangos, eine Art Mohren 6, 179
Mongulische Tartarn, s. Tartarn.
Monomotapa, Beschaffenheit der Einwohner daselbst 6, 196
Monsons, beständige Winde 2, 380
Montealegre (Herrn von) Beschreibung des Ausbruchs des Vesuvs vom Jahr 1737 3, 14
Moozemki, Moozemleki, gewisse Völker 2, 303
Moraba, ein Fluß 2, 218
Moräste 3, 125
Morgenländer, daselbst pflegt man die Kinder ein ganzes Jahr hindurch blos an den Brüsten zu nähren 5, 68
Morrhue, Morrue 3, 462 *
Mosambikische Meerenge 2, 284
Beschaffenheit der Einwohner daselbst 6, 147. f. 197

U 5 Mosko-

	Band. S.
Moskoviter	6, 29
Motacilla Schoenobœnus Linn.	7, 171*
Moucois, das gemeine Volk in Kalikut	6, 80
Moules de Perou	3, 218*
Mücken, große, Culex pipiens, Musquetoes, Marignons, Maringuoin	6, 15 f.
Müller- oder Backenzähne, s. Zähne.	
Mütter, sieben- oder achtjährige	5, 162. 6, 76
Siehe auch Mutter.	
Mütterliche Zärtlichkeit bei den Thieren, s. Zärtlichkeit.	
Mulatos, Mulatres	3, 311. 6, 236
Mulatten	6, 140. 186. 236. 285*
Mulet	3, 216* 311*
Mulot	7, 176
Mund	5, 191 f.
Murmelthier, dessen Same mikroskopisch betrachtet,	4, 179
wird von einigen Völkern gegessen	6, 407
Mus agrestis major	7, 176*
Musa paradisiaca, s. Paradiesfeige.	
Muschelbänke	2, 90
Muscheln	2, 83.* 3, 203*
werden gegessen	6, 414
— — (Stein-) Steindatteln	3, 218
— — zweischalichte	3, 339*
Muschelschalen, ausgegrabene, deren Gebrauch zur Düngung	2, 65*
Muskeln, Veränderung deren Fasern mit zunehmendem Alter	5, 257
Muskusthier, Bisamkatze, wird von einigen Völkern gegessen	6, 407
Musquetoes, s. Mücken.	
Muth, natürlicher, bei Thieren	7, 140
Mutter, auf der Insel Formosa ist es nicht blos schändlich, sondern ungemein sündlich, vor dem 35sten Jahre Mutter zu werden	6, 65 f.
Siehe auch Mütter.	
Mutterkorn, Brandkorn	4, 254 f.
Mutterkuchen	4, 368

Mut-

Band. S.
Muttermäler 4, 386. 394
Muttermund, innere; bei demselben gehen nach der Empfängniß gewisse Veränderungen vor 5, 165
Muttersteine 2, 99
Muttertrompeten, in denselben kann sich zuweilen eine Frucht bilden 4, 317
Mutterwasser 4, 371
Mutterwuth, Furor uterinus 5, 150
Myagrum sativum, s. Leindotter.
Mykon, die Einwohner daselbst werden bei alten Schriftstellern Kahlköpfe genennt 5, 190
Mylius, [Christlob] hebet Lyonnets Einwürfe wider das Lehrgebäude der Samenthierchen 3, 450*
Myrtenförmige Karunkeln, s. Karunkeln.

N.

Nabel 5, 221
Nabelschnur 4, 372 f.
Nachahmung, diese Gabe besitzen die Thiere in einem weit vollkommnern Grade als die Menschen 7, 154 f.
Nachdenken, fehlt den Thieren 7, 97
Nachgeburt 4, 372
Nachgeburten, (frühzeitige und) der Thiere, werden von den Einwohnern in Jakuzk für Leckerbissen gehalten 6, 416
Nachtmenschen 6, 299
Nachtwanderer 7, 113 f.
Nägel bei den Menschen 5, 223
Nagos, eine Art Mohren 6, 179
Nahrung, s. Ernährung.
— — der Leibesfrucht 4, 382
— — für Kinder von 2 bis 3 Monaten 5, 70
— — des Menschen 6, 393 f.
Nährungsart der Thiere und Pflanzen 3, 205

Nah-

Band. S.

Nahrungsmittel, haben einen merklichen Einfluß
   auf die Farbe, Leibesgestalt und Gesichtszüge
   der mancherlei Völker   6, 7. 290
   ingleichen auf die Farbe der Thiere   6, 205*
   und in die Bildung derselben   6, 291
Nahrungssaft, Chylus, in demselben sind Thierchen wahrzunehmen   4, 188
Nairen in Kalikut   6, 79
Nakoura.   2, 91
Napfschnecken, Patellæ   3, 203 *
Narrheit   7, 86
Nase   5, 190
Nasen, schmücken sich die Weiber auf der malaba-
   rischen Küste mit goldenen Ringen   6, 78
   wie auch die auf den Inseln des persischen Meer-
   busens, und in Arabien   6, 90. 96
— — stumpfe der Mohren   6, 161
Nasenhorn, wird von einigen Völkern gegessen
                                            6, 407
Nasenlöcher, durch dieselben stecken gewisse Völker
   eine Art von Pflöcken.   6, 71
Natal, ein Land   2, 431
   Beschaffenheit der Einwohner daselbst 6, 193
Natter   4, 232
Natterwurzel   6, 398
Natur, schöne; natürliche Schönheit, s. Schönheit.
Naturgeschichte, Abhandlung von der besten Art,
   dieselbe zu erlernen und vorzutragen 1, 5 f.
— — des Menschen   5, 5 f.
Naturtriebe der Thiere   7, 191 f.
   Siehe auch Instinkt.
Natürliche Bedürfnisse, s. Bedürfnisse.
Neapolis   3, 13
   Erdbeben daselbst   3, 25
Neapolitaner, Beschaffenheit derselben 6, 129
Nebel, sind in Aegypten sehr häufig   2, 423
Nebelzug, auf dem Vorgebirge der guten Hofnung
                                            2, 429
Nebenbuhlerschaft bei den Thieren   7, 235

Band. S.

Needham, dessen mikroskopische Beobachtungen
4, 6. f. 86. f. 140. f.
Negern, ihren neugebornen Kindern wird das Saugen sehr schwer gemacht 5, 61
— — gelbe oder rothe, s. Mohren. (gelbe oder rothe)
— — weiße, s. Mohren. (weiße)
Negro, ein Vorgebirge 2, 284
Nelkensamen, dessen Aufguß mikroskopisch beobachtet 4, 83
Nerven. 5, 427 f.
die Anzahl der nach den Augen allein gehenden, ist fast eben so groß, als in den Werkzeugen des Gehörs, Geruches und Geschmacks zusammen genommen 7, 53
Nest der Vögel 7, 185
Nestelknüpfen, bei den Knaben, Infibulatio 5, 108 f.
bei den Mädchen 5, 144 f.
Neu-Albion 2, 302
Neu-Bretagne 2, 264
Neu-Brittanien 6, 276
Neu-Guinea, dessen Einwohner, s. Papons.
Neu-Holland, Beschaffenheit der Einwohner dieser Küste 6, 72. 75. 274. 340
Neuland, Beschaffenheit der auf dieser Insel wohnenden Wilden 6, 10. 213
Neu-Spanien, Beschaffenheit der Einwohner daselbst 6, 235. 260
Neu-York, in dieser Provinz ist ein berühmter Wasserfall 2, 234
Neu-Zembla, vom Eise daselbst 2, 241 f.
Neue Inseln, s. Inseln.
Neue feste Land, s. Land.
Niagara, ein Strom in Kanada 2, 231
Nierenweise, (à la chasse) finden sich Kiesel und Sandsteine 2, 77
Niger, ein Strom in Afrika 2, 208. 229
Nikarische Insel. 6, 129
Nikobarische Inseln, Beschaffenheit der Einwohner daselbst 6, 50. 74

Nil.

                                          Band. S.
Nil, dessen Anwachs und Austreten 2, 200. 208.
                                    218. 226 3, 170
    dessen Wasserfälle   2, 230
— — Indischer   2, 228
Niper, s. Dnieper.
Nogaische Tartarn, s. Tartarn.
Norden, wird von den Geschichtschreibern die Völ-
    kerfabrik, Officina gentium, genennet 6, 132
Nordostwind   2, 396. 409
Nordsee, Trieb-Eis in derselben   1, 361
Nordwestwind   2, 394. 416
Nordwind   2, 393. 408
    ist eine Haupturſache der Uiberſtrömungen des
        Nils   2, 201
    ist bei den Nubiern für einen brennenden Wind
        zu erkennen   6, 269
Norfolk, wie die Sandbank daſelbſt entſtanden
                                             3, 146
Norrwegiſche Meer   3, 160
— — Meerſtrudel   2, 437
Nubier, Beſchaffenheit dieſer Völker 6, 106. 142.
                                        201. 268
Nuck, deſſen Entdeckungen über die weiblichen Eier
                                             3, 471
Nucula terrestris Lob.   6, 398
Numidien, Beſchaffenheit der Einwohner daſelbſt
                                             6, 111
Nymphen, Waſſerlefzen, werden beſchnitten, ſ.
    Beſchneidung der Mädchen.

O.

Ob, Oby, ein Strom in Aſien 2, 205. 218. 236
Ochs, (Buckel-) ſ. Buckelochs.
Ochſen, wilde, Biſons   6, 218
Ochſenauge, eine gewiſſe Geſtalt des Gewölkes am
    Himmel   2, 427
Ochſenherz, eine Verſteinerung   2, 124

Och-

Band. S.

Ockney, eine Insel 3, 146
Oel, (Oliven-) s. Olivenöl.
Officina gentium, s. Völkerfabrik.
Ohren 5, 198. 207
  Siehe auch Gehör.
— — lange, werden von den morgenländischen Völkern vorzüglich hochgeschätzt 6, 45. 61
  gewisse Völker pflegen sie mit einer Art von Flocken auszufüllen und zu schmücken 6, 71
  die Nairen in Kalikut pflegen dieselben außerordentlich zu verlängern 6, 79
  überaus große, werden an den Bewohnern einer spanischen Landschaft wahrgenommen 6, 131
Oliven-ähnlicher Stein 2, 98
Olivenöl, durchs Einspritzen unmittelbar in die Blutgefäße gebracht, ziehet den gewissen Tod nach sich 6, 28 *
Olus Caloppoides 6, 395 ***
Omanguas 6, 245
Onega, ein Fluß 2, 250 * 253
Orang-Utang 6, 302
Orellana folliculis lappaceis, s. Orlean.
Orenocke, ein Strom in Amerika 2, 210. 299
Organischer Körper 3, 276
Orignal, amerikanisches Elendthier 5, 234. 6, 212
Orkane, Stürme oder Sturmwinde 1, 204. 2, 419. f. 433. f. 3, 178
Orlean, Bixa orellana, Orleana, Orellana &c. 6, 229 *
Ormus, Beschaffenheit der Einwohner das. 6, 89
Oryza sativa Linn. 6, 399 **
Osteocolla 3, 102
Ostiaken, Beschaffenheit dieser Völker 6, 7. 18. 20. 305
Ostsüdost 2, 409
Ostwind 2, 387. f. 396. f. 408. 3, 140. 6, 261. f. 269
Otter, (Fisch-) s. Fischotter.
— — (See-) s. Seeotter.

Ovi-

	Band. S.
Ovinus [Juvenis] Hibernus Linn.	6, 350 ***
Ovis, s. Schaf.	

P.

Paarung der Thiere	4, 233
Paarungszeit	4, 246 f.
Palafox Nachricht von den Chinesern	6, 33
Palma major	6, 395 **
Palmas, ein Vorgebirge	2, 286
Palmbaum, mehltragender, s. Sagou.	
Palmbaumwürmer, werden von einigen Völkern gegessen	6, 413
Palmensaft, wird in den heißen Ländern getrunken	6, 417
Panacées, s. Quintessenzen.	
Panicum Indicum spicâ longissimâ Bauh.	6, 399 a)
Papas	6, 398
Papous, oder die Einwohner von Neu-Guinea, rudern ihren Bart und Haare mit Kalk ein	5, 214 *
Beschaffenheit dieser Völker	6, 68. 75. 274
Pappelbäume, die Augen an deren Spitze, dienen einigen Völkern zur Nahrung	6, 395
Paradiesfeige, Musa Paradisiaca, Ficus Indica fructu racemoso, Bananier, Batæ, Figuier d'Adam	6, 168 **
Paraguay, Beschaffenheit der Einwohner dieser Landschaft	6, 252
Paraguay-Thee, s. Thee.	
Parennius Nachricht von den Chinesern und ihren Nachbaren	6, 37
Parima, ein See	2, 324
Parisanus stellt Beobachtungen mit Hünereiern an	3, 363
Passatwinde, unbeständige oder unordentliche Winde	2, 394. 410

Pa-

Band. S.

Patagonier 6, 320
Patagonische Riesen, s. Riesen.
Patati populi 2, 258
Patellæ, s. Napfschnecken.
Patridge (Sankt) in Irrland, berühmte Höhle daselbst 3, 79
Pech, führet das todte Meer bei sich 2, 333
Pechartige Quellen, und ganze Pechlagen auf dem Grunde des Meeres 2, 225
Pegu, ein Fluß 2, 228
Peguanen, Beschaffenheit dieser Völker 6, 44. 47
Pektunkeln, versteinerte 2, 118. f. 124
Pelagia, warum die Insel Delos also genannt werde 3, 64
Pelagiæ 2, 106
Pen-park-hole, eine berühmte Höhle in der Provinz Glocester 3, 81
Pepita 3, 77
Pereira (Rodrigo) Mittel, die Taub- und Stummgebornen reden zu lehren 5, 420 f.
Perser, Beschaffenheit dieser Völker 6, 89. 95
Persianerinnen 6, 126
Persien, Beschaffenheit der Witterung daselbst 3, 423
Perüsche, Meerbusen 1, 185. 2, 178. 273. 424
Peru, feuerspeiende Berge daselbst 3, 18
Erdbeben 3, 21
Peruaner, die alten, wickelten ihre Kinder nicht allein sehr locker ein, sondern ließen ihnen auch die Hände ganz frei 5, 61
Beschaffenheit dieser Völker 6, 224. 244. 257 f. 260
Peruanische Gebirge 2, 114. f. 154
— — Indianer 6, 244
Peyssonel, hat am ersten entdeckt, daß die Korallen, Madreporen rc. ihren Ursprung gewissen Thieren zu danken haben 2, 104
Pfeffer, guineischer, indianischer, oder spanischer 6, 69. 231
Pfefferwasser, mikroskopisch beobachtet 4, 83. 111
Pfeile, vergiftete 6, 246

X Pfer-

Band. S.

Pferde finden sich in der größten Menge in der Tartarei 6, 23
   spanische oder barbarische arten in Frankreich aus 6, 291
   ihr Fleisch wird von einigen Völkern gegessen 6, 401
Pfirschenähnliche Steine 2, 97
Pflanzen, in Steinen eingedrückte 2, 130
   von was für Natur die Materie sey, welche die Pflanzen ihrer Substanz ähnlich machen 3, 269
   durch was für eine wirksame Kraft diese organische Materie die innerliche Form durchdringet, und sich innigst mit ihr vereiniget 3, 272
   siehe auch Gewächse.
Pforte des Berges der Troglodyten in Arabien 3, 86
 — — der Eschelles in Savoyen ebendf.
Pfützenähnliche Seen, s. Seen.
Phacites 2, 94 *
Pharaonsfeige 6, 396
Pharos, eine Insel 3, 172
Philippinische Inseln neue 2, 267 f.
   feuerspeiende Berge daselbst 3, 17
   Beschaffenheit der Einwohner daselbst 6, 56. 59 f.
Thitahaja 6, 396
Phœnix dactylifera 6, 395 **
Pholades 3, 218 *
Phthyrophagi 6, 413 *
Physikalische Wahrheiten 1, 107
Physiognomik 5, 205
Physischer Punkt, s. Punkt.
Pichincha, ein feuerspeiender Berg in Peru 3, 19
Pia 7, 241
Pie 6, 231 *
Piko oder Spitzberge 2, 142. 160
 — — oder Teite, ein Berg in Teneriffa 3, 18
Pikten, gemalte Brittannier 6, 341 f.
Piment, Pimento 6, 69 *
Pipa (surinamische) eine Art von Fröschen, wird von einigen Völkern gegessen 6, 410 ***

Pi-

Band. S.

Piper Betele, ſ. Betel.
Pisko, ein Hafen in Peru 3, 22
Piſſagan, ſ. Pugniatan.
Planeten, deren Bildung 1, 223
Plata, ein Strom in Amerika 2, 209. 219. 300
Plato, deſſen Gedanken von der Erzeugung
    3, 319 f.
— ihm ſcheint etwas von den Samenthierchen, die
    zu Menſchen werden, geahndet zu haben
    3, 442 f.
Plinius Gedanken über deſſen Naturgeſchichte
    1, 94 f.
Plürs, eine Stadt im Valteliner Lande, wird un-
    ter den einſtürzenden Klippen gänzlich ver-
    ſchüttet 3, 88
Po, ein Fluß 2, 211 f. 217
Podor 6, 270 *
Pohlniſche Salzgruben, ſ. Salzgruben.
Poivre de Guinée, d'Eſpagne, d'Inde, du Breſil,
    de Portugal, ou en gouſſe 6, 69 *
Polygonum viviparum Linn. 6, 399 *
Polypen der ſüßen Waſſer 3, 208. 224. 227 *
    4, 147
Pomponiſche Lilie, ſ. Lilie.
Pontaleſce 6, 124 **
Pontchartrain, eine Feſtung 2, 293
Pontus Euxinus, ſ. ſchwarze Meer.
Popochampeche und Popokatepek, feuerſpeiende Ber-
    ge in Mexiko 3, 20
Porc-epic (L'Homme) Porcupine man, ſ. ſtach-
    lichte Menſch.
Porcellanſchnecken 6, 155
Porphyr 2, 96. 110
Potpechio, in Krain, berühmte Höhle daſelbſt
    3, 80
Prinzeninſel 2, 267. 286
Ptirophagi 6, 412 **
Puceron 3, 286 *
Pudern der Haare 5, 214
Puella Campanica Linn. 6, 356 *

X 2   Puella

	Band. S.
Puella Transilvana Linn.	6, 352**
Puer 2 Pyrenaici Linn.	6, 354*
Pugniatan, oder Pissogan, eine Insel, Beschaffenheit der Einwohner daselbst	6, 50
Puls ist bei Kindern und kleinen Menschen schneller, als bei Erwachsenen	5, 83
Punkt physischer	7, 43
Purpurschnecke	2, 109
Pygmäen der Alten	6, 314
Pyrenäische Gebirge	2, 151. 158
davon sinken einige Stücke ein	3, 88
Pythagorische Weltweisheit	3, 322

Q.

Quarzfels	2, 164. 3, 109
Quas, ein Getränk der Russen	6, 418***
Quellen sind in manchen Gegenden die größte Seltenheit	3, 125
Quercus esculus Linn. Quercus parva	6, 397***
Quilmanzi, ein Strom in Afrika	2, 208
Quintessenzen himmlische, Panacées	5, 265
Quito, eine Provinz in Amerika	2, 220

R.

Räuberinseln	2, 266
Ragusa, Erdbeben daselbst	3, 26
Raserei	7, 53
Ratten werden von einigen Völkern gegessen	48. 407
Ratze (Beutel=) s. Beutelratze.	
— — (Feld=) s. Feldratze.	
Raubvögel, die meisten Arten derselben werden von manchen Völkern gegessen	6, 408
Raupe	4, 241
werden von gewissen Völkern gegessen	6, 413
Ray, dessen Lehrgebäude von der Erde	1, 336

vom

	Band. S.
vom Ursprunge der Berge	3, 40
Rebhuhn	7, 237 f.
Redende Augen	5, 184
Regen fällt in Aegypten selten	2, 423
dessen Wirkungen	3, 117 f.
Regenbogen des Auges, Iris	5, 183 f.
Rehe und Tanuhirschkühe, an ihnen stellet Harbey Erfahrungen an	3, 375 f.
Reiger werden von einigen Völkern gegessen	6, 408
Reinigung monatliche, s. monatliches Blut.	
Reiß dient zur Nahrung der Menschen	6, 399
Rennthier amerikanisches, s. Karibu.	
Rennthierfleisch wird von einigen Völkern gegessen	6, 407
Rhamnus theizans Linn.	6, 419*
Rhein	2, 217
dessen Wasserfälle	2, 230
Uiberströmung	3, 150
Rhone	2, 217
Rhymay Marianorum	6, 396*
Rhyncolithi	2, 96**
Ricinus minor, ex cujus radice tuberosa, succo venenato turgida, Americani panem conficiunt	6, 231***
Riesen patagonische	6, 253 f. 317. 320
Riesenartige Menschen	6, 315 f.
Riesenknochen	6, 336
Ritzen, s. senkrechte Spalten.	
Robben dienen einigen Völkern zur Nahrung	6, 401
Robinet hält alles in der Natur für belebt	3, 192*
Roc vif	2, 75*
Roche (la) eine Meerenge	2, 300
Rocou, s. Roucou.	
Roggen, s. Fischroggen.	
Romanien, Beschaffenheit der Frauenzimmer daselbst	6, 116
Rosetta, eine Stadt	3, 173
Rothe Meer	1, 187. 2, 104. 273. 279
— — Neger, s. Mohren (gelbe oder rothe)	

Rou-

	Band. S.
Roucou, Rocou, Roucuyer, Roukou	6, 229 *
Roussette	7, 170 *
Ruhren herrschen sehr in Aegypten	6, 105
Rücken	5, 222
Runzeln und Falten im Gesicht	5, 259
Rufina	6, 122
Rusen, Beschaffenheit dieser Völker	6, 133 f.
Russette	7, 170 *

S.

Samenfeuchtigkeit männliche	3, 315
deren mikroskopische Beobachtungen	4, 19 f. 101
deren Ergießung ist ein Merkmal der Mannbarkeit	5, 123
deren Verderbniß oder Unfruchtbarkeit im hohen Alter	5, 274
soll bei den Mohren schwarz seyn	6, 284
— — — — weibliche	3, 303. 318. 333. 337. 4, 190
deren Veränderung und Verdorbenheit ist gemeiniglich eine Ursache der Unfruchtbarkeit	5, 159 f.
Samengeist, Aura seminalis	3, 436
Samenkorn	3, 237
Samenthierchen	3, 295. 432 f. 4, 19 f.
Sabala, eine Insel in Neuguinea, Beschaffenheit der Einwohner daselbst	6, 70
Säugen der neugebornen Kinder	5, 68 f.
Saft (Krystall-) s. Krystallsaft.	
Sago	6, 395
Sagou, Sagubaum	5, 267 * 6, 395
— — moluckische, s. Kassaba.	
Sagucampas	6, 413 ****
Saguholzwürmer werden von einigen Völkern gegessen	6, 413
Saint-Laurent, ein Strom in Kanada	2, 209. 219. 295
Salamander	4, 233
Salmo Eperlanus	3, 463 *

Salz

Band. S.

Salz wird zur Würzung der Nahrungsmittel gebraucht 6, 416
— — (Meer-) wie dasselbe durchs Vergrößerungsglas aussiehet 3, 225
Salze, woraus dieselben bestehen ebendf.
Salzgruben pohlnische 3, 86
Salzige Seen, s. Seen.
Salzigkeit des Meeres, s. Meer.
Samojeden, Beschaffenheit dieser Völker 6, 7. 12. 20. 43. 288. 305
Samos, eine Insel, Nachricht von den Einwohnern daselbst, 6, 129
Samyel, Sanum, ein gefährlicher Wind 2, 424 f.
Sanchez Anmerkungen, die er auf seinen Reisen durch die Tartarei gemacht 6, 26
Sankt Thomas, eine Insel 2, 286
Sand fetter 2, 11
von des Sandes Entstehung 2, 49
was darunter zu verstehen sey 2, 76
Sandarten 2, 162
Sandbänke 2, 138
Sandbank, welche sich über die Küste von Norfolk bis an die Küste von Seeland erstrecket 3, 146
Sandfluten 3, 178
Sandhügel in Flandern und Holland 3, 163
Sandstein 2, 38
Sandsteine harte 2, 77
Sandsteinbrüche 2, 163
Lagen 3, 108 f.
Sandwolken 2, 425
Santorin, neue Insel daselbst, ehemals Therasia 3, 40. 64 f.
Sanum, s. Samyel.
Sarana, eine in Kamtschatka zur Nahrung dienende Wurzel 6, 398
Sardana 6, 398 a)
Sardinien, Beschaffenheit der Einwohner daselbst 6, 129
Saturn 1, 250 f.

X 4

Sau

	Band. S.
Sau wilde	7, 239
Sauerteigälchen	4, 256*
Saufisch	7, 170 f.

Saulmons Anmerkungen über die in unterschiedenen Gegenden vorkommenden kleinen Kieselsteine   3, 167

Schächte oder gesteckte Menschen   6, 285*

Schaf breitschwänziges, Ovis arabica platyura   6, 307

Schafe säugen Menschen   5, 70

Schafhäutchen, Tunica amnios   3, 377. 389 f. 4, 371. 375. 5, 54

    die darin enthaltene Feuchtigkeit   4, 382

Schalengehäuse in der Erde   2, 60 f. 118 f.

    deren Gebrauch zur Düngung   2, 65*

    sie sind das Mittel, dessen sich die Natur zur Bildung der meisten Steine bedienet   2, 74

    wo sie eigentlich gefunden werden   2, 81

    Art und Weise, wie dieselben in den Erd- und Steinschichten vertheilt sind   2, 118

    sind nicht allemal durch eine Überschwemmung auf dem trocknen Lande abgesetzt   2, 126

    werden in Gegenden feuerspeiender Berge vergeblich gesucht   3, 58

    in senkrechten Spalten   3, 113

Schalenthiere, gewisse Gattungen unter ihnen sind außerordentlich zahlreich   3, 216

    an ihnen ist ein dreifacher Hermaphrodismus zu beobachten   3, 339*

Schall, dessen Ton   5, 398 f. 433

    die Erschütterung davon im Ohr dauret nicht so lange, als die Erschütterung vom Licht im Auge   7, 50

Scharfsinnigkeit der Eulen   7, 177

Schauer erfolgt im ersten Augenblick der Empfängniß   5, 103

Scheidewand schneckenförmige im Ohr   5, ...

Schelagen, Schelaten, ein Volk   2, 153

Scheuchzers Lehrgebäude von der Erde   1, 333

Schiar

Band. S.
Sclarri, eine von feuerspeienden Bergen ausge-
  worfene Materie   2, 165
Schichten des Erdbodens   1, 165 f.
  deren Ursprung   2, 3 f.
  siehe auch Erdschichten.
Schiefer, was darunter zu verstehen   2, 78
Schielen   5, 180. 379. 412
Schierling   7, 63
Schildferken, s. Schweine (Kürassier-)
Schildkröte   3, 343
  werden gegessen   6, 231. 410
Schilka, ein Fluß   2, 206 **
Schimmel   3, 219
Schio, Insel von Griechenland, Beschaffenheit der
  Weiber daselbst   6, 127
Schio (Erde von) s. Erde.
Schlagader große, s. Ader.
Schlamm (Wasser-) s. Wasser.
Schlangen sind nicht so dumm, als die schuppich-
  ten Fische   5, 441
  werden von verschiedenen Völkern gegessen
                                         6, 48. 231. 410
Schlangenzungen   2, 108
Schluchzen   5, 195
Schlünde sollen sich im kaspischen Meer befinden
                                                 2, 318 f.
  siehe auch Meerschlünde.
Schlüsselbeine   5, 219
Schmalt   2, 89
Schmerz, scheint die erste und einzige von den Em-
  pfindungen eines neugebornen Kindes zu seyn
                                                 5, 47
  ein sehr heftiger, wenn er auch nur eine kurze
  Weile dauert, ist vermögend, eine Ohnmacht
  oder gar den Tod zu verursachen   5, 288
  — — und Lust haben die Thiere, wie die Menschen   7, 78 f.
Schmetterling   4, 241
  deren verliebte Bezeugungen   7, 249
Schnabel bei den Vögeln   5, 216

※ 5   Schnee-

	Band. S.
Schnecken, wie sich dieselben begatten	3, 339*
	4, 235
werden gegessen	6, 414
— — (Burgau=)	6, 231
— — (Trompeten=)	3, 339*

Schnee, von dessen Schmelzen sind einige Arten
  beständiger Winde herzuleiten   2, 395
Schneidezähne, s. Zähne.
Schnürbrüste, deren Schädlichkeit   5, 60
Schönheit natürliche, schöne Natur   5, 224
  die Alten beurtheilten sie aus einem ganz andern
    Gesichtspunkte, als wir   5, 239
  in Ansehung derselben hat jede Nazion ihre be-
    sondere und eigenthümliche Vorurtheile
       5, 240
  die schönsten und wohlgebildetsten Leute findet
    man in den Gegenden des gemäßigten Him-
    melsstrichs   6, 289
Schöpfung, deren Geschichte nach Whistons System,
  s. Whiston.
Schottendorn ägyptischer, oder der weiße Gummi-
  baum, Mimosa Senegal. Acacia foliis Scor-
  pioidis leguminosa   6, 151**
Schottland, Moräste daselbst   3, 126
Schrebers Meinung über den Sitz der schwarzen
  Farbe der Negern   6, 283*
Schuhu   7, 233
Schultern   5, 221
Schuppichte Fische sind unter allen Thieren die
  dümmsten   5, 440
Schwalbe   7, 233
  weiße   6, 209*
Schwangerschaft   4, 261. 394
  späte   5, 161
  deren Merkmale   5, 163 f.
Schwarze Kinder von weißen Eltern   6, 295
— — Meer   1, 279 f. 186. 367. 2, 176. 304. 312
— — Menschen unter den Grönländern   6, 9

Band. S.
unter der schwarzen Art von Menschen herrscht
eben so viel abwechselnde Mannigfaltigkeit,
als unter den Weißen 6, 148
deren Ursprung 6, 202 f.
Schweden, daselbst werden die Menschen sehr alt
6, 133
Schwedische Weiber sollen ungemein fruchtbar seyn
6, 131
Schwein wildes, dessen Waffen oder Hauer 5, 74
dessen Verhalten beim Jagen 7, 214 f. 222
Schweine (Kürassier=) Schildferken, Armadillen,
werden von einigen Völkern gegessen 6, 405
— — schwarze und weiße 6, 275
Schweiß riecht bei allen indianischen Einwohnern
niemals übel; bei den Mohren in Afrika hin=
gegen nach der geringsten Erhitzung lauchar=
tig und unerträglich 6, 88
— — ist bei den Mohren bräunlich 6, 283
Schweiz, Beschaffenheit der Völker daselbst 6, 289
Schweizerische Gebirge 2, 157
siehe auch Alpen.
Schwere 1, 229
Schwere Menschen (unförmlich dicke und) 6, 337
Schwimmer, s. Taucher.
Seen 1, 210
worin sie von den mittelländischen Meeren unter=
schieden sind 2, 304
deren verschiedene Arten 2, 319
Seen, welche Wasser verschiedener Ströme ver=
schlingen, und gewisse Ströme von sich ablau=
fen lassen ebendf.
Seen, welche, wenn sie erst einen großen Strom
oder viel kleine Flüsse verschlungen haben,
hernach andere große Flüsse hervorbringen
2, 325
— — pfützenähnliche, die weder einen Strom ab=
geben, noch einnehmen 2, 321. 332
— — salzige 2, 322
— — versteinernde 2, 334

See=

Band. S.

Seebären werden von einigen Völkern gegessen 6, 407
Seebeutel 6, 414
Seegeschöpfe, im Innern der Erde befindliche 2, 60 f. 124
Seehunde 7, 170
   werden von einigen Völkern gegessen 6, 407
Seehundszähne 2, 108*
Seeigelstachel, s. Meerigelstachel.
Seekatze 3, 316
Seekonchylien große 2, 106
Seekühe werden von einigen Völkern gegessen 6, 407
Seeküsten, deren verschiedene Arten 2, 358
   eigenthümliche Winde 2, 414
Seeläuse 6, 413*
Seeland, eine große Uiberschwemmung daselbst 3, 151
Seele, die menschliche, ist von einer ganz andern Natur, als die Materie 5, 11
   ist unvergänglich 5, 19
   nichts materialisches 5, 33
  — — der Thiere 5, 31
Seelöwen werden von einigen Völkern gegessen 6, 407
Seenagelmuscheln 2, 106*
Seeotter wird von einigen Völkern gegessen 4, 408
Seepflanzen vermeinte 2, 105
Seeströme 1, 161. 2, 370 f.
Seetamarinden 2, 91
Seetrompete 2, 103*
Seewinde, s. Winde.
Seewürmer (weiche) Mollusca 6, 414
Sehen, s. Gesicht.
Seidenwürmer werden von einigen Völkern gegessen 6, 413
Selinga, ein See 2, 205*
Selinusische Erde, s. Erde von Schio.
Seneca, Senega, s. Senegal.
Senegal, Seneca, Senega, ein Gummi 6, 152*

Se

333

Senegal, ein Strom in Afrika   Band. 5.
                              2, 209. 218.
                              6, 153
Senegalische Mohren, s. Mohren.
Senkrechte Spalten, s. Spalten.
Sensatio, s. Empfindung.
Sepia Loligo 3, 316 ** 463 ** 6, 414 **** 7, 209 *
Serails laufen wider Vernunft, Menschlichkeit und
    Gerechtigkeit   5, 148
Seufzen   5, 194
Shaws Beschreibung der trompetenförmigen Wol-
    ken   2, 454 f.
Siamer, Beschaffenheit dieser Völker   6, 44 f.
Sibirien   2, 238. 6, 18. 306
Sicilianer, Beschaffenheit derselben   6, 129
Siedendes Wasser wird von feuerspeienden Bergen
    ausgeworfen   3, 56
Sierra-Liona, Beschaffenheit der Einwohner da-
    selbst   6, 166. 271
Sierras, Hügel und Thäler in Peru   2, 154
Simia caudata, s. Meerkatze.
Simpson, dessen Tafeln von den unterschiedenen
    Graden der Sterblichkeit nach dem Alter der
    Menschen   5, 83
Sinai, Berg   2, 91
Sinne äußerliche   5, 341 f.
    von den Sinnen überhaupt   5, 427 f.
    sind ein wesentlicher Theil der thierischen Ein-
        richtung   7, 34 f.
    haben das Vermögen, die Eindrücke der äußern
        Ursachen auf längere oder kürzere Zeit zu er-
        halten   7, 56
    der Grad ihrer natürlichen Vollkommenheit wird
        durch Kunst und Uibung merklich erhöhet
                                         7, 63
    die zur Begierde nothwendigen Sinne finden sich
        bei den Thieren in größerer Vollkommenheit,
        als bei uns   7, 92
Sinn innerer   5, 6
    wodurch sich derselbe von dem äußern unterschei-
        det   7, 49. 59

Im

Band. S.

im innern Sinn dauren die Erschütterungen un=
gleich länger, als in den äußern 7, 50
auch der Mensch ist mit einem innern materia=
lischen Sinn begabet, der sich, wie, bei den
Thieren, auf die äußern Sinne beziehet 7, 66
was eigentlich dieser materialische Sinn zu wir=
ken vermögend ist 7, 67 f.
Sirderojas, ein Strom in Asien 2, 207
Sitodium altile Solandri 6, 396 *
Sitten und Lebensart, haben einen merklichen Ein=
fluß auf die Farbe, Leibesgestalt und Gesichts=
züge der mancherlei Völker 6, 137
Sium crucæ folio 7, 63 *
Sklaven, stehen unter den Mingreliern gar nicht
in hohem Werthe 6, 120
Sklavenhandel, wird in Bengala mit Männern
und Weibern getrieben 6, 77
Skythen 6, 249
Smirna, Erdbeben daselbst 3, 26 f.
Sofalische Einwohner. 6, 149. 196
Sokotora, eine Insel in Arabien, Beschaffenheit
der Einwohner daselbst 6, 98
Solanum tuberosum Linn. 6, 398 ***
Sombreo, eine Insel, Beschaffenheit der Einwoh=
ner daselbst 6, 50
Somme, ein Fluß in der Pikardie 2, 220
Sommer, (Martins=) 2, 398
Sonne, deren anziehende Kraft 1, 232 f.
Sonnenstäubchen 7, 43
Sor, eine Insel 6, 170 *
Sorka, war eine der molukkischen Inseln, gieng
aber bei Entzündung ihres feuerspeienden Ber=
ges völlig zu Grunde 3, 16
Spalten, senkrecht laufende, in denen Materien,
woraus die Erdkugel bestehet 1, 191 f.
in Bergen 3, 86
dergleichen wird man in allen Erdschichten ge=
wahr 3, 90

in

Band. S.
, in den Felsen und großbrüchigen Kieselschichten
            3, 111 f.
 Schalengehäuse in denselben   3, 113
 sind in gewissen Materien sehr breit, und in an=
  dern sehr enge   3, 113 f.
Spanien, (Neu=) s. Neuspanien.
Spanier, Beschaffenheit derselben 6, 130. f. 289
Spanische Pferde, s. Pferde.
Sparr, s. Spath.
Spartium arboreum trifolium, ligno violaceo
            3, 158 **
Spath, Sparr oder Spalt   3, 103
Speichel eines Menschen, soll den Vipern tödlich
  seyn   7, 208
Spiering, s. Stint.
Spinnen, deren Geschicklichkeit, List, Vorsicht und
  Muth   7, 248
— — werden von einigen Völkern gegessen 6, 413 b)
Spitzberge   2, 142 f.
Spitzbergen, eine Landschaft   2, 238 f.
Spitzen, durch die festen Länder gebildete 2, 300
Sprache, fehlt den Thieren   5, 25 f.
 ist wenigstens bei ihnen sehr eingeschränkt 7, 223 f.
 Sprache durch Handlungen aber ist ihnen sehr ge=
  läufig   7, 226
 man muß die natürliche und künstliche sorgfältig
  unterscheiden   7, 228 f.
Sprachrohr oder Trichter   5, 414
Springen der Wasser bei der Geburt 4, 371
Squalus Canis Linn.   7, 170 *
Stachelschwein, menschliches, s. Stachlichte Mensch.
Stachlichte Mensch, menschliches Stachelschwein,
  borstige Engelländer, L'homme Porc-epic, nebst
  einer Abbildung von dessen Hand 6, 295
Stärke, Beispiele einer außerordentlichen 5, 236 f.
Starke Männer   5, 222 *
Statur, menschliche, gewöhnliche große, mittlere
  und kleine   5, 231
Staubfäden der Gewächse   1, 28
            Stau=

                                          Band. S.

Stauung, was die Schiffer auf den Strömen also
    nennen   2, 189
Steenschulpen   3, 218
Steinbrüche   2, 31
    Mastrichter   3, 85
deren senkrechte Spalten, f. Spalten.
Steindatteln   3, 218*
Steine, die meisten sind aus dem abgeriebenen
    Staube der Schalengehäuse zusammengesetzt
                                                 2, 74
— — linsenförmige   2, 90
— — schuppichte und blättrichte   2, 130
— — weiche und unvollkommne   3, 121
— — welche das Meer an die Küsten zu führen
    pflegt   2, 352
— — zu welcher Klasse von Materien die gemei-
    nen Steine zu rechnen   3, 106
Steinkohlen   2, 78
    ihre Minen gerathen öfters in Brand   3, 61
Steinlerchenschwamm, Agaricus mineralis 3, 101
Steinmark, Mondmilch, Lac lunæ, Medulla saxi.
                                                 ebendas.
Steinmuscheln, f. Muscheln.
Steinpflanzen, Lithophyta 1, 62*4, 150* 153*
Steinrinden   2, 78
Stelegmites   3, 102
Steller, dessen Reise nach Nordamerika   1, 376
Steno, dessen Theorie der Erde   1, 335
— — macht zuerst die Entdeckung der vorgebli-
    chen Eier in den weiblichen Eierstöcken 3, 407
Sterblichkeit der Menschen in unterschiedenen Altern
                                                 5, 291
    Tabellen von 12 Dorfgemeinden, und 3 pariser
    Kirchspielen   5, 300 f.
Stern im Auge   5, 181
Sternsäulenstein   2, 102**
Stille Meer   2, 255 f. 339. 420. 6, 317
Stillen, (Meer-) f. Tornaden.

                                                             Stim-

Band. S.

Stimme der Einwohner auf den nikarischen Inseln,
    hat eine unglaubliche Stärke   6, 129
Stint, Spiering   3, 463*
Stirne   5, 188
    eine breite und flache wird von den Arakanern
        für eine große Zierde gehalten 6, 47. 340
    ist an den Karaiben sehr niedergedrückt 6, 340
    an einigen kanadischen Stämmen kugelrund ebendas.
    an andern Wilden zugespitzt   ebendas.
    bei den Wilden am Marañon viereckicht ebendas.
Stockfisch   2, 294* 3, 462
Störche, werden von einigen Völkern gegessen
                                         6, 408
Stolz, besitzen die Thiere   7, 149
Stoßende Kraft der Planeten   1, 231 f.
Strandgiemmuscheln   2, 106*
Straße Davis, s. Davis.
Strauße, werden von manchen Völkern gegessen
                                         6, 408
Ströme, s. Flüße.
— — (See-) s. Seeströme.
Strudel, s. Wasserstrudel. Meerstrudel.
Stürme, Sturmwinde, s. Orkane.
Stummgeborne; Mittel, dieselben reden zu lehren
                                         5, 420 f.
Sturzfälle, s. Wasserfälle.
Stutenmilch, wird von einigen Völkern zum Trin-
    ken zubereitet   6, 418**
Succinum nigrum   6, 237*
Suez, Erdenge daselbst   2, 275
Südersee   2, 249
Südliche Länder, unbekannte   1, 368
Südostwind   2, 395
Südwestwind   2, 397. f. 416
Südwind   2, 394. 398. 414
    sehr heiße in Aegypten   2, 422
Sümpfe   3, 125
Sündflut, deren Erklärung nach Whistons Sy-
    stem   1, 300
        nach Woodwards System   1, 317
            Y   sie

Band. S.

sie ist nicht aus natürlichen Ursachen zu erklären
 1, 336 f.
daß zur Zeit derselben die Erde gänzlich durchs
 Wasser aufgelöset worden, ist eine blos will-
 kührlich angenommene Vermuthung 2, 127
Suktoikret, ein Meerbusen 2, 261*
Sumatra, eine Insel 3, 143
 Beschaffenheit der Einwohner daselbst 6, 49 f.
 74. 273
Superfoetatio, s. Uiberschwängerung.
Swjätoi=Krest, ein Meerbusen 2, 261
Sympathie 5, 121
Sypho 2, 440*
Syrien, Erdbeben daselbst 3, 25
 daselbst hat alles ebene Land vor Zeiten unter
 Wasser gestanden 3, 177

T.

Tabellen oder Tafeln von der Sterblichkeit der Men-
 schen in unterschiedenen Altern, s. Sterblichkeit.
Tabellen oder Tafeln der Wahrscheinlichkeit von
 der Dauer des Lebens, s. Leben.
Tachards (P.) Nachricht von den Nairen in Kalikut.
 6, 79
Tænia, s. Bandwurm.
Tänze der seregalischen Mohren 6, 158*
Tafelberg, Tafelgebirge 2, 427
Tafeln, s. Tabellen.
Tagrin, ein Vorgebirge 2, 286
Taille, schöne, ansehnliche Leibesgestalt, schlanter
 Wuchs 5, 288
Talk 2, 57. 3, 110
Tamaioura, eine große Art von Ameisen 6, 411**
Tamarinden, (See=) 2, 91
Tang, Zuckertang 6, 400
Tannhirschkühe, s. Rehe.
Tapti, ein Strom 2, 273

Tar=

Band. S.

Tartarei 1, 375
  Beschaffenheit der Menschen auf den mitternächtlichen Küsten derselben 6, 6
  Beschaffenheit der tartarischen Nazion in Asien 6, 20
Tartarn, bratskische 6, 25
— — dagestanische 6, 23. 24
— — gesteckte 6, 285* f.
— — kergissische 6, 27
— — kleine, s. nogaische.
— — krimmische 6, 18. 27
— — kubanische 6, 27
— — mongulische 6, 25
— — nogaische 6, 24
— — östliche 6, 264
— — tscheremißische 6, 27
— — vagolistische 6, 25
Taube, [Turtel-] 7, 236
Taubgeborne 5, 416
  Geschichte eines Tauben, der in einem Alter von 24 Jahren plötzlich zum erstenmal seines Gehörs mächtig wurde ebendas.
  Mittel, Taub- und Stummgeborne reden zu lehren 5, 420 f.
Taubheit 5, 411 f.
Taucher und Schwimmer, sehr gute, sind die Einwohner der Inseln des Archipelagus 6, 128
Teite, ein Berg s. Piko.
Temboul, s. Betel.
Teneriffa, eine Insel, Beschaffenheit der Einwohner daselbst 6, 150
Tercera, Schwefelberge [daselbst 3, 20
  Erdbeben, 3, 28. 67
Ternate, eine Insel, hat einen feuerspeienden Berg 3, 14
  Beschaffenheit der Einwohner daselbst 6, 56
Terra Ciha, vel Selinusia, Terra de Chio ou Selinusienne, s. Erde von Schio.
Terra Firma, Beschaffenheit der Einwohner daselbst 6, 244

D 2   Ter-

	Band. S.
Terra del Fuego	2, 244
Terre Neuve, eine Insel	2, 293
Tessio	6, 395 ***
Testudo	3, 343 **
Teufelsgebirge	2, 427
Teufelsloch	3, 97 f.
Teufelssteine	2, 169
Thee grüner, Thea bohea und viridis	6, 419 *
— — (Paraguay=)	ebendſ.
Theilbarkeit ins Unendliche	3, 454

Theorie der Erde, ſ. Erde.
Theraſia, eine Inſel, ſ. Santorin.
Thevenot, deſſen Nachricht von trompetenförmigen
    Wolken   2, 443 f.
Theveti Yucca Bauh. ſ. Kaſſava.

Thibetaner	6, 25
Thiere, die Lehrbegriffe darüber ſind noch mangelhaft	1, 37
deren verſchiedene Eintheilungen	1, 65
Vergleichung zwiſchen ihnen und Gewächſen	3, 191
ihre Arten laſſen ſich leicht erkennen und von einander unterſcheiden,	3, 211
deren Erzeugung,	3, 286 f.
Eintheilung nach dem Ariſtoteles,	3, 338
ihre unterſchiedene Erzeugungsarten	4, 223 f.
Zeit, wie lange die weiblichen Thiere ihre Jungen bei ſich tragen,	4, 250
warum die Thiere keine Sprache haben	5, 27
ſie haben zwar keine vernünftige, aber empfindende Seelen	5, 28 * f.
ihre Verrichtungen entſpringen ganz allein aus mechaniſchen und blos materialiſchen Kräften	5, 30
es fehlt ihren Werken zwar nicht an Vollkommenheit, aber an Mannigfaltigkeit	5, 30 *
alle groſze leben länger, als die kleinen	5, 264
ſie ſind mit vortreflichen Sinnen begabt	7, 60

die

Band. S.

die Grade der sinnlichen Vortreflichkeit bei ihnen halten eine ganz andere Ordnung als bei den Menschen ebendas.
bei ihnen bringt ihr innerer Sinn alle ihre Bewegungen hervor 7, 77
Erklärungen der Natur ihrer Empfindungen ebendas.
bei ihnen ist die Summe der Lust größer, als der Schmerzen 7, 80
sie müssen sich mit einem einzigen Mittel, ihr Vergnügen zu fördern, behelfen 6, 84
sie durchlaufen mit gleichen und sichern Schritten ihr Lebensziel, oder pflegen fast alle in einerlei Alter zu sterben 7, 88
sie sind mit einer weit untrüglichern und bessern Empfindung, als wir, begabet 7, 91
haben gewisse Leidenschaften mit dem Menschen gemein 7, 137 f.
deren Instinkt 7, 191 f.
sie zählen 7, 216
können vollkommner werden 7, 218
Thiere, deren Leidenschaften s. Leidenschaften.
— — deren Sprache s. Sprache.
— — fleischfressende 7, 202
— — (Halb-) 7, 35
Thierische Theil des Menschen 7, 123
Thierpflanzen, Zoophyta 1, 62* 4, 150*
Thierreich in demselben ist die Anzahl der Gattungen viel beträchtlicher, als im Pflanzenreiche 3, 210
Thomas, (St) eine Insel; Beschaffenheit der Einwohner daselbst 6, 172
Thon, dessen Entstehung 2, 49. 76
Thränen 5, 51. 194
Thrasamenes, ein See, dessen ganze Oberfläche stehet in vollen Flammen 3, 73
Thurm, babylonischer, eine Schnecke 2, 103*
Tiefsinnigkeit der Bienen 7, 177
Tiger, ein Strom 2, 216
Tigerfleisch, wird von einigen Völkern gegessen 6, 403

Band. S.

Timor, eine Inſel; Beſchaffenheit der Einwohner
daſelbſt 6, 57. 72. 74
Tod, natürlicher, und deſſen Urſachen 5, 261 f.
die meiſten Menſchen ſterben, ohne den Tod
wirklich zu fühlen 5, 281
Ungewißheit der Zeichen deſſelben 5, 291 f.
Siehe auch Sterblichkeit.
— gewaltſamer 5, 286
Todte Meer 1, 186. 2, 215. 333
Todtes Waſſer 2, 190
Ton des Schalles, ſ. Schall.
Tophſtein 2, 78. 3, 121
Torfſchichten 3, 123
Tornaden, Tornaten, Meeresſtillen 2, 397. 435
Tournefort (Hr. b.) hat vom ſchwarzen Meer eine
fälſche Meinung 3, 306 f.
deſſen Beſchreibung der berühmten Höle zu Anti-
raros 3, 81 f.
Tourneforiſche Methode in der Botanik 1, 28
Trabanten der Planeten 1, 263
Träume, finden auch bei Thieren ſtatt 7, 108. f. 197*
deren Natur bei Menſchen 7, 109
Transfuſion du ſang 5, 265
Traurigkeit 5, 194. 200
Trembley, deſſen Beobachtungen der Polypen 4, 149
Trieb, (Natur-) der Thiere, ſ. Inſtinkt.
Triebeis, ſ. Eis.
Tripoli, ein Königreich; Beſchaffenheit der Ein-
wohner daſelbſt 6, 108
Trommelhaut, im Ohr 5, 410
Trompe, trompetenförmige Wolken 2, 440.* 443
Trompetenſchnecken, ſ. Schnecken.
Trooſt, ein Vorgebirge 2, 241
Tropfſtein, 2, 80. damit ſind viele Schalengehäu-
ſe überzogen, 2, 126. was eigentlich darunter
zu verſtehen, /3, 102.* wie derſelbe erzeugt wird,
und deſſen verſchiedne Arten 3, 110
Tropfwaſſer 3, 100
Trüffeln 3, 218
Trunkenheit, gehört in Georgien zu Hauſe 6, 114

Trut-

	Band. S.
Truthenne, ſ. Henne.	
Tſchana, ein See	2, 327*
Tſcheremißiſche Tartarn, ſ. Tartarn.	
Tſchina	6, 398 a)
Tſchuktſchi, ein Volk	2, 260
Türken, Beſchaffenheit dieſer Völker	6, 95. f. 120
Türkei, europäiſche	6, 289
Türkiſcher Bund	6, 198 a)
Türkiſches Korn, türkiſcher Weizen, ſ. Mays.	
Tungusen	6, 19. 305
Tunguska, ein Fluß	2, 205*
Tunica allantois	4, 376
— — amnios, ſ. Schafhäutchen.	
Tunquineſer	6, 43. f.
Turbo Pica	6, 231*
Turteltaube, ſ. Taube.	
Tuzia, gebrannte, mit ſelbiger färben ſich die türkiſchen Weiber die Augen ſchwarz	6, 125
Typhon	2, 440.* 442

U.

Uiberſchwängerung, Superfoetatio 4, 354. 5, 168
Uiberſchwemmungen, deren Entſtehungsart, 2, 198. ihnen ſind alle Länder, die von großen Strömen befeuchtet werden, abwechſelnd ausgeſetzt, 2, 226. eine gefährliche in Irland vom Einſinken eines Berges 3, 89
— — — merkwürdige 3, 150. f. 177 f.
Uſernagelmuſcheln 2, 106*
Ukräne, Beſchaffenheit des Völker daſelbſt 6, 289
Undurchdringlichkeit der Materie 3, 244
Unebenheiten der Oberfläche der Erde 2, 135
— — — im Grunde des Meeres 2, 358 f.
Unendliche, Unendlichkeit, Unendlich kleine 3, 238 f.
Unendliche Theilbarkeit, ſ. Theilbarkeit.
Unflath, ſ. Koth.
Unfruchtbarkeit, deren mancherlei Urſachen 5, 154
Mittel, dieſelbe zu unterſuchen, 5, 156. ihr Grund iſt öfter bei den Frauen, als bei den Männern

Band. S.

zu suchen, 5, 158. dawider bedienen sich die
Weiber in Persien gar sonderbarer Mittel
                                                                               6, 94
Ungarn, Beschaffenheit der Völker daselbst 6, 289
Unglückswolken, s. Wolken.
Unterirdische Bäume, s. Bäume.
Unterirdisches Feuer, s. Feuer.
— — — Wasser, s. Wasser.
Unterseeische Feuerschlünde   3, 71
Unvergänglichkeit der menschlichen Seele   5, 19
Urachus, s. Blasenband.
Ursinus, (Juvenis) Lithuanus Linn.   6, 349 **
Urtheil, findet auch bei den Thieren statt   7, 198
Urucu Sloan.   6, 229 *
Uteri crystallini   3, 98 ***

V.

Vagolistische Tartarn, s. Tartarn.
Vallisnieri, dessen Beobachtungen von der Zeugung   3, 411. f. 415. f. 443. f.
Vapeurs, s. Laune.
Varenius, dessen Beweis, daß die Meere nicht in
   allen ihren Theilen gleich hoch sind, 2, 276.
   dessen Beschreibung der vornehmsten Erscheinungen der Passatwinde   2, 411 f.
Vaugondy (Robert von) Charte von der alten Welt,
   nach ihrer größten Diametrallänge, von der
   östlichsten Spitze der Tartarei bis zum Vorgebirge der guten Hoffnung unter Aufsicht des
   Herrn von Buffon entworfen, 1749   1, 348
— — — Charte von der neuen Welt, nach ihrem größten Durchmesser von dem Fluß Plata, bis zum See Assinipon, unter Aufsicht
   des Hrn. von Buffon gezeichnet   1, 348
Venus physique, ein Traktat über die Lehrgebäude der Zeugung   3, 466
Vera-Krux   2, 425

Band. S.

Vergänglichkeit des menschlichen Körpers, deren Ursachen, s. Alter und Tod.
Vergleichung, dadurch gelangen wir zu unsern Kenntnissen 5, 8
Vergrößerungsgläser 5, 377
Verheyen, dessen Beobachtungen über die Samenfeuchtigkeit 3, 435
Verjüngerungsbrunnen 5, 265
Verlängerung des Lebens, s. Leben.
Verlangen, worauf sich dasselbe gründet, und wie es entstehet 7, 40 f.
Vermehrung der Menschen, pflegt mehr von der Geselligkeit, als von der Natur selbst, abzuhängen 6, 218
Vermejo, ein Arm des Weltmeers 2, 302
Vermoulu, s. Wurmschrot.
Verschnittne Menschen und Thiere 3, 308
Siehe auch Entmannung.
— — schwarze und weiße, bei den Türken 5, 114*
deren werden viele in Bengala gemacht 6, 77
— — — (Halb-) unter den Hottentotten 6, 189
Verstand, dessen fleißige Uibung ist ein Mittel uns zu vergnügen, 7, 84
— — fehlt den Thieren, 7, 99. 119. 210
— — darin sind zwo Wirkungen zu unterscheiden, 7, 119
Versteinernde Seen, 2, 334
Versteinerte Fische 2, 87
— — Früchte 2, 97
— — Schalengehäuse, s. Schalengehäuse.
Versteinertes Dorf 2, 93
Verwandlung der Insekten, s. Insekten.
— — pflanzenartiger Körper in thierische, und dieser pflanzenartige 4, 254*
— — des Meeres in trocknes Land, und des trocknen Landes in Meer 1, 189 3, 134
Verwilderte Menschen, s. Wildniß.
Vespertilio Vampyrus Linn. 7, 170*
Vester Körper 5, 434
Vestes Land, das alte und neue, s. Land.

Y 5   Vea

            Band. S.

Vesuv, ein feuerspeiender Berg in Italien 1, 246.
           3, 9. f. 56
Viburnum Cassinoides Linn.   6, 419
Vielfraß   7, 207
  werden von einigen Völkern gegessen   6, 408
Vielmännerei in Kalikut   6, 80
Vielweiberei in Mingrelien   6, 119
Violettes Holz, s. Holz.
Vipern   7, 208
Virginien, wie man daselbst mit neugebornen Kin-
  dern verfährt   5, 64
Vögel, lernen sprechen, 5, 25. * deren Instinkt,
  7, 241. Nest, 7, 185. Schnabel   5, 216
— (Raub-) s. Raubvögel.
Völker, afrikanische, amerikanische, asiatische ꝛc.
  Siehe Afrika, Amerika, Asien. ꝛc.
Völkerfabrik, Officina gentium, wird Norden von
  den Geschichtschreibern genannt   6, 132
Vollkommenheit, deren sind die Thiere fähig 7, 218
Volta, ein Vorgebirge   6, 183
Vorgebirge, das weiße, 2, 91. Beschaffenheit der
  Einwohner daselbst   4, 151
— — — der drei Spitzen   2, 286
— — — grünes, und Beschaffenheit der Moh-
  ren daselbst   4, 155. 164 177
Vorgebirge, der guten Hoffnung   2, 426
Vorhaut, ist bei gewissen arabischen Knaben über-
  mäßig lang, 5, 106. deren Unwachsen ist
  eine Ursache der Unfruchtbarkeit, 5, 155. der
  Theil derselben, welchen ein Kind bei der Beschneidung einbüßet, wird von den Weibern
  in Persien als ein Mittel wider die Unfruchtbarkeit verschluckt   6, 95
Vorhersehung der Ameisen   7, 181
Vorsichtigkeit der Füchse und übrigen fleischfressenden Thiere   7, 177. 201. f.

              Wachs-

W.

Wachsthum der Leibesfrucht, s. Leibesfrucht.
— — — des menschlichen Körpers; umgekehrtes Verhältniß in demselben bei ungebornen und gebornen Kindern, 5, 85. f. wie sich derselbe zur Zeit der Mannbarkeit verhält, 5, 129
— — — in die Höhe 5, 263
Wärme 5, 432
— — innere ist bei jungen Thieren mehr als bei alten 5, 82
Wärterinnen, s. Kindeswärterinnen.
Waffen oder Hauer der Elephanten und wilden Schweine. Siehe Elephant und Schwein.
Wahl, findet bei den Thieren statt 7, 210
Wahrheiten, deren unterschiedene Arten 1, 105
Wahrscheinlichkeit des Lebens, s. Leben.
Waigats, eine Meerenge 2, 236. 254. f.
Wallfischarten 3, 341
Wallrosse, dienen einigen Völkern zur Nahrung 4, 401
Walzenstein 2, 102
Wangen, 5, 197. deren Eröthen und Erblassen bei unterschiedenen Leidenschaften ebendf.
Wasser, ist vermögend, große Erdfälle, Umstürzungen der Felsen und ganze Umkehrungen der Berge zu bewirken, 3, 86. es giebt ganze Strecken Landes ohne Wasser 3, 125
— — siedendes, wird von feuerspeienden Bergen ausgeworfen 3, 56
— — süßes, das allgemeinste Getränk 6, 416
— — unterirdisches 1, 213. 3, 131
Wasserbehältnisse in Indien, die wohl 2 bis 3 Meilen in der Fläche halten 2, 333
Wasserblasen, Hydatides, 4, 82
Wasserdrachen 2, 440
Wasser = oder Sturzfälle 2, 230
Wasserhosen, Wassersäulen 2, 440. 3, 73

Was-

Band. S.

Wasserletzen, Nymphen, werden beschnitten. Siehe Beschneidung der Mädchen.
— — — deren Wachsthum zur Zeit der eintretenden Mannbarkeit 5, 138
Wassersäulen, s. Wasserhosen.
Wasserschlamm, hat die erste Schicht, welche die Erdkugel umgiebt, hervorgebracht 2, 5
Wasserspringen bei der Geburt 4, 371
Wasserstrudel, 2, 191. s. auch Meerstrudel.
Wasserwirbel 2, 189
Wegerit, keimender 6, 399*
Wehen, s. Geburtsarbeit.
Weiber, einige Völker bieten ihre Weiber den Fremden an, 6, 17 die in Mogol haben von Natur keine Haare auf irgend einem Theile des Leibes, 6, 76. die in Bengala sind sehr geil, 6, 77. die in Kalikut überlassen sich Fremden ohne die mindeste Furcht vor ihren Männern, 6, 80. gehen fast in ganz Indien mit entblößten Busen 6, 82
Wein, wie die Reisenden zur See denselben erfrischen, 2, 224. sollte den Kindern von Zeit zu Zeit erlaubt werden 5, 81. f.
Weinen 5, 51. 199
Weiser, Bild eines solchen 7, 87
Weisheitszähne, s. Zähne.
Weiße Meer 2, 252
— Mohren, s. Mohren. (weiße) Weißgewordne Mohren 6, 303
— Schwalben 6, 209*
Weißes Vorgebirge 2, 287
Weite, in der wir einen Gegenstand erblicken, wie dieselbe zu bestimmen 5, 376. f.
Weizen, Türkischer, s. Mays.
Welschkorn 6, 400
Welt, Reisen um dieselbe 1, 356
Weltmeer, dessen Bewegung ist beständig von Osten gegen Westen gerichtet 1, 175. f.

Wen-

Band. 5.

Wendezirkel, zwischen denselben werden die größten Ungleichheiten der Oberfläche der Erde bemerkt, 3, 140

Wespen, werden von einigen Völkern gegessen, 6, 413
Westwind, 2, 391. 409 f.
Whistons Theorie der Erde, 1, 127. 288. f. 325
Wickeln neugeborner Kinder 5, 58. f.
Widder, dessen Samenfeuchtigkeit mikroskopisch betrachtet 4, 49 f. 127
Wiege, wie dieselbe zu stellen sey 5, 67
Wiegen, starkes, ist neugebornen Kindern schädlich 5, 66
Wiesel 7, 199
Wilden, lassen ihre Nägel ungehindert fortwachsen 5, 224
    sind sehr geschickte Läufer 5, 231
    gegen ihre Weiber sehr tyrannisch 5, 237 f.
— — im nördlichen Amerika 6, 225. 264
— — am Marahon 6, 340
— — auf der Insel Zeylon 6, 82
Wilde Ochsen, s. Ochsen.
Wildes Schwein, s. Schwein.
Wildniß, Beispiele einiger in derselben aufgewachsenen Menschen 6, 347 f.
Winde, veranlassen sichtbare Veränderungen auf dem Erdboden 1, 204
    brechen aus Löchern in einem See hervor 2, 434
— — beständige, s. Monsons.
— — die gewissen Seeküsten eigenthümlich zu seyn scheinen 2, 414
— — gefährliche und schädliche 2, 424 f.
— — ordentliche 2, 386 f.
— — unbeständige, unordentliche, s. Passatwinde.
— — unregelmäßige 2, 418
— — wehen auf der See regelmäßiger als auf dem Lande, 2, 401. die Seewinde blasen ungleich stärker und beständiger, als die Landwinde, 2402. Die Land- und Seewinde sind im Frühjahr und Herbst gewaltsamer, als im Sommer und Winter, 2, 403. auf den Höhen blasen die Winde ungleich stär-

Band. S.

stärker, als in den Ebenen, 2, 404. die besondern
Winde sind allemal heftiger, als die allgemeinen,
2, 407. f. Eintheilung der Winde nach den Erd-
strichen 2, 408
— — deren Wirkung auf die Oberfläche des Was-
sers 2, 139
— — (Sturm-) f. Orkan.
Windgebirge 2, 427
Wind- und Luftwirbel 2, 434
Wirbel, f. Wasserwirbel. Windwirbel.
Wirkungen, stehen mit ihren Ursachen im genauen
Verhältniß, 7, 36. die meisten entstehen in der
Natur aus unterschiedenen, mannigfaltig unter
einander verbundenen Ursachen 7, 38 f.
Witz, fehlt den Thieren 7, 99
Wölfe, auf der Insel von Großbritannien 3, 148
Wölfin 7, 239
Wörter, welche die Kinder am leichtesten aussprechen
lernen 5, 92
Wogulen, Beschaffenheit dieser Völker 6, 305*****
Wolf 7, 200. 202. f. 214
Wolfsfleisch, wird von einigen Völkern gegessen
6, 408
Wolga, ein Strom 2, 203. 218. 313
Wolken, (Unglücks-) 2, 426
Wologda, eine Provinz in Moskau, 2, 219
Wasserfälle daselbst 2, 230
Woodwards Theorie der Erde 1, 128. 212. f. 2, 25.
118
Woorara, mit dessen Saft werden Pfeile vergiftet
6, 246** f.
Würmer, und die davon entstehenden Krankheiten
der Kinder 5, 81 f.
— — werden von einigen Völkern gegessen 6, 414
— — (weiche See-) f. Seewürmer.
Wüsten, große sandige, in Aethiopien 6, 146
Wüterich, giftiger 7, 63*
Wurmschrot, Ver moulu, darauf werden die neu-
gebornen Kinder in Amerika gelegt 5, 64
Wuth, (Mutter-) f. Mutterwuth.

Y.

Y.

	Band. S.
Yamour, ein Fluß	2, 206**
Yeßo, s. Jeßo.	
Youle, in der Provinz York; daselbst giebt es viel unterirdische Bäume	3, 127
Yucca foliis cannabinis	6, 231***

Z.

Zählen, wird von den Thieren behauptet 7, 216
Zähne, in der an dieselben sich ansetzenden Materie sind Thierchen, welche den Samenthierchen ungemein ähnlich sind, wahrzunehmen 4, 185
— — werden zuweilen von Kindern mit auf die Welt gebracht 5, 73
— — deren Durchbruch bei Kindern 5, 74
— — Anzahl 5, 78
— — ob dieselben die ganze Lebenszeit hindurch in ihrem Wachsthum zunehmen 5, 78 f.
— — Mannigfaltigkeit in deren Größe, Stellung und Anzahl bei den Thieren 5, 215
— — den Neuholländern fehlen unten und oben zween Vorderzähne 6, 340
— — schwarze, werden bei den Siamern vorzüglich hoch geschätzt 6, 46 f.
— — ihrer bedienen sich die Papus statt Vertheidigungswaffen 6, 69
— — (Backen-) oder Müller 5, 76
— — (Hunds-) ebendas.
— — (Schneide-) 5, 72
— — (Weisheits-) 5, 77
Zärtlichkeit, mütterliche, bei den Thieren 7, 238
Zahnfleisch, dessen Aufritzen bei schwerer Zahnarbeit 5, 76 *
Zaire, ein Strom in Afrika 1, 208
dessen Wasserfall 2, 230

Band. E.

Zanguebar, Beschaffenheit der Einwohner dieser
    Landschaft   6, 147
Zarhu, Beschaffenheit der Einwohner daselbst 6, 110
Zea, s. Mays.
Zeisig   7, 232 f.
Zelebes   6, 273
Zemblaner, Beschaffenheit dieser Völker   6, 7. 14
Zeugung, s. Erzeugung.
Zeylon, Beschaffenheit der Einwohner daselbst
                                                           6, 81 f. 273
Zeylonische Bedas, s. Bedas.
Zinguer, Völker in Afrika   6, 201
Zirkaßier, Beschaffenheit dieser Völker 6, 91. f.
                                                           115. 289.
Zoophyta, s. Thierpflanzen.
Zorn, ist eine Leidenschaft, die der Mensch mit den
    Thieren gemein hat   7, 137. 140
Zuckertang, s. Tang.
Zuneigung, besitzen die Thiere   7, 148
Zureichender Grund, s. Grund.
Zusammengesetzt, s. Einfach.
Zwergvölker   6, 305 f.
  Nachricht von Zwergen, die unter allen Völkern
    einzeln gefunden werden   6, 308 f.
Zwiebel   3, 288.
Zwittermenschen   4, 297
Zwitterthiere   3, 379
Zyprische Salbe   6, 124**

NB. Im IV. Bande am Ende der Seite 368. ist aus Versehen, weil etwas ausgelassenes eingebracht werden mußte, folgende Zeile ausgelassen worden: ablösenden Mutterkuchen zuschreiben können. Welche eigentlich die erste der folgenden Seite seyn sollte.

www.ingramcontent.com/pod-product-compliance
Lightning Source LLC
Chambersburg PA
CBHW032356230426
43672CB00007B/719